한 권으로 읽는

불교 설화

한국불교설화연구회 편저

아이템북스

불교의 목적은 수양에 있습니다. 부처님께서 왕궁王宮의 부귀와 영화를 버리고 설산雪山에서 육년 동안 많은 고행을 하신 것도 결국은 수양에 있었습니다.

그리하여 몸과 마음으로 좇아 일어나는 천만 가지 번뇌와 망상妄想을 제거하시고 생사 해탈과 열반왕생의 진리를 마친 후 생물이 생겨나는 네 가지 형식의 자애로운 아버지가 되셨으며 삼계三界: 천계天界·지계地界·인계人界의 대도사大導師이신 불타세존이 되신 것입니다.

이는 모두 수양하신 공덕의 결과 외에 아무것도 아닙니다. 그러면 불교 수양에는 어떠한 길이 있을까요?

첫째는 마음의 수양이요, 둘째는 학문學問의 수양이며, 셋째는 실천實踐입니다. 이 세 가지가 인생대로의 수양 길입니다.

먼저 마음의 수양이란 무엇입니까? 마음의 본체를 밝혀 성품의 근원을 찾는, 소위 밝은 마음으로 올바른 깨달음을 통해 부처가 되는 방법입니다.

머리말

다음으로 학문의 수양이란 무엇입니까? 불교에서 말하는 학문의 수양이란 것은 보통 세간에서 이야기하는 문자의 학문이나 지식의 수양이 아닙니다. 오로지 마음의 수양에 대한 방법을 일컫는 것입니다.

끝으로 실천 수양이란 무엇일까요? 옥이 아무리 좋아도 닦고 갈지 않으면 한갓 돌에 불과합니다. 부처님께서는 중생의 마음 가운데 한량없고 귀중한 보배의 옥이 파묻혀 있다는 것을 가르쳐 주셨으며 따라서 49년간에 설파하신 8만4천 법문도 옥을 캐는 방법과 다듬는 방법을 일러 주신 내용입니다.

그 내용을 실천하는 길이 수양의 중요한 요소입니다.

이 책은 부처님께서 말씀하신 49년 동안의 8만4천 법문, 즉 '아함경阿含經'을 12년 동안, '방등경方等經'을 8년 동안, '반야경' 육백 부를 21년 동안, '법화경', '열반경'을 8년 동안, 설교하신 내용을 설법 중심으로 모아 옮겨 엮은 것입니다.

차례

004 머리말

010 미녀美女와 추녀醜女
013 마음의 번뇌를 끊어라
015 근심의 큰 상처
018 사는 것만 생각하면 수행을 할 수 없다
020 씨앗에 따라 보답이 있다
024 무엇을 의지하고 살아갈 것인가
026 이 세상의 고통은 자기 몸이 있기 때문이다
030 탐욕을 버리면 근심도 없다
033 입은 모든 화의 근원
036 보은의 길
040 슬기가 으뜸이 아니다
043 여우와 두레박
046 원숭이와 우물의 달
048 생로병사生老病死의 진리
057 욕심에 대하여

061 괴로움의 세계
066 사람의 위에 서려면
074 적은 욕심으로 만족함을 알라
076 오백 마리 원숭이의 익사
080 은혜를 원수로 갚은 독사
086 남편을 위하여
089 다행스런 꿈
092 몸을 바친 왕자
098 돈을 사랑하는 사나이
106 사자와 큰 구렁이
108 충성스런 까마귀
114 가난한 두 친구
129 애별리고愛別離苦
134 사람이 사는 세상은 불과 10년
137 오백 인의 익사
139 작은 것에 만족할 줄 알라
141 아내의 길
147 깨달음의 길

158	사랑하면 번민이 생긴다	223	여자의 본능
165	젊은 혈기	226	호랑이 입의 가시
167	토끼의 구도	228	덧없는 세상
170	물소의 걸음	232	입과 마음
172	사자 왕과 독수리 왕	234	복업이 힘
175	원숭이와 선인	237	매보다 강한 작은 새
179	코끼리 왕의 죽음	239	몸과 마음을 다스려라
183	인애仁愛의 길은 최고	244	여우와 거북이
187	원숭이와 인간	246	참새의 복수
189	원숭이의 줄다리	249	자신의 그림자에 빠져 죽은 사람
192	말의 왕 쿠야		
194	거북 왕과 도마뱀	252	가난한 여인의 한 등불
196	두 사람의 고아	261	참회의 공덕
200	원숭이의 방화	264	왕과 독사
206	음탕한 여인의 말로	267	거북과 상인
210	앵무새의 충고	269	이무기와 상인
214	지옥에서도 돈이면 제일이라고 하지만	271	옷 안의 보주
		273	보배
217	원숭이의 설법	276	보통 사람의 사랑
221	욕심이 적으면 복이 많다	280	욕심이 많은 장자

차례

- 282 병든 노인과 진기한 보배
- 284 돼지와 호랑이의 싸움
- 287 소라고둥 소리
- 289 장님과 색깔
- 290 거북과 물개
- 292 독신을 추방한 마음씨 착한 며느리
- 296 사나운 말이 명마가 되다
- 299 까마귀와 공작
- 301 한 조각의 고기와 양 한 마리
- 305 사자와 바보 개
- 308 사람은 제각기 다르다
- 310 지혜는 굵은 밧줄과 같다
- 312 애욕의 고삐
- 315 지혜가 많은 외도
- 317 산적과 국왕
- 319 어리석은 사나이의 지혜
- 320 어리석은 장사꾼
- 321 이루어질 수 없는 사랑
- 323 충실한 고용인
- 324 새댁의 의심
- 325 어리석은 사나이의 원한
- 326 보시 아닌 보시
- 328 도깨비의 목말
- 330 태평스런 사형수
- 332 화가의 공동 제작
- 334 우물 속에 빠진 아들과 그의 아버지
- 336 슬기 겨루기
- 342 솟아나는 보탑
- 353 동자 이발사
- 361 전생의 업보는 피하지 못한다
- 386 이와 벼룩
- 388 사슴의 임금과 한 사나이
- 397 부자의 아들과 재침공의 딸
- 403 인효의 열매
- 407 효자의 공덕

한 권으로 읽는

불교 설화

불교 설화

미녀美女와 추녀醜女

　석존께서 영취산靈鷲山에 있을 때 일어난 일이다. 왕사성 王舍城 : 인도 중부의 갠지스강 중류의 바트나시의 남쪽 비할 지방의 라지길 이 그 옛터임에 렝게라는 창녀가 있었다.
　이 여자의 아름다움이란 다른 여자와 비교가 안 될 만큼 뛰어나 어디를 찾아보더라도 이처럼 어여쁜 미인은 없다고 소문이 날 정도로 모든 사람들의 선망의 대상이 되었다. 그런데 이 여자가 우연한 일로 착한 마음을 일으켜, 세상의 번거로움에서 벗어나 불도의 수도자가 되어서 올바른 수도를 하고자, 어느 날 석가를 방문하려고 영취산으로 떠났다. 도중에 맑은 물이 흐르는 강에 다다랐을 때, 맑은 물을 마시고자 몸을 기울이자 아름다운 자신의 자태가 물에 비쳐 그만 자기도 모르게 자기 자신에 반해 버렸다. 반짝거리는 두 눈, 우뚝 선 코, 붉은 입술, 빛나는 얼굴빛, 탐스런 머리카락, 알맞게 찐 살, 균형 잡힌 자태 등등 어디를 훑어보더라도 흠 잡을 곳이 없는 그야말로 아름다운 모습이었다.
　"나는, 나는, 이다지도 어여쁠까? 이 아름다운 몸을 버리고 나는 왜 수도자가 되려는 마음을 갖게 되었을까? 아니다. 아니다. 이만큼 어여쁘면 얼마나 행복스럽게 살아갈 수 있겠는가, 수도자가 되다니, 참으로 어리석은 짓이다."
하고 순간 마음이 변한 그녀는 오던 길을 되돌아섰다.

석가는 이때 영취산에 있으면서, 이제 바야흐로 싹이 트기 시작한 그녀의 선심을 북돋아 주는 것은 지금이라고 생각하고 신통력을 부려 그녀보다 몇 천만 배나 더 아름다운 절세미인으로 변신하여 그녀의 돌아가는 길을 앞질러서 기다렸다.

이런 사실을 전혀 알지 못한 렝게는 이 세상의 즐거움을 이것저것 마음속으로 상상하면서 산에서 내려오는데 한 낯선 미인과 부딪쳤다.

"처음 뵙습니다만, 댁은 혼자서 어디로 가시는 길입니까? 주인과 같이 가시지도 아니하시고 또 자녀분이나 형제분들도 안 데리고 언제 혼자서 이렇게 나오셨는지요?"

렝게는 처음 보는 이 아름다운 여인의 모습에 매혹되어, 이와 같이 먼저 입을 열었다.

"예, 나는 성 중에 살고 있는 집으로 돌아가는 길입니다. 혼자이어서 참으로 쓸쓸합니다. 방해가 안 된다면 동행하실 수 있을까요?"

두 여인은 곧 친해져서, 함께 산을 내려왔다. 도중 샘가를 지나서, 같이 쉬면서 이야기를 나누었다.

그 미인은 렝게의 무릎을 베개로 삼고 얼마 안 가서 잠이 들어버렸다. 얼핏 보자, 그녀의 숨이 끊어지고 곧 그녀의 시체는 점점 썩어 가면서 부풀어 오르기 시작했다. 코를 찌를 듯한 악취와 함께 뱃가죽은 터져 창자가 나타나고 구더기가 꿈틀꿈틀 기어 나왔다. 머리털은 벗겨지고 이는 뽑아지고, 손발은 흩어져서 참으로 눈 뜨고는 볼 수 없을 만큼 흉측한 모습으로 변했다. 렝게는 무시무시하게 변해 버린 추한 형태를 눈앞에 보고 새파랗게 질려서,

'이와 같이 빼어난 미인까지도 죽으면 이같이 흉측한 꼴이 되니, 나 같은 사람도 언제까지나 미인으로 있을 수는 없을 것이다. 그렇다, 역시 부처님께 의지해서 구원을 받아야겠다.'

고 결심하고, 발걸음을 되돌려 다시 석가가 있는 산에 올라가서 몸을 엎드리고 이제까지 일어난 일의 자초지종을 말했다.

그러자, 석가는 자비가 넘치는 눈으로 그녀를 바라보면서 이 세상에서는 아무리 원해도 얻지 못하는 네 가지 사실을 말했다.

그것은 첫째, 청년이나 장년은 반드시 늙는다는 것과, 둘째, 아무리 건강한 자라 할지라도 언젠가는 죽는다는 것, 셋째, 형제자매가 모여 즐기는 일이 있다 하더라도 언젠가는 헤어질 때가 돌아온다는 것, 넷째, 아무리 부자라도 그 부귀는 언젠가는 그의 곁을 떠난다는 사실 등이다.

렝게는, 부처님의 설법을 듣고, 자신의 몸은 언제까지나 있는 것이 아니라 가르침(敎)과 깨달음(悟)만이 영원한 법이라는 사실을 깨닫고 부처님 앞에 나가서, 수도자가 되기를 간청했다. 부처님이 이를 허락하자, 그녀의 검은 머리는 갑자기 떨어져서 수도자의 몸으로 변신해 마침내 계속 수도를 쌓아서, 아라한의 직위사람들로부터 공양과 존경을 받을 만한 경지에 도달한 불제자의 직위에 오를 수 있게 되었다.

<법구비유경 제1>

마음의 번뇌를 끊어라

 석존께서 기원 정사祇園精舍 : 슈닷다 장자가 석가와 교단을 위해서 세운 승방에 선남 선녀와 수도자를 모이게 해서 설법을 하고 있던 시절의 일이다. 그 중에 고집이 세고 우직하고 난폭한 나이 어린 수도자가 하나 있었다. 그는 항상 욕정이 왕성하게 일어나, 이를 억제할 수가 없어, 그 때문에 깨달음을 얻을 수가 없었다.
 어느 날 그는 이를 곰곰이 생각한 끝에, '남근男根이 있음으로써 비로소 정욕도 일어나는 것이니, 차라리 끊어 버리면 깨끗한 마음으로 불도를 닦아 깨달음을 얻을 수가 있을 것이다.' 라고 생각하고 밖에 나가서 도끼를 빌려다가 자기 방에 들어가, 옷을 벗어 던지고 정좌를 하고 남근을 잘라 버리려고 했다.
 "이것이 있으므로 나는 고민하게 되는 것이다. 속절없이 삶과 죽음의 사이를 헤매면서, 이 세상의 모든 것을 지옥·아귀·축생 등의 삼악이나 지옥·아귀·축생·수라·인간·천상 등의 육도에서 생기는 것도 전부 정욕 때문이다. 이것을 끊지 않으면 도저히 깨달음을 얻기는 어렵다."

석가는 그가 쓸데없이 앞일만 생각하고 욕심의 근원을 잊고 있는 사실을 불쌍하게 여기고 슬그머니 그의 방에 들어갔다. 그는 크게 놀라 다시 옷을 주섬주섬 걸쳐 입고 몸을 가다듬어 부처님 앞에 나아가 부처님의 말씀을 기다렸다.

"수도자여, 그대는 무엇을 하려 했는가?"

"세존님, 저는 그간 여러 해 동안 공부를 해왔으나 아직 불도를 깨닫지 못하고 있습니다. 실은 언제나 정좌를 하고 정신을 통일시키려고 하면 잠시는 무념무상이 되지만 불도를 조금이라도 깨달으려 하면 곧 욕정이 일어나서 만사가 무로 돌아가고 맙니다. 그때는 웬일인지 몸이 후끈후끈 달아오르고, 이상스러운 마음이 생기면서 마침내는 음탕한 생각이 머리를 뒤흔들어 마음은 혼동되고 눈은 침침해지면서 천지의 진리가 파악되지 않습니다. 이것이 전부 욕정의 탓이라고 생각되므로 이 근원을 끊어 버려야만 된다고 마음먹고 도끼를 빌려다 지금 막 그 남근을 잘라 버리려고 하던 참입니다."

"수도자여, 그대는 참으로 어리석은 사나이다. 도리를 모른다 해도 너무나 모르는구나. 도를 구하려면 우선 그대의 마음을 어지럽게 하는 근원을 없애야 한다. 그리고, 다음에는 그 마음을 바로잡는 것이 중요하다. 마음뿐만이 선악의 근원이다. 모든 것은 이 마음에서 우러나오게 마련이다. 그대는 남근 따위를 자르지 않더라도 불도의 깨달음을 얻을 수 있도록 전심 전념해야 될 것이다. 그러면 자연히 그 괴로움도 없어질 것이다."

수도자는 부처님의 가르침을 듣고 마음의 어지러움에서 깨어나 부처님의 가르침을 지켜 마음을 바로잡음으로써 후에 아라한에까지 오를 수 있었다 한다.

<법구비유경 제1>

근심의 큰 상처

라에쓰기 나라의 남쪽, 성에서 백이삼십 킬로미터 떨어진 곳에 대산大山이란 큰 산이 있었는데 남쪽 나라로 가자면 반드시 이 산을 통과해야만 했다. 이 산은 봉우리가 높고 골이 매우 깊고 험해서 오백 명의 큰 도둑들이 이곳에 머무르면서 길 가는 사람들의 금품을 약탈했다.

이로 인해서 상인들은 막대한 손해를 입었고 국도는 통행이 저지되어서 막대한 지장을 받게 되자 국왕은 포리들을 풀어서 이들을 체포하려 했으나, 도둑들은 그곳의 지리에 밝아 자유자재로 출몰, 쉽게 잡히지 않았다.

그 당시 석가는 그 지방에 머물고 있었는데, 많은 사람들이 피해를 입고 또 도둑들이 죄악과 행복의 인연을 모를 뿐만 아니라, 눈이 있어도 부처님을 못 보고, 귀가 있어도 부처님의 가르침을 듣지 못하므로 이를 가엾게 생각하고,

'그들은 깊은 못에 잠긴 돌과 같이 뜰 수가 없는 가엾은 중생들이니 내가 그들을 교화하겠다.'

고 생각하고 부처님은 그의 몸에 아름다운 옷을 걸친 한 사람으로 변신하고, 말을 타고 칼을 차고 손에는 활과 살을 들고, 금과 은으로 만든 안장과 한밤중에도 빛을 내는 금과 은으로 장식하여 말을 꾸며서 호화찬란하게 그 산을 향해서 올라갔다.

도둑들은 이를 보고 크게 기뻐하면서,

"이 장사를 시작한 지가 퍽 오래되나, 이와 같이 근사한 대상은 처음이다. 저런 차림을 하고 이곳에 뛰어드는 것은 마치 계란으로 바위를 깨려는 것과 다를 바 없다."

라고 서로들 좋아하면서 일제히 그를 둘러싸고, 칼과 활을 번득거리면서 서로 그 재물을 빼앗으려 했다.

그러나, 말 탄 사나이는 도둑들이 설치는 것을 말 위에서 내려다보면서 한참 동안 조용히 있다가, 마침내 손에 든 활에 화살을 매겨 멀리 쏘았다. 그러자 이상스런 일이 생겼다. 활시위를 떠난 하나의 화살은 오백 개가 되어 오백 명 도둑에게 명중됐다. 또한 칼을 들어 도둑을 치면 오백 명이 전부 부상을 입었으나, 상처는 크지 않고 화살도 깊숙이 박히지 않았다.

도둑들은 아픔을 못 참고 땅에 쓰러져,

"이와 같이 신과 같은 힘을 가지신 분을 몰라 뵈어 황송합니다. 아무쪼록 용서해 주시기를 바랍니다. 목숨만 살려 주십시오. 그리고 이 화살을 뽑아 주시어 이 고통을 면케 해 주시기 바랍니다."

라고 용서를 빌었다.

말 탄 사나이는 그들의 호소를 듣고 말하기를,

"그 정도의 상처는 아프지 않다. 그리고 그 정도의 화살은 깊게 박히지 않았다. 이 세상에서 무서운 상처는 근심이며 천하에서 제일 모진 화살은 어리석음이다. 너희들은 욕심 때문에 항상 근심하고, 결국에 가서는 쓸데없는 살생을 예사롭게 하고 있다. 그래 가지고서는 그 칼의 상처도 화살의 독기도 도저히 치료되지 않는다. 탐욕과 살생의 두 가지는 그 근원이 몹시 깊어 용사와 장사라 할지라도 쉽게 뽑을 수가 없는 것이다. 오직 계율을 잘 지키고 어질게 되려고 노력하는 데에서만 이 병을 고칠 수 있는 것이다."

이와 같이 말을 마치자 그 말을 탄 사나이는 곧 자비스런 얼굴이 되면서 눈부신 부처님 몸으로 변신했다.

그리고 부처님은 다시 게를 설법했다.

"칼 상처도 근심에는 당해내지 못하고, 독화살도 어리석음에는 미치지 못한다. 근심과 어리석음의 화근은, 장사의 힘으로 뽑을 수 없다. 오직 현인을 따라 들거라. 장님은 눈을 얻고, 어두운 자는 빛을 얻을 것이다. 현인이 세상을 인도하는 것은, 눈 뜬 사람이 길을 인도하는 것과 같다. 빨리 어리석음을 버리고 방심을 멀리하고, 부와 낙을 떠나, 오직 배우고 들어라, 그리하면 참된 공덕과 깨달음을 얻을지니라."

이 말을 듣고, 부처님의 광명을 접한 오백 명의 도둑 떼는 머리를 땅에 대고 마음으로부터 부처님의 가르침에 따라 잘못을 뉘우쳤다. 그리하여 칼의 상처와 독화살도 자연히 없어지고 마음과 몸의 평안을 얻어 매우 기뻐했다. 그래서 그들은 부처님이 준 다섯 가지 계율을 지켜 나라의 백성들도 안심하고 생업에 종사할 수 있었다 한다.

<법구비유경 제1>

불교 설화

사는 것만 생각하면 수행을 할 수 없다

하라나성 현재의 베나레스에 있었다에서 백이삼십 킬로미터 떨어진 산 속에 다섯 명의 수도자가 머무르면서 수도에 정성을 기울였다. 그들은 아침 일찍 산을 나와 동리에 나가서 구걸을 하고 다시 산으로 되돌아오면 밤이 되는 것이 예사였다. 더욱이 먼 길을 왕복하기 때문에 피로가 심하고, 돌아와서 좌선하고 선정을 하기는 도저히 불가능해서, 지쳐서 그대로 잠자곤 했다. 이런 생활을 몇 년간 계속했으므로 그들은 아무런 깨달음을 얻을 수가 없었다.

석가는 다섯 명의 수도자가 고생만 하고 아무런 얻는 것이 없이 그날그날을 허송하는 것을 보고 가엾게 생각하여 하나의 스님으로 변신해서 그들이 있는 곳을 찾아갔다.

"여러분들, 이 조용한 산간에 은거하시면서 수도하고 계시는 모양인데 어려우신 일은 없으신지요?"

"고맙습니다. 우리들은 이 산에 틀어박혀서, 할 일이라고는 먼 동리에 나가서 먹을 양식을 구하고자 이리저리 다니다가 보면 하루해가 지고 몸은 피곤하고 별로 얻는 것도 없이 무사분주하다 보니 공연히 허송세월만 하는 격입니다. 아침 일찍이 여기를 떠나서 저녁 늦게 돌아오니 수도할 틈도 없습니다. 일생을 이같이 지낼 생각을 하니 서글프기 짝이 없습니다."

"그것은 여러분들의 생각이 근본적으로 틀렸기 때문입니다. 길을 얻으려면 계율을 잘 지키고 몸과 마음을 가다듬어서 수도를 하지 않으면 안 됩니다. 외형을 가볍게 여기고, 마음을 중히 여기며, 목숨을 던지고, '반드시 부처님이 되겠다' 하는 마음을 가지면 비로소 뜻을 이루게 됩니다. 신체를 사랑하고 감정에 사로잡히고 탐욕을 하면, 도저히 고뇌를 면할 수 없습니다. 여러분 부디 내일은 구걸을 나가지 마십시오. 그리고 하루를 쉬시기 바랍니다. 내가 내일 먹을 양식을 공양해서 올리겠습니다."

다섯 명의 수도자는 몹시 기뻐서 안심하고 좌선하여 선정을 할 수 있었다. 그들은 그로 인해서 지금까지 맛보지 못한 마음의 평화와 신체의 휴양을 얻을 수 있었다.

그들에게 먹을 것을 준 그 스님은 마침내 빛나는 부처로 되돌아가서 거듭 그들에게 설법했다. 그들은 마침내 아라한의 수도를 쌓을 수가 있었다 한다.

<법구비유경 제1>

불교 설화

씨앗에 따라 보답이 있다

와목쇼 대왕의 나라는 국경 근처에 있어 아직 석가의 교화가 이루어지지 않아, 이 나라에서는 괴상망측한 법이 활개를 쳤다. 제사 지내기 위해 살생을 해서 동물을 바치는 것이 예사였다.

이러한 때, 국왕의 어머니가 병에 걸려 중태에 빠져, 명의를 부르고, 약을 먹여도 효력이 없고, 무당을 불러다가 굿을 해도 허사였다. 이와 같은 일을 몇 년간 계속했으나 국왕 어머니의 병은 조금도 차도가 없었다. 그래서 어느 날 국왕은 이백 명의 바라문을 초청해, 산해진미의 음식을 차려서 큰 공양을 올리고 그들에게 말했다.

"우리 어머니는 여러 해 병환으로 이것저것 다했으나, 오늘에 이르기까지 조금도 차도가 없으니 도대체 무엇이 원인인지 도무지 알 수가 없다. 다행히 너희들은 많은 지혜와 경험을 갖고 만사에 밝고, 우주의 일이나 성좌의 이치에도 통달한 현인이다. 고로 너희들은 그 이유와 치료 방법을 알 수 있을 것이다. 여기서 자세히 이야기를 하기 바란다."

그러자 바라문들은

"삼가 말씀드리면 현재 우주의 성좌가 혼란을 일으키고 음양이 고르지 못하고 있습니다. 이와 같은 일은 아직 없었던 일이며, 여하간 이런 이변으로 대부인께서 병환이 완쾌하지 않고 있습니다."

"그렇다면 어떻게 해야만 성좌를 바르게 하고 음양을 올바르게 하여 어머니의 병환을 완쾌시킬 수가 있겠는가?"

"임금이시여, 그것은 바라문의 법에 따라 성 밖의 깨끗한 장소를 골라서, 거기에 사산, 태양과 달, 성좌를 맞아서 제단을 만들어 여러 가지 다른 짐승 백 마리와 어린애 하나를 죽여서, 하늘에 제사를 지내고, 임금님과 대부인께서 함께 예배하면 병환은 반드시 완쾌될 것입니다."

왕은 바라문의 말대로 곧 사람과 코끼리·말·소·양 등 백 마리를 갖추어서 성의 동문에서 제단으로 끌고 갔다. 이들을 죽여서 하늘에 제사를 지내려는 것이다. 도살장으로 끌려 가는 소와 말, 양의 구슬픈 울음소리가 주위에 메아리치고 이들을 보내는 연도의 사람들의 슬피 우는 소리는 지옥보다 더 비참한 광경이었다.

석가가 멀리서 이 광경을 보고 하나의 인간을 살리고자 수많은 죄 없는 것들을 죽이는, 완고하고 어리석은 국왕의 난폭함을 슬퍼하고, 많은 사람들을 거느리고 이 나라에 왔다. 부처님이 막 동문가에 다다랐을 때 바라문들을 거느린 국왕과 마주쳤다.

국왕은 처음 보는 부처의 빛나는 모습에 감동한 것 같았다. 또한 국왕을 따르던 많은 사람들도 부처님의 모습을 보고, "참 고마운 분이다."라고 그들은 공경의 마음을 일으켰다.

왕이 수레에서 내려 머리에 쓴 관을 벗고 두 손을 합장하고 부

처님을 보았다. 부처님은 국왕에게 앉기를 권하고,

"국왕님, 어디로 행차하시는 길입니까?"

"예, 어머니의 병환이 있어서 양의에 보이고 기도를 올리는 등 여러 가지로 손을 써도 도무지 완쾌가 안 됩니다. 그러나, 겨우 그 원인을 알게 되어서 이제부터 사산, 오악五嶽에 기도를 올리고, 성좌에 감사를 드려서 어머니의 병환을 완쾌시키려 하고 있습니다."

부처님은 이 말을 듣고 그 무지를 가엾게 생각하지 않을 수 없었다.

"국왕님, 들으시오. 중요한 곡식을 얻자면, 잘 심고 잘 가꾸어야 합니다. 커다란 부를 얻으려면 보시를 해야 합니다. 장수를 하려면 대자비大慈悲의 일을 해야 하는 것입니다. 지혜를 얻으려면 학문을 닦아야 합니다. 이 네 가지를 행하면 씨앗에 따라서 보답을 받는 것입니다. 나쁜 일을 해서 좋은 보답을 받는 일은 없습니다. 부귀한 집에서는 빈천한 음식을 필요로 하지 않습니다. 제천은 칠보의 궁전에 살며 의식은 자연히 충족되는데, 어찌하여 감로와 같은 맛있는 음식을 버리고 왕이 지금 바치는 보잘것없는 음식을 받겠습니까? 하늘에 제사를 지내는데, 나쁜 일을 해서 바른 것을 구하고, 사람과 짐승을 쓸데없이 죽여서 한 사람의 안락을 구하니 그래 가지고 어찌 선한 보답을 얻을 수가 있겠습니까. 백 년의 수를 원한다면 코끼리나 말을 바쳐 천하의 신을 모시는 것보다, 한 가지 자비를 행하는 것이 더 좋습니다."

석가가 말을 마치고 광대한 빛으로 천지를 비추자 지옥에 있는 자들까지도 좋아하는 것 같았다. 와목쇼 왕을 위시해서 여러 사람들은 이 훌륭한 가르침을 듣고 칭찬하지 않는 사람이 없었다.

병환 중인 대부인도 물론 이 가르침을 받고 심신에 보다 평안함을 느끼고 곧 회복되었다.

  왕에게 무자비를 가르친 이백 명의 바라문들은 그들의 잘못을 뉘우치고 곧 부처님의 제자가 되었다.

<법구비유경 제1>

불교 설화

무엇을 의지하고 살아갈 것인가

석존께서 기원 정사에 있을 때의 일이다. 먼 곳에서 바라문 장로 일곱 명이 부처님 곁에 와서, 제자가 되기를 원했다. 그래서 부처님은 그들의 청을 받아들여 그들은 모두 수도자가 되었다. 그로부터 이 수도자들은 한 방에서 기거를 하게 되었다. 그들은 모처럼 부처님을 찾아서 불도를 배우면서, 매일 방 안에 모여서 잡담을 하면서 나날을 보냈다. 그리하여 그들은 자신들의 목숨이 점점 가까이 다가오는 것도 전혀 모르고 웃고 떠들면서 그날그날을 허송했다. 보통 사람들 같으면 이와 같이 편안한 것은 없겠지만, 그들은 불도를 배우고자 먼 곳에서 일부러 거기까지 왔던 것이다. 그러므로 부처님도 그들의 이와 같은 생활을 가엾게 여기시어, 그들이 기거하는 방을 찾아,

"생명을 가지고 살아가는 자들은 전부가 다섯 가지를 믿고 스스로 만족하고 있다. 이 다섯 가지란 첫째는 나이가 젊은 것을 믿고, 두 번째는 단정한 용모를 믿고, 세 번째는 힘을 믿고, 네 번째는 재산이 많은 것을 믿고, 다섯째는 집안이 좋다는 것을 믿는 것

이다. 그러나, 이들이 진실로 믿을 수 있는 것일까? 너희들 일곱은 매일 잡담만 하고 세상을 허송하고 있는데 과연 무엇을 믿고 그리하느냐?"
라고 힐문하고 다음과 같은 게송을 설법하고 그들을 타일렀다.
 "변치 않으리라, 믿었던 백 마리의 빠른 걸음은 항상 그대로 있지 않는다. 무엇이 그다지 좋아서 희희낙락하는가. 오직 영원한 참을 구하라. 변천 무상한 이 세상에서 무슨 편안을 찾으려 하는가. 허무한 이 몸은 병을 간직하는 그릇에 지나지 않고, 참이 아닌 것을 알지어다. 늙으면 쇠퇴하는 이 육체는 병들면 없어지는 빛과 윤기, 가죽은 늘어지고 살은 시들어, 목숨은 다해 죽음에 이른다. 낡아서 타다 버린 수레와 같이, 육체가 죽어지면 정신마저 옮긴다. 마침내 살이 썩고 뼈마저 흩어지니, 도대체 무엇을 믿으랴 이 육체."
 부처님의 이 가르침을 듣고 일곱 명의 수도자는 처음으로 그들이 거기서 무엇을 해야 할 것인가를 깨달았다. 그리고 그들은 계속 수도하여 마침내 아라한의 지위에 오를 수 있었다 한다.

<법구비유경 제2>

이 세상의 고통은
자기 몸이 있기 때문이다

　석존께서 사위국에 있었을 때의 일이다. 어느 날 네 사람의 수도자가 나무 그늘에 앉아서 이 세상에서 무엇이 제일 고통스런 것일까 하고 토론을 벌이고 있었다.
　수도자 하나가,
　"천하에 제일 고통스런 것으로 음욕을 따라갈 수는 없을 것이다."
　다음 하나는,
　"이 세상에서 화를 내는 것보다 더 고통스러운 것은 없다."
　또 하나는,
　"아니다, 굶주림이 제일 고통스러운 것이다."
　최후의 하나는,
　"아냐, 무어라 해도 공포보다 더 고통스런 것은 없다."
　이와 같이 네 사람의 수도자들은 제각기 자기의 주장을 굽히지 않고 계속 떠들었다.
　석존이 그들의 논쟁을 알고 조용히 그들 앞에 다가와서,

"수도자들이여! 너희들은 거기서 무슨 논쟁을 하고 있는가?"

그들 수도자들은 부처님에게 판결을 바라듯이 제각기 자기의 주장을 말했다. 그리하여, 부처님은 그들의 싸움의 요지를 듣고 나서 말하기를,

"수도자들이여! 너희들이 말하는 것은 모두가 다 진실한 고통의 뜻을 밝힌 것이 못 된다. 이 세상에서 제일 큰 고통은 너희들이 주장하는 그런 고통이 아니다. 자기 몸을 소유하고 있다는 그것 자체가 제일 큰 고통이다. 육체가 있으므로 해서 허기와 갈증의 고통이 있고, 춥고 더운 고통이 있고, 화를 내는 고통이 있고, 공포의 고통이 있고, 욕심의 고통이 있고, 원한의 고통이 일어나는 것이다. 그러고 보면 이 몸은 모든 고통의 근원이며 모든 화근의 근원이 아니겠는가. 몸이 있으므로 해서 마음이 어지럽고, 생각하는 끝에 근심과 두려움이 생기는 것이다. 과거·현재·미래 삼세의 만물이 대개가 서로 죽이는 것도, 내 몸을 묶고 생사에 떨어뜨리는 것도 모두가 이 몸이 있으므로 인해서 생기는 것이다. 따라서, 이 세상의 고통을 떠나려고 원한다면 삶이나 죽음의 고통 등 아무것도 생각하지 말고 조용하게 불도의 경지에 들어가는 것이다."

부처님의 설법은 계속되었다.

"옛날 수행으로 갖추게 되는 다섯 가지 자유자재한 능력에 이른 사나이가 있었는데 그는 정성을 다해서 선한 일을 위해서 산에서 수도를 했다. 그런데 그의 주위에는 항상 사금四禽이 따라다녔다. 사금이란, 비둘기·새·독사·사슴을 말하며, 이들은 낮에는 먹이를 구하러 다니다가 밤이면 수도자가 있는 곳으로 돌아오곤 했다. 어느 날 밤, 이들 네 동물은 서로 타합하기를, '이 세상

에서 무엇이 제일 고통스러울까?'라고 했다. 제일 처음에 새가 말하기를, '내 생각으로는 허기와 갈증이 제일 큰 고통으로 생각한다. 허기와 갈증이 날 때는 마음과 몸이 몽롱해지고 정신이 없어져, 그물에 걸린다거나 칼에 찔리더라도 알지 못한다. 제일 중요한 신체를 잃는 것도 바로 이때가 제일 많다. 그러므로 허기와 갈증이 제일 무섭다고 생각한다.' 비둘기는 음욕이 제일 고통스럽다고 말했다. '음욕에 시달리면 아무것도 생각할 여유가 없다. 이럴 때 몸과 목숨을 위태롭게 하는 것이다.' 다음에 독사는, '분노에 시달리는 것이 제일 고통스런 일이다. 분노가 치밀어 오르면 부모 형제들도 다 잊고 사람을 죽이면 내 몸도 결국 망치게 되는 것이다.' 최후에 사슴이 말하기를, '나는 공포가 가장 큰 고통으로 생각하고 있다. 들에 나가서 놀 때도, 항상 깜짝깜짝 놀래서 도대체 마음이 안정되지 않는다. 포수가 오지 않을까? 늑대나 표범이 나타나지나 않을까? 하고 항상 안절부절하게 된다. 조금만 이들 짐승의 소리가 들렸다고 생각만 해도 당황해서 벼랑이나 강으로 뛰어들어 부모 형제들도 버리고 죽게 된다. 참으로 공포는 무서운 것이다.' 이들 동물들이 이와 같은 말을 하자 수도자는 이들 동물에게 말하기를,

 '너희들은 고통의 결과만을 알고 있을 뿐 고통의 근원을 알지 못하고 있다. 이 세상의 모든 고통의 근원은 이 몸 자체란 사실을 알지 못하고 있다. 이 몸은 고통을 담고 있는 그릇이며, 모든 고통은 전부 여기에 모여들고 있다. 따라서, 나는 삶이나 죽음 등 눈에 보이지 않는 고통에서 불도의 깨달음을 얻으려고 속세를 떠나 불도를 배우는 것이다.'

 이 수도자의 설법을 듣고 그들 동물들은 겨우 마음의 괴로움에

서 떠날 수가 있었다 한다. 이 말을 들은 석가는, 이때의 수도자는 바로 나다. 사금이란 너희들 네 사람의 육신이다. 전생에 한 번 고통의 근원을 듣고서 금생에 아직 그것을 알지 못하는가."라고 타이르고 설법을 했다.

  이들 네 사람의 수도자들은 몹시 부끄러워하며 자기 자신들을 책망하고 열심히 수도를 닦아 마침내 아라한의 지위에 오를 수 있었다 한다.

<법구비유경 제3>

탐욕을 버리면 근심도 없다

석존께서 기원정사에 있을 때의 일이다. 네 사람의 수도자가 아름다운 향기가 풍기는 꽃나무 아래서 좌선앉아서 마음을 고요히 가라앉히고 정신을 한곳에 집중함을 하고 있었는데, 이 세상에서 무엇이 제일 사랑스럽고 즐거운 일이 되겠는가에 대해서 서로가 논쟁을 벌이고 있었다. 그들 중 하나가,

"아늑한 봄날에 꽃피는 들판을 거니는 것이 제일 즐겁다."
라고 말하자, 또 한 사람이 말하기를

"친척과 친구 들을 모아놓고 맛있는 술을 마시고 가무 음주에 눈과 귀를 기울이면서 즐거운 이야기를 나누는 것이 비정의 꽃을 보는 것보다 한층 즐거운 일이다."
라고 말하자, 세 번째 수도자가,

"아니다. 더욱 즐거운 것이 있다. 보배를 산과 같이 쌓아놓고 원하는 것은 무엇이라도 얻고 훌륭한 옷을 입고 마차를 타고 지나가는 사람들로 하여금 선망의 눈으로 쳐다보게 하는 것보다 더 즐거운 일은 없을 것이다."

라고 말을 끝내자, 마지막 수도자는,

"나는 그것보다 더 큰 쾌락을 생각하고 있다. 꽃과 같이 아름다운 아내와 첩에게 눈이 부시는 아름다운 옷을 입혀 사람의 마음을 사로잡을 수 있는 향기를 풍기면서 마음 내키는 대로 놀면 그 얼마나 즐거운 일이겠는가."

이와 같이 네 사람의 풋내기 수도자들은 자기들 멋대로의 공상에 젖어 서로가 자신의 생각이 옳다고 논쟁했다.

석가는 이들 네 사람의 수도자들이 속세의 욕심에 젖어 쓸데없는 논쟁에 열을 올리고 있는 것을 가엾게 여기어,

"수도자들이여 너희들은 꽃나무 아래서 도대체 무슨 이야기를 하고 있는가?"

부처님은 자세하게 그들의 이야기를 듣고 그들에게 말하기를,

"너희들이 말하는 것은 전부가 근심과 공포의 근원이다. 그와 같은 것은 결코 위안도 되지 않을 뿐만 아니라, 그렇다고 쾌락의 길도 아니다. 만물은 모두가 봄에는 싱싱하다가 가을과 겨울이 오면 시들어 없어지게 마련이다. 동포 형제가 한곳에 모여 즐기더라도 마침내는 이별의 두려움을 맛보게 되는 것이다. 재산이나 차마에 어디 참의 즐거움이 있는가. 범부가 처세하는 곳에는 무엇이든 원한을 사고 화를 불러일으키고, 몸을 위태롭게 하고, 급기야는 일족을 멸망시키지 않는 것이 없다. 이들 전부가 근심과 두려움을 불러일으키는 것뿐이다. 그러므로 너희들 수도자는 속세를 버리고 도를 구하고 영달을 멀리하고 오직 불도의 깨달음을 얻어야 된다."

부처님은 게를 읊어 네 사람의 수도자들을 더욱 훈계했다.

"사랑을 하는 곳에 비로소 두려움이 있고, 기뻐하는 곳에 근심

이 있다. 사랑하지 않고 즐기지 아니하면, 무엇을 근심하고 두려워하겠는가. 좋아하는 자여, 두려움이 있고, 즐거워하는 자여, 근심이 있다. 좋아하지 않고 즐거워하지 않으면, 무엇을 근심하고 무엇을 두려워하겠는가. 욕심에 탐하여 근심을 만들고, 욕심을 내다가 두려움을 만든다. 탐욕을 멀리한 자, 무엇을 근심하고 무엇을 두려워하겠는가. 법을 탐구해서 계율을 바로잡고, 정성을 다해서 옳지 못한 일을 뿌리치고, 모든 행동을 도에서 벗어나지 않도록 하면, 여러 사람들로부터 공경을 받는다. 욕정을 누르고, 바르게 생각하고 바르게 말하고, 마음에 탐욕을 일으키지 않으면, 반드시 생사의 강을 건너리라."

　네 사람의 수도자들은 이와 같은 부처님의 가르침을 듣고 무엇이 제일 고통스럽고 무엇이 가장 즐거운 것인가를 알 수가 있었다. 그러므로 그들은 어지러운 꿈도 곧 깨고 불도에 정진하여 마침내 아라한의 깨달음을 얻었다 한다.

〈법구비유경 제3〉

입은 모든 화의 근원

석존께서 아난다를 거느리고 왕사성 밖에 탁발하러 나갔을 때의 일이다. 거기에는 성 안 사람들이 대소변을 버리는 크고 깊은 웅덩이가 있어 빗물과 오수더러운 물가 흘러들어 가득 차 있었다. 그런데 그 속에 사람의 모습을 닮고 수족이 많이 달린 벌레가 한 마리 있었는데 부처님이 오는 것을 보고 물 속에서 머리를 들고 눈에 눈물을 잔뜩 담고 부처님을 쳐다보았다.

부처님은 이 광경을 보고 가련하게 생각하고 있음을 아난다는 알아차렸다. 부처님이 영취산으로 돌아가서 아난다가 바친 방석에 앉아 묵념하자, 아난다는 얼마 전에 부처님이 물에 빠진 벌레를 보고 슬퍼한 이유를 알고자,

"세존님, 먼저 왕사성 밖 변소에 빠진 벌레를 보셨는데 도대체 그 벌레는 전생에 어떤 악업을 지었기에 그와 같이 더러운 곳에 있습니까? 그 벌레는 언제부터 그와 같은 더러운 곳에서 살고 있으며 어느 때 그와 같은 고통에서 면할 수가 있습니까?"

"아난다야, 그리고 다른 사람들도 듣는 것이 좋겠다. 그 벌레의

가엾은 인연을 말하겠다."
라고 부처님은 다음과 같은 이야기를 했다.

　옛날 부처님이 나타나서 생명이 있는 모든 것을 교화를 하고 열반에 든 후의 일이다. 어떤 바라문 한 사람이 살았는데 그는 마음이 착해서 절을 세우고 많은 스님들에게 공양을 올렸다. 그리고 또 시주 집에서도 많은 유제품의 공양이 있었다.

　당시 많은 객승들이 이 절을 찾아왔는데 이 절의 접대승은 생각하기를, '모처럼 시주 집에서 공양 받은 것인데, 쓸데없는 자들이 와서 먹어 없앨 것이므로 먹지 말고 숨겨 두자.'라고 생각하고, 접대승은 그 유제품을 감추어 두고 객승들의 식탁에 올려놓지 않았다.

　객승들은 이미 이런 것을 잘 알고 있었으므로 그 접대승을 책망했다.

　"당신은 왜 유제품을 우리들에게 나누어 주지 않느냐?"

　"당신네들은 갓 온 객승들이고, 우리들은 이 절에서 오랜 옛날부터 살아온 주인이다. 당신네들 햇병아리 중에게는 줄 수 없다."

　"유제품은 시주 집의 공양이 아닙니까? 현재 절에 있는 사람에게는 구별 없이 다 나누어 주어야 하지 않습니까?"

　객승들에게 책망을 받자 접대승은 점점 화를 내고 마침내 자제력을 잃고 입에 담지 못할 욕지거리를 퍼부었다. 그리고 나서,

　"너희들은 변소 물을 마시는 것이 좋을 것이다. 유제품을 달라니 말도 안 되는 소리를 하지 말라."

　여기까지 말한 부처님은,

"욕설을 마구한 악의 보답으로, 그로부터 몇 백 몇 천 년이란 긴 세월, 그는 변소의 물 속에서 살고 있다. 그는 단 한 번 스님에게 욕설을 한 것만으로 이와 같은 고통을 받은 것이다. 우리 제자들의 입은 화의 근원이며, 몸을 태우는 맹화라는 사실을 잘 알고 깊이 삼가고 부모 형제와 여러 사람들에게 항상 상냥한 언사를 쓰지 않으면 안 된다."

부처님의 이야기를 듣고 좌중의 모든 사람들은 크게 감격하고 각자 합장하여 부처님께 예배를 하고 조용히 그곳을 물러났다.

쓸데없이 욕심을 내고, 잠시나마 욕을 하지 말라는, 참으로 훌륭한 이야기다.

<대방편불보은경 제3>

불교 설화

보은의 길

무은여래가 출세할 때의 일이다. 어떤 바라문 하나가 있었는데, 그는 지혜가 뛰어나고 불가의 신도들이 지켜야 할 살생·도둑질·사음·거짓말·음주 등 다섯 가지 계율을 잘 지키고 마음이 정직했다.

어느 날 오백 명이나 되는 많은 사람들을 이끌고 외국으로 여행을 떠났다. 도중에 어떤 장소에서 일박했는데 그 지방엔 오백 명의 도둑 떼가 살고 있어 그들이 오는 것을 노렸다. 도둑 떼 두목이 부하 한 사람에게 명령을 내려서 이들 일행의 행동을 살피게 했다. 이 도둑 떼들은 그날 밤 이들을 습격해서 죽이고 물건들을 약탈하려 했다. 그런데 이 도둑 떼 안에 바라문을 아는 사나이가 있어 이 사나이는 몰래 바라문을 찾아가서 말하기를,

"오늘 밤 오후 여덟 시경 도둑 떼가 너희들을 습격하기로 되었으니 빨리 이곳을 떠나라. 너와 나와는 친구지간이므로 알려 주는 것이니 다른 사람들에게는 절대로 알리지 않기를 바란다. 여하튼 너의 재량으로 이곳을 빨리 빠져 나가도록 하라."

바라문은 친구의 말을 듣고 놀람과 슬픔으로 어찌할 바를 모르고 말도 못 하고 다만 눈만 껌벅일 따름이었다.

그러나, 마침내 그는 생각하기를,

'이 일을 일행에 알리면 그들은 도둑의 화를 면할 수는 있겠지만 이런 일을 알린 이 친구는 필경 도둑들에게 죽음을 당하게 될 것이고, 친구를 죽인 도둑들은 삼악도에 떨어져 죄의 대가를 받지 않으면 안 될 것이다. 만약 가만히 있으면 도둑 떼들은 당연히 일행을 죽일 것이므로 그러면 도둑들은 삼악도에 떨어져 많은 고통을 받을 것이 틀림없을 것이다.'

라고 생각하여 어느 편을 택할 것인가 결정을 못하고 망설이다가 최후로 용맹심을 발휘하여 자기 자신에게 말하기를,

"그렇다, 이들을 구제하자면 내 자신을 희생하여야 된다. 삼악도의 고통을 내 자신이 받아야 된다."

그는 갑자기 칼을 빼서 그의 친구인 도둑을 쳤다. 이것을 본 사람들은 이구동성으로,

"바라문이여, 당신은 참으로 훌륭하고 지혜가 깊고 마음이 바르고 티끌 하나 없는 사람인데 죄가 없어 보이는 사람을 죽이다니 도대체 어찌된 일입니까?"

이 말을 들은 바라문은 비로소 나쁜 일을 했다고 크게 부끄러워하고 땅에 엎드려서 합장하면서 거기에 있는 사람들에게,

"참으로 이런 나쁜 일을 하는 것이 아니었다. 나는 다만 여러분들을 살리고자 이런 일을 했습니다."

"살생을 해서 사람을 구제하다니 도대체 그와 같은 우스운 일도 있습니까?"

"그렇습니다. 실은 이 사람은 도둑입니다. 여러분들을 죽이려

했기 때문에 죽인 것입니다. 이것이 전부 여러분들을 무사히 집에 보내드리기 위해서 한 일입니다. 나는 그 벌을 달게 받아서 지옥에 가겠습니다."

이것을 들은 오백 명은 큰 소리를 지르면서 땅에 엎드리고, 어떤 사람은 슬퍼하고, 어떤 사람은 기뻐하여 그 소리는 산에 메아리쳤다.

"이 세상에서 목숨보다 더 중요한 것은 없다. 더욱이 잘못 없이 죽는 것보다 더 무서운 것은 없다. 그래서 이 세상 모든 사람들은 금은·보배·나라·처자식·의복·음식들을 다 버리고라도 목숨을 보전하려 하고 있다. 지금 당신은 이와 같이 값비싼 목숨을 버리고 우리들을 다시 제2의 생명을 누리게 했습니다. 우리들은 이 은혜를 무엇으로 보답할지 모릅니다. 오직 그 길은 불도의 깨달음을 구하는 길밖에 없을 것입니다."
라고 말하고 오백 명의 나그네들은 불도에 정진했다.

이같이 일행은 도둑의 위험에서 벗어나서 그곳을 떠났으나, 혼자 그곳에 남은 바라문은 그 뒤로 몰려온 오백 명의 도둑 떼에게 둘러싸여,

"너는 선인인데 어찌하여 사람들을 죽였는가?"

"나는 이와 같은 큰 죄를 저지르지 않을 수가 없었습니다. 그러나, 많은 사람들을 구하기 위해서는 어찌할 수 없었습니다. 너희들의 신명을 구하기 위해서도 이 사람을 죽이지 않을 수 없었습니다."

"농담 말라, 우리 친구를 죽이고 우리들을 위해서라고?"

"그렇습니다. 나는 당신들이 여기에 있다는 것을 알았지만, 아무에게도 말하지 않았다. 만일 내가 이런 일을 한 마디라도 말했

다면 여러분들의 목숨은 안전치 못했을 것입니다."
라고 말하자, 도둑 떼들은 겨우 이를 깨닫고,
 "우리들의 목숨은 덕분으로 건질 수 있었습니다."
라고 기뻐하며, 바라문에 합장하고,
 "우리들이 이 은혜에 보답하자면 무엇을 해야 좋을지 알려 주십시오."
 "여러분, 좋은 생각입니다. 다만 모든 악한 마음을 버리고 부처님의 가르침을 따르는 것뿐입니다. 이것이 참된 보은의 길입니다."

 도둑들은 바라문의 말을 따라, 거룩한 불도의 가르침이 마음에 생겨났다. 이 말을 하고 석가는 말을 이어,
 "선남 선녀들이여, 생명이 있는 모든 것에 이 바라문과 같은 마음을 가져야 한다. 이것이 부처에 대한 보은의 길이다. 이 이야기 속의 바라문은, 즉 과거의 나는 이 인연으로 끝없이 긴 수도 끝에 번뇌가 없는 깨달음의 길을 얻을 수가 있었던 것이다."

 부처님은 이와 같이 말했다.
 "아무리 악인이라 할지라도 죽여도 좋다는 것은 있을 수 없는 일이다. 죽이면 후회가 되는 것은 사실이다. 이 바라문과 같이 많은 사람을 구하고 그들로 하여금 선심을 일으키자면 할 수 없었던 것이다."

<대방편불보은경 제7>

불교 설화

슬기가 으뜸은 아니다

어느 나라에서 제일 지혜가 많다고 뽐낸 오백 명의 제자를 거느린 삿샤니켄이란 바라문 장로가 있었다. 그는 천하를 조롱하고 항상 배에 판금을 차고 가슴을 쭉 펴고 걸어 다녔다. 사람들이 그 이유를 물은즉, 그는 의기양양하여,

"지혜가 넘쳐 흐르면 곤란해서."

라고 말하는 것이었다.

석존이 여러 사람들을 교화하는 것을 듣고 그는 마음속에 질투와 불안을 느껴 제자에게,

"요즈음 고다마란 중이 스스로 부처님이라 하면서 돌아다니는 모양인데, 내가 그 자를 만나서 심오한 불도의 뜻을 물어 그 자로 하여금 답변을 못하도록 하여 망신을 주겠다."

라고 큰 소리를 치고, 제자들을 거느리고 부처가 있는 기원 정사로 찾아갔다. 그가 문 앞에 도달하자 저 멀리 부처님이 계시는데, 감히 그 누가 침범할 수 없는 빛나는 모습이었다. 그 모습을 보고 환희와 두려움으로 몸이 벌벌 떨려, 자기도 모르게 앞으로 나가

부처님께 예배하고, 정좌하고 있는 부처님 곁에 앉자마자 그는 부처님께 묻기를,

"도란 무엇입니까? 지란 무엇입니까? 장로란 무엇입니까? 정이란 무엇입니까? 선을 쌓고 악을 막는 자는 누구입니까? 수도자는 무엇입니까? 인명仁明은 무엇입니까? 무엇이 올바른 길에 적합하다고 생각하십니까? 무엇을 계율이라 부릅니까? 속히 제 질문에 답하여 주시기 바랍니다. 그러면 당신의 제자가 되겠습니다."

부처님은 늙은 바라문의 질문을 받고 조용히 게송으로 이를 대답했다.

"어질고 착하고 배움에 열중하고, 마음을 바르게 수도하면, 값비싼 지혜를 지니고 있는 그것뿐이, 참의 길이라 말할 수 있다. 언변이 좋아도 아는 척하지 않고, 두려울 것 없이 꾸준히, 선을 지키는 사람만이 진실한 제자라고 부를 수 있다. 나이가 많다고 장로가 아니며, 속절없이 늙어 머리만 희니, 이들 거의가 어리석은 자들이다. 마음에 진리를 간직하면서, 인자스럽고 조용하며 총명하고 이치에 맑고 결백한, 이것이 바로 진실한 장로다. 꽃같이 어여쁜 얼굴빛도 올바른 것이라 말할 수 없다. 탐욕이 많고 허세가 많으면 언행이 일치하지 않는다. 악의 근원을 끊어내고 지혜가 있어 노여움이 없는, 이것이 진정한 참이다. 머리를 삭발했다고 스님이 아니며, 망언을 하지 말고 탐욕을 누르고, 악을 누르고 도를 닦고, 마음과 몸을 깨끗이 하는 이가 스님이라 할 수 있으리라. 걸식하는 것이 수도자가 아니고, 모진 행위를 삼가고 명과 이를 잊고, 죄악을 물리치고 몸을 닦고, 지혜를 밝히고 악을 깨뜨리는 이를 수도자라 부를 수 있다. 입으로는 깨끗한 척하고

마음이 더러우면, 인명仁明이 깨끗할 리 없다. 마음이 맑고 행동이 바르면, 안팎이 함께 밝아지니, 이것이 참된 인명이다. 널리 천하의 중생을 구제하고, 남을 사랑하고 해치지 않는, 이것이 참된 길이다. 법도를 잘 지니는 자는 함부로 여러 말을 지껄이지 않는다."

삿샤니켄과 그의 제자 오백 명은 부처님의 가르침을 듣고 매우 기뻐하고 종전의 거만한 생각을 버리니 비로소 참된 스님이 되었다. 그 후 삿샤니켄은 부처님을 공경하고 보살이란 불제자 중 높은 지위를 얻었다. 그의 제자들은 전부가 아라한의 지위를 얻었다 한다.

<법구비유경 제3>

여우와 두레박

하라나국의 하라나성에 한 바라문이 살고 있었다. 그는 여러 사람들을 위해서 광야의 한가운데 우물을 팠다. 목동, 풀 깎는 사람, 나그네들이 이 샘에 와서 물을 마시고, 몸을 씻고 우물을 판 바라문의 덕을 찬양했다.

어느 날 해질 무렵 한 떼의 여우가 이 샘에 와서 땅에 흘린 물을 마시고 목을 적셨다. 그러나 여우의 두목은 땅에 흘린 물을 마시지 않았다. 그는 우물 옆에 있는 두레박에 머리를 박고 그 안에 남은 물을 마셨다. 물을 마시고 난 뒤 그는 두레박 안에 얼굴을 박은 채 땅에다 던져서 두레박을 산산조각으로 만들었다. 다른 여우들이 이를 보고 나무랬다.

"나무 잎사귀도 경우에 따라서 귀중할 때가 있습니다. 이 두레박은 길 가는 사람에게 얼마만큼 귀중한지 모릅니다. 어찌 그와 같은 일을 하십니까?"

"참 재미있었다. 사람이 곤란을 받던 말던 내 알 바 아니다."

여우 두목은 이같이 말하고 다른 여우들의 말을 들으려고 하지 않았다. 지나가던 사람들이 두레박이 깨진 것을 바라문에게 알려서 그는 새로 두레박을 마련해서 우물에 놓았다. 그러나 여우 두목이 전과 같이 깨뜨렸다. 이와 같이 열네 개의 두레박이 계속 깨뜨려졌다. 다른 여우가 아무리 두목을 타일러도 소용없었다.

너무나 자주 두레박이 부서지자, 바라문은,

"누가 내가 판 우물에 원한을 품고 있는 것 같다. 누군가 잘 보아 두자."

라고 말하고 새 두레박을 우물 옆에 놓고 나무 그늘에 숨어서 지켜보았다. 낮에 많은 사람이 지나가다가 물을 마셨으나 누구 하나 두레박을 깨뜨리지 않았다.

마침내 해가 질 무렵 여우 떼가 나타나서 땅 위에 흘린 물을 마시기 시작했다. 그 중 두목으로 보이는 여우가 두레박에 얼굴을 처박고 물을 마시고 있었는데, 물을 다 마시고 난 뒤 두레박을 땅으로 던져 깨뜨렸다.

"이 여우가 지금까지 장난을 했구나, 이 우물에 원한이 있다."

바라문은 이같이 생각하고 곧장 집으로 가서 나무로 견고하게 그리고 얼굴을 넣으면 빠지지 않게 두레박을 만들어서 우물 옆에 놓아 두었다. 그리고 그는 지팡이를 들고 전날과 같이 나무 그늘에 숨어 있었다. 저녁때가 되자 여우 떼들이 또 나타나서 물을 마셨다. 두목 여우는 역시 전과 같이 머리를 두레박에 파묻고 물을 마시고 땅 위에 던졌다.

그러나, 이번에는 두레박이 깨지지 않았을 뿐만 아니라 머리가 빠지지 않았다. 두레박을 땅 위에 던지면 던질수록 머리는 깊이 박히고 이제는 뽑을 수도 깨뜨리지도 못했다. 놀래서 허덕이는 여우를 바라문은 지팡이로 때려 잡았다.

이때 공중에서 다음과 같은 노래가 들려 왔다.

"고집을 부리고 친구의 말도 안 들어, 두레박을 쓴 채 맞아 죽은 바보 여우."

이 여우는 사람을 돕기 위해서 만든 우물이나 두레박에 자기도 도움를 받으면서, 깨뜨리는 데에 취미를 갖고 두레박을 깨뜨리다가 급기야는 자기 목숨마저 잃게 된 것이다. 이 세상에 이와 같은 이야기는 얼마든지 있다.

<마하승기율 제7>

원숭이와 우물의 달

　하라나국 하라나성 밖 숲속에 원숭이 오백 마리가 살고 있었다. 어느 날 이들 원숭이들은 숲속을 이곳저곳 다니면서 놀고 있었다. 그들이 어느 큰 나무 밑에 오자 우물이 하나 있었다. 속을 보니 달이 물 위에 비쳤다.
　원숭이 두목은 이 달 그림자를 보고 다른 원숭이들에게,
　"달이 죽어서 이 우물 속에 떨어졌다. 이것을 건져서 이 세상에서 어두움을 몰아내자."
　그러자 다른 원숭이들도 대 찬성을 하고,
　"그런데 어떻게 건집니까?"
　"건지는 방법이 있다. 내가 먼저 저 나뭇가지를 잡을 터이니 너희들 중에 제일 큰 놈이 내 꼬리를 잡고, 그 다음 큰 놈이 그 꼬리를 잡고 순차적으로 이런 식으로 우물 속에 들어가 제일 마지막 놈이 달을 건지는 것이다."
　"참으로 묘안입니다."
　이와 같이 두목이 나뭇가지를 잡고 다른 원숭이들이 차례로 꼬

리를 잡고 늘어져 제일 마지막 원숭이가 수중의 달을 잡으려 할 때 그들의 몸무게에 못 견딘 나뭇가지가 부러져서 오백 명의 원숭이가 한 번에 물 속으로 떨어졌다.

  그때 숲의 신이 웃으면서 다음과 같은 노래를 불렀다.

  "숲속의 원숭이들, 한 곳에서 떠들썩하더니, 자신들의 지혜도 모르고, 세상을 구하겠다고."

  세상을 밝게 하자는 생각은 좋았으나, 자신들의 분수에 맞지 않는, 물 속의 달을 건지려고 하였던 결과였다.

  인간이 자기들의 지혜와 분수에 맞게 행동하면 이와 같은 원숭이의 꼴은 안 된다는 이야기다.

<마하승기율 제7>

생로병사生老病死의 진리

어느 날 석가는 카샤파에게 인간으로 이 세상에 태어나면 생·노·병·사의 네 가지 고통을 면할 수 없다는 사고四苦 : 네 가지의 괴로움에 대해서 설법을 했다.

태어난다는 사실이 없으면 늙는다는 고통도, 병에 걸린다는 고통도, 죽는다는 고통도 없으므로, 태어난다는 자체가 고통의 근본이며 제일보다. 따라서 생활은 사고의 첫번째다. 단, 사고 중생과 사는 인간 세계뿐만 아니라, 천상의 세계에도, 부처의 세계에도, 다 있어 모든 세계에 공통적인 것이다. 쇠약하고 늙는 것은 반드시 그렇지 않다. 천상계와 부처님의 세계에는 이 두 가지 고통은 없다. 인간 세계에서도 많은 사람들은 이것을 면할 수 없으나 그 중에는 고통 없이 사는 사람도 있다. 세상 사람들은 생에 집착해서 늙어 죽는 것을 두려워하나, 보살은 사람이 이 세상에 태어나면 죽는다는 것은 필연의 사실이란 것을 알고 있다.

옛날 어느 때, 절세의 미인이 금과 은으로 몸을 장식하고 아름다운 모습으로 어느 집으로 갔다. 그 집 주인은 선녀가 내려왔다고 기뻐했다.

"당신은 누구시라 부르는 분이며, 어디서 오셨습니까?"

"나는 공덕천녀라고 부릅니다."

"선녀께서 가시는 곳에는 어떤 일이 일어납니까?"

"내가 가는 곳에는 금·은·유리·진주·호박·산호·코끼리·말·수레·하녀 등 무엇이든 자유롭게 가질 수 있습니다."

이 말을 들은 주인은 마음속으로 기쁨을 참지 못하고, 복신이 들어왔다고 좋아하면서 그녀에게 여러 가지 공양을 올렸다.

"나는 항상 덕을 쌓고 있으므로 오늘 당신이 오신 것이라고 생각합니다."

그때 문이 열리자, 또 하나의 부인이 들어왔다. 그녀는 공덕천녀와는 정반대로 눈으로 볼 수 없는 추녀였다. 그녀의 의복은 때와 먼지로 뒤범벅이 되어 있고, 얼굴, 손 할 것 없이 뼈가 튀어나오고, 피부색은 푸르고 말로는 형용할 수 없는 추한 여자이므로 주인은 너무나 놀라 말을 잇지 못하고 당황하다가,

"도대체 당신은 어디서 왔으며 이름은 무엇이라고 부르는가?"

"나는 흑암이라고 부르는 사람입니다."

"어찌 흑암이란 이상한 이름을 가졌는가?"

"내가 가는 곳은 그 집의 모든 재물을 전부 없애기 때문입니다."

이 말을 듣자 주인은 칼을 빼들고 그녀에게 속히 그 자리를 물러가라고 명령했다.

"빨리 없어지지 않으면 목숨이 없어진다."

"참으로 아둔한 분도 다 있으셔."

"내가 아둔하다니."

"조금 전 여기 온 여자는 내 언니가 되는 사람입니다. 나는 무슨 일이든 언니하고 공동으로 행동을 하므로 만일 나를 쫓으면 언니를 쫓는 것과 같습니다."

주인은 그녀의 말뜻을 도무지 알 수가 없어 공덕천녀에게 물어보기로 했다.

"나의 문전에 한 여자가 와서 당신의 동생이라고 하는데 사실입니까?"

"사실입니다. 우리 자매는 항상 행동을 같이합니다. 그래서 항상 같이 다니고 있습니다. 언니인 나는 항상 좋은 일만 하고 동생은 항상 악한 일만 하고 있습니다. 만약 나를 사랑하신다면 동생도 사랑하시기를 바랍니다."

"언니는 주고 동생은 뺏고, 언니는 복신이고, 동생은 거지, 그러나 사랑하려면 같이 사랑해야 한다니, 내게는 필요 없으니 곧 물러가시오."

두 자매는 주인의 요구에 따라 서로 손을 맞잡고 그곳을 떠났다. 주인은 잘 되었다고 기뻐했다.

두 자매는 어느 가난한 집을 찾았다. 주인은 좋아하면서 둘을 맞았다.

"우리 집에 오래 묵어 가시기를 바랍니다."

언니인 공덕천녀는 대답하기를,

"우리들은 먼저 앞 집에서 쫓겨났는데 오래 머물다 가라는 말씀은 무슨 뜻입니까?"

"별로 이유는 없지만, 당신들이 우리를 생각해 주시기 때문입니다."

이 공덕천녀는 '생'으로, 흑암은 '죽음'으로 비유한 것이다. 그러나, 보통 사람들은 생은 기뻐하면서 이승에서 필수적으로 일어나는 죽음에 대해서는 극도로 증오한다. 그러나, 보살은 생이 있으면 반드시 늙고 병들고 마침내 죽음이 있다 함을 잘 알고 있으므로 생사에 대해서는 몹시 무관심하고 담백한 것이다.

생고에 대해서 설법은 계속되었다.

바라문의 아이 하나가 허기가 져서, 인분 속에 빠진 망고 열매를 주우려고 했다. 옆에서 보고 있던 사람이 그를 꾸짖었다.

"너는 바라문이 아닌가? 종교를 믿는 청결한 종족이 인분 속에서 열매를 주우려 하니 어찌된 일인가?"

바라문은 몹시 부끄러워하면서,

"나는 먹으려고 주우려고 한 것이 아니라, 더러운 것을 씻고 버리려 한 것입니다."

"그것은 더욱 어리석은 짓이다. 버릴 바에야 애당초 주울 필요가 없지 않은가."

보살도 같다. 생애 대해서는 무관심이며, 마치 동자를 꾸짖은 사람과 같으며, 보통 사람들이 생을 즐겨하고 죽음을 증오하는 것은 동자가 망고의 열매를 주웠다가 버리는 것과 같은 것이다. 또 험한 절벽 위에 하늘에서 보내는 감로가 있어, 이 감로를 마시면 모든 병이 낫고, 천년의 수명을 누릴 수 있다 한다. 아둔한 자는 감로에 눈이 어두워 절벽 밑에 몇 천 자나 되는 함정이 있는지도 모르고, 감로에만 정신이 팔려 발을 잘못 움직이다가 빠져 죽는다. 그러나 지혜 있는 사람은 처음부터 죽음의 함정을 알고, 감로를 멀리한다. 감로는 천상계의 생이다. 지혜 있는 사람은 보살이다. 범부는 생에 집착해서 지옥 안의 쇳덩어리까지도 먹으려고 한다. 하물며 천상의 진수성찬에 대해서는 말할 필요조차도 없다. 그러나, 보살은 천상의 진수성찬은 물론이거니와 지상의 진수성찬에도 유혹되지 않는다. 태어났다는 자체가 고통이기 때문이다.

부처님은 계속 늙는 고통에 대해서 말을 했다.

늙음은 용기·기억·장년·쾌락·편안·희망 등을 파괴하고, 태만과 무기력을 가져온다. 예를 들면, 연못에 연꽃이 제철을 만나 한참 아름답게 피어 있는데, 하늘에서 갑자기 우박이 내려서 연꽃은 무참히 파괴되고 말았다. 늙음도 이와 같이 한 번 찾아오면 젊음을 빼앗아 간다.

또 예를 들면, 국왕에 현명한 신하 하나가 있었는데, 그는 특히 병법에 정통하였다. 어느 날 그는 적국의 왕이 자국의 왕명을 어긴다 하여 국왕의 명을 받고 적을 정벌하고 적왕을 볼모로 끌고 왔다. 여기서 이 현명한 신하는 늙음이고, 그는 왕명을 받고 장년을 포로로 하여 죽음의 왕에게 가져온 것이다. 한 번 꺾인 축은 두 번 다시 쓸 수 없듯이 늙음도 두 번 다시 쓸 수 없는 것이다.

또 어떤 큰 부자가 있는데, 재산이나 금·은·유리·산호·호박 등 각종 보물을 감추고 있더라도, 도둑의 습격을 받아 전부 빼앗기는 일이 있다. 인생도 노적老賊에 습격을 받으면 장년의 젊음도 일시에 잃게 되는 것이다. 또 육지에 있는 거북은 항상 물을 그리워하고 있듯이, 사람도 이와 같은 것이다. 이미 늙어지면, 마음은 항상 청년 시절의 즐거움과 욕심에 젖게 마련이다. 또 한창 피는 연꽃은 누구에게도 사랑을 받지만 일단 시들어지면 돌보지 않게 된다. 또 단물을 다 짜낸 사탕수수의 찌꺼기는 맛이 없다.

　사람도 늙어지면 젊음의 생기는 다 없어지고 즐거움이 없어진다. 또 만월은 밝고 아름다운 빛을 내나, 밤이 지나면 빛을 잃게 된다. 사람도 역시 같다. 청년시의 육체나 정신은 만월의 빛에 비유된다. 일단 늙어지면 시들어져서 보기 흉해진다.

　또 정당한 법으로써 나라를 다스린 왕이 있었는데, 적국에 의해 볼모로 잡혀 갔다. 이 가련한 왕이 시달림을 받아, 몸은 야윌 대로 야위어, 과거 전성기의 왕을 보았던 사람들은 이 비참한 왕의 모습을 보고 눈물을 머금을 것이다. 인생도 역시 같다. 늙어서 쓸모없게 되면 젊었을 때의 회상에 눈물을 흘리게 되는 것이다.

　불꽃의 심지는 단지 기름만 의지하게 되는 것이다. 기름이 다 닳으면 불은 자연히 꺼지게 되는 것이다. 사람도 같다. '청년'이란 기름이 다 떨어지면 마음도 쇠퇴하게 되며 마침내 죽게 마련이다. 또 강가의 나무도 폭풍우를 만나면 넘어진다. 사람도 노쇠의 험한 강가에 서서 죽음의 폭풍을 만나면 별수없이 쓰러지게 된다. 인생에 있어서 노쇠는 실로 커다란 고통이다. 보살은 이와 같이 노고를 잘 내다본다.

　부처님은 병고에 대해서 설명하였다.

　병이란 모든 쾌락을 파괴하는 것이다. 마치 우박이나 비가 나무 묘목을 상하게 하는 것과 같다. 또 원한을 품은 사람은 마음의 근심에 싸여서 항상 공포에 떨고 있다. 이 세상 사람들도 똑같다. 항상 병을 두려워하고 편안한 나날을 보낼 수 없다.

　어떤 미남자가 왕의 부인의 사랑을 받아 드디어 정도를 넘은 교제를 하게 되었다. 왕은 크게 노해서 그를 잡아 한쪽 눈을 뽑고 한쪽 귀와 한쪽 팔다리를 절단했다. 미남자도 몸의 반쪽을 잘라내니 완전 병신이 되어, 누구 하나 그를 거들떠보지도 않았다. 사람도 이와 같은 것이다. 아무리 미남미녀라 할지라도 병고에 시달리면 추해지고 사람들로부터 경원시당하게 마련이다. 파초 · 대 · 나귀 등은 자식이 생기면 반드시 죽게 마련이다. 사람도 역시 같다. 병 중에 자식이 생기면 반드시 죽게 된다.

또 전륜성 왕은 주병, 대신 등이 앞서고 왕은 위엄을 갖추고 그 뒤를 따라간다. 사람도 역시 같다. 병든 대신이 앞서 가면, 사전륜성 왕死戰輪聖王이 반드시 뒤에서 따라 결코 떨어지지 않는다. 또 물고기 왕 · 개미 왕 · 달팽이 왕 · 소 왕 · 상주들이 길을 떠나면 일족이 그 뒤를 따르듯이, 병든 왕이 길을 떠나면 죽음이 반드시 따르게 마련이다.

병이란 사람에게 고뇌와 근심과 슬픔과 불안을 주는 것이다. 그리고, 모든 세력과 쾌락과 행복을 파괴하는 것이다. 인생에 있어서 병은 실로 큰 고통이다. 보살은 병고를 잘 내다볼 줄 안다.

부처님의 설법은 계속되었다.

다음에 보살은 죽음에 대해서 다음과 같이 관찰한다. 죽음의 불이 닥쳐오면 모든 것을 타 없앤다. 오직 위대한 깨달음을 얻은 보살만이 이것을 피할 수 있다. 죽음의 불 세력 밖이기 때문이다. 또 수재가 일어나면, 모든 것을 물에 띄워 침몰시키듯이, 죽음의 홍수는 모든 것을 침몰시키나 오직 위대한 깨달음을 얻은 보살만 여기에서 피할 수가 있다. 또 태풍이 모든 것을 날려 없애듯이 죽음의 태풍도 모든 것을 저 세상에 날려보내나, 오직 보살만이 죽음의 태풍을 피할 수 있다.

너도 알고 있는 삼백 킬로미터나 되는 날개를 갖고 용도 먹어 치운다는 금시조는 모든 용은 물론이거니와 금이나 은까지 먹어 치우고 잘 소화를 하나 금강석은 소화를 시키지 못한다. 또 사금시조도 같다. 살아 있는 모든 것을 잘 먹고 소화를 시키나 보살만큼은 예외다.

또 역발산같이 큰 힘을 가진 나라연那羅延은 모든 장사를 굴복시키나 대풍만은 굴복시킬 수 없다. 대풍은 자유자재이기 때문이다. 따라서 아무리 힘이 강한 나라연의 힘으로도 대풍만은 어찌할 수 없다. 나라연은 생명을 가진 모든 것을 굴복시킬 수 있지만 보살만은 굴복시킬 수 없다.

또 원한을 가진 자가 꾀를 내서 적에 접근해서 마치 그림자같이 따라 다니면서 적의 기회를 노리더라도 상대가 조심을 하고 틈을 안 주면 죽이려고 해도 죽이지 못한다. 사원死怨도 역시 같다. 항상 여러 사람들을 죽이려 하지만 커다란 깨달음을 얻은 보살만큼은 어찌할 수가 없다.

또 홍수가 일어나 강가의 모든 것을 떠내려 보내지만 실버들만큼은 그 성질이 부드러워서 견디게 된다. 생명을 가진 모든 것도 죽음의 홍수를 만나면 죽음의 바다에 휩쓸리게 마련이다. 오직 열반에서 안주하고 있는 보살만큼은 제외된다. 또 마라摩羅라는 독사에 물리면 의사든 약이든 아무런 소용이 없고 오직 죽음뿐이다. 그러나, 아갈타阿竭陀라는 별을 읊으면 곧 낫는다. 죽음의 독에 물려도 같다. 의사나 혹은 약도 다 소용없다. 오직 열반에 안주하고 있는 보살만 제외된다. 또 국왕의 노여움을 산 사람들은 굽실거리고 값 있는 재물을 바치면 왕의 노여움에서 벗어날 수 있지만 죽음의 왕은 아무리 굽실거려도 용서하지 않는다.

카샤파, 죽음이란 마치 위험한 산중에서 식량은 다 떨어지고, 말할 사람도 없고, 주야로 걸어도 끝이 없는 캄캄한 밀림 속을 헤매는 것과 같다. 그리고, 죽음은 입구는 없지만 자유롭게 들어갈 수 있고, 별로 아픈 곳도 없는데 치료할 수 없는 병자와 같이 사람을 무섭게 한다. 죽음은 또 항상 많은 사람들의 주위에 붙어 다니면서 위협하고 있으나 그것을 느끼지 못한다. 앞서 말한 많은 비유를 잘 되씹어 보면, 생사가 커다란 고통이라 함을 알 것이다. 이것이 대 열반에 사는 보살의 생사관이다."

석가의 생·노·병·사에 대한 설법은 참으로 영험 있는 말씀이다.

<열반경 제11>

욕심에 대하여

석존께서 사바티국의 기원 정사에 계셨을 때의 일이다.
 어느 날, 진여眞如는 부처님의 신통력을 받아서 이런 생각을 하게 되었다.
 '석존님께 부처가 될 수 있는 첫째 단계段階에 대하여 여쭈어 보자. 석존께서 이 물음에 대하여 자세히 가르쳐 주신다면 그것을 들은 사람들은 마음의 문이 활짝 열려서 불도를 수행하는 데 대 광명을 얻어서 일찍 아라한阿羅漢의 자리를 차지하게 될 것이다.'
 이렇게 생각한 진여는 즉시 일어서서 합장하며 석존을 향하여 섰다. 이러한 진여의 모습을 보신 석존은,
 "무엇을 물어 보려고 하는가?"
하고 물으시었다.
 "세존님, 한 가지 여쭈어 볼 일이 있습니다. 제가 생각하고 있는 것에 대하여 가르쳐 주시기 바랍니다."
 "무엇이든지 물어 보라. 그대가 만족할 만큼 자세히 대답해 주리라."

그 자리에 있던 모든 사람들은 고맙고 깊은 가르침을 들을 수 있다는 기대심으로 조용히 귀를 기울였다.

"세존님, 불경에는 번뇌의 한 가지인 사랑과 부라나富羅那는 생사유전生死流轉의 근원이라고 되어 있습니다만 그 사랑이란 어떠한 것 또 부라나는 어떤 이유로 생사의 근원이 되는 것입니까?"

"좋은 질문을 하였다. 그대는 중생을 가엾게 생각하는 마음으로 그와 같은 질문을 하였고 또 사람들로 하여금 즐거움을 느끼게 하기 위하여 나에게 물었을 것이다. 참으로 갸륵한 일이다. 그대의 질문의 답은 이러하다. '사랑'이라고 한 마디로 말하지만 사랑에는 욕애欲愛·색애色愛·무색애無色愛의 세 가지와 다시 유애有愛·이유애離有愛·법애法愛의 세 가지가 있다. 욕애의 욕은 방종이라고도 하는데 이 방종이라는 것은 감각적으로 미친 듯이 사랑하며 집착하는 것을 말함이다.

이 욕심이 원인이 되어서 즐거움을 맛보기는 하지만 욕심은 예를 들면 불이 물건을 태우듯이 맹렬히 활동活動을 개시한다. 그 때문에 십선十善을 버리고 십악업十惡業을 만드는 결과를 가져온다. 십악업을 만듦으로 인해서 지옥·아귀·축생계에 떨어지거나 가난하고 불쌍한 야차野次로 태어난다. 이와 같은 악과의 고통의 세계에 살면서 큰 고통을 받게 되어도 참회하는 마음도 없이 착한 일을 하려는 생각조차 안한다. 그러므로 부처님은 이런 사람의 탐욕을 끊기 위하여 올바른 가르침을 베풀어서 욕심을 책責한다. 사람이 이 책망을 듣고 모든 욕망은 큰불 같고, 칼 같고, 도둑 같고, 달구어진 쇳덩어리 같고, 독사 같고, 나찰羅刹 같고, 부정하고 두려운 것이라는 사실을 자각自覺하면서 머리를 깎고 가사를 걸치고 올바른 가르침을 찾아서 불심을 일으킨다면 이런 사람들은 임종시에 온갖 번뇌를 끊고 삼악도에서 벗어나서 사후에는 부처님의 세계에 태어나게 되어 제불의 공덕심을 몸에 지니게 되는 것이다.

진여, 이 욕심은 또 색욕과 촉욕觸欲과 악욕樂欲과 미의욕美意欲의 네 가지 욕심으로 구분이 된다. 이 네 가지 욕심 중에서 색욕이라는 것이 가장 사람을 미치고 울리게 하는 것이다. '그 여자는 미인이다. 그 남자는 미남이다.' 하고 용모의 아름다움과 못생김, 피부의 색깔, 몸매 등에 애착을 갖는 것을 색탐色貪 또는 애욕이라고 하는 것이다. 이 애욕이 점차 커지면 단념하기란 매우 어려워서 그 때문에 모든 선근이 소멸되어 양식良識을 잃고 몸·입·마음의 삼업三業을 다스릴 수가 없어져서 애욕에 빠져들어 많은 죄를 짓게 되어 마침내는 삼악도에 떨어지는 결과를 가져오는 것이다.

이렇게 무서운 애욕에서 이탈하려면 여자란 부정한 것이라고 생각하는 동시에 여색에 매혹됨이 없이 여자의 육체를 염두에 두지 말고 모두가 백골白骨에 지나지 않는다고 생각하는 것이 상책이다. 그래도 색욕을 단념하기 어렵다면 시체를 갖다 버리는 곳에 가 볼 것이다. 죽은 사람의 새파란 몸뚱이의 부풀음, 썩은 피고름은 흐르고 구더기는 들끓고 새나 짐승이 서로 다투며 시체를 뜯어 먹는 광경을 보고 다시 해골바가지와 흰 뼈가 여기저기 흩어져 있는 참혹한 정경을 보라. 이러한 인간의 최후의 참상을 본다면 아마도 누구나 인생의 허무함을 느낄 것이고 이것은 남자, 이것은 여자라고 그 용모나 몸체에 애착하지는 않을 것이다.

사람이 낮이나 밤에도 늘 이 생각을 해서 눈을 떴을 때나 감았을 때나 항상 이 광경을 똑똑히 머리에 새긴다면 그 사람은 능히 세상의 탐욕에서 벗어나 '깨달음'에 들어갈 수가 있을 것이다. 사람들이 마땅히 정신 차려서 근신謹身하며 잊지 말아야 할 것은 실로 이 탐욕인 것이다. 진여, 이 가르침을 스스로 잘 지키고 실천할 것이며 또 사람들에게도 전파傳播하여 도움을 주도록 하라."

"고맙습니다. 탐욕심이 참으로 무섭다는 것을 잘 알았습니다. 세존님의 가르침대로 힘써 수행하겠습니다."

석존의 설법을 들은 여러 사람들도 모든 죄악과 번뇌와 혼탁은 모두 탐욕심에서 생겨난다는 것을 깨닫고 욕심을 버리고 불도에 정진하게 되었다고 한다.

<대방등대집경 제38>

괴로움의 세계

석존께서 사바티국의 기원 정사에 계셨을 때의 일이다.

어느 날 진여眞如가 석존께 말씀드리기를,

"세존님, 바라옵건대, 이 모든 세계는 결코 즐거움에 들뜰 것이 못 되고 또 호의호식도 부정한 것이어서 절대로 마음을 쓸 것이 못 된다는 것을 저희들에게 설법하여 주시기 바랍니다. 석존님의 설법을 들으면 많은 사람들이 욕망과 재물에 대한 집착을 버려서 진기하고 맛있는 음식 따위는 탐내지 않게 될 줄로 생각됩니다. 만약 사람들이 여러 가지 욕망과 음식에 대하여 두려운 마음을 갖게 된다면 사람들은 이 두 가지 일로 인하여 생사의 고해를 넘어서 '깨달음'의 경지에 도달하여 백여덟 가지 번뇌에서 해탈할 수 있으리라고 믿습니다. 이 점에 대하여 설법하여 주시기 바랍니다."

"좋은 생각이다. 그러나 그대는 무슨 이유로 이 현생은 집착하고 기뻐하고 즐거워할 곳이 못 된다고 말을 하는가?"

석존께서는 이렇게 반문하시면서 다음과 같이 말씀하셨다.

"이 세계는 천상계·인간계·아귀계·축생계 지옥계의 다섯 가지로 이루어진 생물의 세계와 또 이들 생물이 살고 있는 국토가 두 개가 있다. 지옥에는 일사일활지옥一死一活地獄·흑승지옥黑繩地獄·중합지옥衆合地獄·규환지옥叫喚地獄·대규환지옥大叫喚地獄·열지옥熱地獄·대열지옥大熱地獄·아비지옥阿費地獄의 팔대 지옥八大地獄이 있다. 과거·현재·미래에 있어서 많은 사람들이 몸·입·마음의 삼업으로 갖가지 악을 범하면 이들 지옥에 태어나서 한없이 오랜 세월을 지옥에서 방황하며 천만 가지의 고통을 받는 것이다. 그 고통은 도저히 견디어내기 힘드는 것이다. 몸은 불타며 펄펄 끓는 물과 구리물을 먹고 괴로움에 발버둥친다. 그러므로 이 세상은 즐거운 것에만 집착해서는 안 되는 것이 명확한 것이다.

　사람은 보통 누구나 낙樂을 좋아하지 괴로움을 좋아하지는 않는데 이것은 감정이 그렇게 시키는 것이다. 그러므로 지옥의 고통을 인식한다면 누가 감히 지옥에 빠지기를 원하겠는가? 지혜로운 사람은 능히 이렇게 고통이 극심한 지옥의 참상을 관찰하기 때문에 이 세상에서는 즐거운 마음이 안 생기는 것이다.

　축생계도 그 축생계의 실정을 잘 안다면 누구나 이 세상에 집착하지는 않을 것이다. 축생 중에는 형태가 큰 것도 있고, 털의 백분의 일만한 작은 것도 있으며, 먼지보다 작은 것도 있고, 수명도 순간적인 것이 있고, 하루 정도의 것이 있는가 하면, 반대로 상상도 할 수 없을 만큼 수명이 긴 것도 있어서 천차만별이다. 그리고 이들은 모두가 악을 만드는 사명을 띠고 축생계에 태어나는 것이다. 선법善法을 바라지도 않으며 선근을 쌓지도 않고 또 지혜도 없고 뉘우침도 없고, 자비심도 없어서 늘 서로 헐뜯고 서로 잡아먹는 일이 한없이 되풀이되어 공포와 고뇌와 굶주림과 목마름에 시달리고 있는 것이다. 그러므로 지혜로운 사람은 여기에 태어나기를 원치 않는 것이다.

아귀계도 마찬가지다. 아귀의 몸도 한 자밖에 안 되는 것, 사람만한 것, 혹은 빙산冰山같이 거대한 것도 있다. 그리고 그들은 모두가 벌거숭이인데 머리털로 몸을 감추고 있다. 피부는 검고 살은 없어서 말라깽이다. 가죽이 뼈를 덮고 있을 뿐으로 피와 살이 없으며 언제나 배가 고프고 목이 말라서 걸신이 들려 있는 것이다. 입에서는 불길을 내뿜고 있고 마음은 항상 노여움에 가득 차서 자비심이란 털끝만큼 없는데 어쩌다가 먹는다는 것은 끓는 쇳물이나 구리물이므로 더 한층 고통을 받는다. 열풍과 뜨거운 빗물이 항상 쏟아지며 이와 같은 고통이 천년, 만년 동안 계속된다. 누구나 이러한 정경을 짐작이라도 한다면 이 세상의 즐거움에 집착하지는 않을 것이다.

인간계 또한 깊이 통찰한다면 결코 집착할 곳이 못 된다. 인간을 보면 태어나는 괴로움, 늙는 괴로움, 병을 앓는 괴로움, 죽는 괴로움, 사랑하는 사람과 헤어지는 괴로움, 미운 사람과 함께 살아야 하는 괴로움, 원하여도 얻어지지 않는 괴로움, 심신의 괴로움, 굶주림의 괴로움, 목마름의 괴로움, 탐욕의 괴로움, 자기의 마음에 맞지 않는 것에 대한 노여움과 미움을 갖는 괴로움, 질투의 괴로움을 비롯하여 망녕된 말, 궤변詭辯, 거짓말 등의 괴로움, 욕설·비웃음·비난 등의 괴로움, 덥고 추운 괴로움, 폭풍·홍수·유행병 등의 괴로움, 고약한 세상, 고약한 통치자, 가난·천한 것·단명 등 온갖 괴로움과 재난이 닥쳐와서 밤낮 이런 시달림에 끝이 없다. 만약 이러한 여러 가지 괴로움이 인간을 항상 괴롭히고 있다는 사실을 깨닫는다면 아마도 인간계에서 즐거움을 발견할 수는 없을 것이다.

천상계도 역시 큰 차이가 없다. 이 중에서 제일의 육욕천六欲天의 제석천도 서로 응보상應報上의 차이가 있으므로 해서 괴로움을 받거나 또 응보가 끝나서 복덕이 다할 때에 괴로움을 받기 때문에 결코 안락한 세계가 아니다. 색계色界의 제천을 욕계欲界와 비교하면 안락한 세계이긴 하지만 이 천상계에 태어나는 원인이 이미 세상의 선법禪法을 수행한 결과이기 때문에 참된 마음의 쾌락은 없는 것이고 아직도 괴로움의 세계를 완전히 벗어나지 못하는 것이다. 그리고 무색계無色界의 세계도 마찬가지로써 아직 참된 해탈도 참된 자유도 주어지지 않았기 때문에 그곳에는 역시 고뇌가 존재하는 것이다. 이러한 여러 가지 일들을 자세히 관찰하여 보면 누구나 색, 무색의 세계에 대한 애착이 안 일어날 것이다.

진여, 지옥에서 천상계에 이르기까지 지혜로운 사람은 이것을 잘 관찰하는데 어느 하나 괴로움이 없는 세계는 없다. 이러한 까닭에 누구나 이 다섯 개의 세계에서 즐거운 마음을 품을 수는 없을 것이다. 이러한 뜻에서 모든 세계는 즐거움의 세계라고 할 수 없다는 것이다. 따라서 이제는 모든 세상의 쾌락에 집착한 것이 아니라는 것을 알았을 것이다.

진여, 옷이란 기우고 꿰매지고 염색되어서 비로소 한 벌의 의복이 되어서 입고 벗고 하는 것인데 지혜 있는 사람은 이 새 옷의 색깔을 보고는 선지피를 바른 것이라고 생각을 하는 동시에 여러 가지 냄새와 고약한 벌레 · 모기 · 말파리, 이 같은 부정한 것들이 붙어 있는 것을 본다.

지혜로운 사람은 보통 사람이 애착하듯이 의복에 대하여 집착하는 마음을 갖지 않는다. 지혜로운 사람은 또 음식飲食에 대하여 즐거움을 갖지 않는다. 수행자가 밥그릇을 손에 들면 그 그릇은

털과 가죽을 벗긴 피와 고름으로 더럽혀진 해골바가지로써 파리와 구더기들이 그 속에서 득시글거리고 있다고 생각을 한다. 그리고 음식을 볼 때에는 죽은 벌레가 가득 차 있다고 관찰할 것이다. 살구·죽·국을 보았을 때에는 이것을 피고름으로 생각하고, 여러 가지 야채를 얻으면 이것은 말의 털, 사람의 털이라고 보고, 만약 포도를 보면 이것은 사람의 이로 생각하고 또 우유·감주甘酒·날 것·익은 것, 제호미醍醐味를 얻은 경우에도 마치 사람의 피, 고름, 혹은 침 같은 것이라고 생각하면 좋다. 이렇게 생각하면 음식에 대한 즐거운 마음은 안 일어날 것이다.

　주택住宅에 대하여 즐거운 마음을 안 가지려면 다음과 같이 생각하면 된다. 지혜로운 사람은 방·강당·누각에 들어갔을 때에는 이것에 두려움을 갖는다. 지금 이 문 안으로 들어왔지만 이 안은 내 몸을 불태우는 대 지옥이라고 생각하고 집을 지은 목재를 보고는 이것은 사람의 뼈를 부수는 것이라고 생각하고, 벽은 마치 살이 시체로 덮여 있는 것이라고 생각하고 앉거나 눕는 곳은 뼈를 녹이는 곳이라고 보는 것이다. 이렇게 생각하면 주택에 대한 즐거움은 자연히 사라지게 마련인 것이다. 진여, 이상 이야기한 것과 같이 세상의 모든 것에 대하여 즐거운 생각을 안하면 탐욕심은 생기지 않는 것이며, 머지않아 고苦·공空·무상無常·무아無我의 이치를 깨달을 수 있는 것이다."

　"세존님의 말씀을 들으니 비로소 중생의 사바 세계와 국토에서 쾌락이라는 것이 얼마나 허황된 것이라는 것을 잘 알게 되었습니다. 대단히 고맙습니다."

　진여는 석존의 간절하신 설법을 듣고 깊은 감동을 받았다고 한다.

<대방등대집경 제39>

불교 설화

사람의 위에 서려면

석존이 어떤 번뇌 때문에 찾아온 우진 대왕과 만났을 때 일이다. 부처님을 찾아온 우진 대왕은,

"세존, 일전에 어떤 스님과 바라문이 나를 찾아와서 내 잘못을 내 면전에서 책망했습니다. 그러나 나는 내 자신이 잘못을 했다고는 생각하지 않으므로 아무리 책망을 받아도 납득이 가지 않았습니다. 또 일전에는 어떤 스님과 바라문이 찾아와서 나를 칭찬한 일이 있는데, 나는 조금도 기쁘게 생각지 않습니다. 그것은 내가 조금도 칭찬을 받을 만한 가치가 없음을 내 자신이 너무나 잘 알기 때문입니다. 그래서 어느 날 나는 사람들을 멀리하고 혼자서 조용히 생각했습니다. 그것은 왕의 진정한 잘못과 진정한 공덕은 어떻게 알 수 있을 것인가. 만일 그것을 알 수만 있다면, 나는 기꺼이 잘못을 버리고 덕을 쌓겠다고 생각했습니다. 그것보다 스님이나 바라문이 왕의 진정한 잘못이나 공덕을 알고, 나를 위해서 설법해 줄 사람이 없을까 하고 생각한 결과 찾아왔습니다. 세존은 모든 것에 통달하시고 또 모든 것을 내다보시고 있으시니

왕의 진정한 잘못이나 공덕을 잘 알고 계실 것이라 믿고 찾아왔습니다. 세존, 왕의 진정한 잘못과 공덕은 어떤 것입니까? 부디 이에 대해서 설법을 해 주시기 바랍니다."

"대왕, 잘 알았습니다. 그렇다면 왕의 잘못, 왕의 공덕, 왕의 쇠손문衰損問, 왕의 방편문方便門, 왕이 사랑해야 할 법 등 다섯 가지에 대해서 이야기를 하겠습니다."

부처님은 우덴 대왕의 질문에 응해서 다섯 항목을 설법하셨다.

왕의 잘못이란 약 열 가지 종류로 나눌 수 있습니다. 이 열 가지 잘못이 있으면 아무리 국고가 넉넉하고, 잘 보좌하는 현신이 있고, 군비가 갖추어 있어도 그 왕은 결코 왕으로서의 구실을 다한다고는 말할 수가 없습니다.

이 열 가지 잘못이라 함은 첫번째, 질이 좋지 않다. 왕의 신분 출신이 높지 않음이라는 것은 국왕의 혈통이 미천하여 존귀한 종족이 아닌가, 혹은 출신은 왕가라 할지라도 비천한 여자의 태 안에 잉태하였는가 혹은 대신·국사·군관의 자식일 때에는 왕의 신분 태생이 높지 않다는 것이다. 두 번째, 마음의 자유가 없다 함은, 왕위에 올라가 있지만 사사건건 대신·국사·군관들의 간섭을 받아 국왕으로서의 행동에 자유가 없을 경우를 말한다. 세 번째, 왕의 성질이 거칠다 함은, 군신들에게 약간의 잘못이 있어도 면전에서 이를 꾸짖고, 혹은 난폭한 언사를 함부로 쓰고, 혹은 격분해서 대면조차 안 하여 군신들로 하여금 왕에 대하여 앙심을 품게 한다면, 이것은 전부 왕의 포악이라 부를 수 있다. 네 번째, 냉정하다 함은, 신하들이 약간 실수를 해도 성을 내고 그들의 녹을 깎고, 처첩을 빼앗고, 혹은 중벌을 과하는 따위를 말한다. 다섯 번째, 인정이 없다 함은, 군신이 공을 세워 마땅히 상을 받아야 할 경우에 입으로만 칭찬하고 국록을 올린다든가, 작위를 준다든가, 혹은 훈장을 수여치 않는 것을 말한다. 여섯 번째, 마음이 뒤틀려서 남의 아첨을 잘 듣는다는 것은, 군신 중에 탐욕이 많은 자, 도당을 만들고 있는 자, 반역의 뜻을 품고 있는 자, 선정을 안하는 자들의 감언이설을 믿는 것으로 이러한 경우에 국정은 문란해지고 국력은 감소되는 것이다. 일곱 번째, 자기 분수를 생각지 않고 법을 지키지 않는다는 것은, 깊이 생각할 것을 생각지 않고, 군신을 등용할 때, 권한을 맡길 수 없는 자에 권한을 맡기고, 권한을 맡겨야 할 자에 권한을 맡기지 않고, 혹은 상을 줄 자를 벌을 주고, 벌을 줄 자를 상을 주고, 회의를 열면서, 군신의 발언을 억제하고 압력을 가하면, 군신은 국왕을 존경하지 않고, 전장에 나가서 용감히 싸우지 않을 뿐더러, 설사 왕이 선행을 베풀더라도 이를 따르지 않는다. 여덟 번째, 선악을 구별하지 않는다는 것은, 이 세상에 있는 것만 알고 저 세상에 있는 것은 믿지 않고, 따라서 선과 악에 대한 내생의 보답을 믿지 않으므로, 수치라는 것을 모르고, 자기 마음대로, 기분 내키는 대로 행동하는 것이다. 아홉 번째, 사물의 분별을 모른다는 것은, 대신, 국사, 군신들의 충성 · 기예 · 지혜의 차별을 알지 못하고, 따라서 충성치 않은 것을 충성으로 생각하고, 충성한 것을 충성치 않다고 생각하고, 기예가 없는 자를 기예가 있는 자로 잘못 알고, 기예가 있는 자를 기예가 없는 자로 믿고, 좋은 지식을 나쁜 지식으로 생각하고, 나쁜 지식을 좋은 지식으로 잘못 믿는 결과 상벌에 분별력을 잃고, 군신 간에 싸움이 벌어진다. 국왕의 위신도 이로 말미암아 엉망이 되며 나라가 어지럽게 된다. 열 번째, 자기 마음대로 행동한다는 것은 국왕이 재욕·색욕·음식욕·명예욕·수면욕 등 다섯 가지 욕심에 빠져 할 일을 안하는 것은 방종, 방탕이라 부르는 것이다. 국왕이 이상의 열 가지 잘못을 가지면 아무리 국고가 넉넉하고, 현명한 신하가 많고 군비가 충실하다 하더라도, 아무런 소용이 없는 것이다. 이상 열 가지 잘못 중 왕의 질이 좋지 않은 것을 제외하면, 나머지 아홉 가지는 왕 자신의 잘못이다.

다음은 왕의 공덕에 대해서 말할 것 같으면 이것도 역시 열 가지가 있다. 첫 번째는 질이 좋고, 두 번째는 자유가 있고, 세 번째는 성질이 포악치 않고, 네 번째는 노하지 않고, 다섯 번째는 은혜가 크고, 여섯 번째는 정직한 자의 말을 잘 듣고, 일곱 번째는 분수를 잘 지키고, 법에 따르고, 여덟 번째는 선악을 잘 구별하고, 아홉 번째는 사물을 잘 분별하고, 열 번째는 제멋대로의 행동을 삼가는 것 등이다.

앞서 말한 왕의 열 가지 잘못의 경우와 비유해서 이해해야 된다. 국왕이 이 공덕을 체득할 수 있다면, 국고가 비지 않고, 현명한 신하의 보필이 없고, 군비가 충실치 않다 하더라도 왕의 위엄을 유지할 수 있다. 처음의 하나를 빼고는 전부가 왕 자신의 공덕이다.

다음은 왕의 쇠손문이란 것도 다섯 종류가 있다. 첫 번째는 관찰을 하지 않고 군신을 등용하는 것, 두 번째는 포상이 공정치 못하고 행위가 시기에 맞지 않는다는 것이고, 세 번째는 자기 마음대로 행동하고 국가 기밀에 관한 업무를 돌보지 않고, 네 번째는 재화를 간직할 창고를 지키지 않고, 다섯 번째는 법행을 게을리 하는 것 등이다. 첫 번째, 관찰하지 않고 군신을 등용한다는 것은, 국왕이 군신을 등용할 때 그들의 특성이나 결점 등을 깊이 조사하지 않고, 총애하지 않을 자를 총애하고, 총애할 자를 총애치 않고, 작위나 국록을 주어야 할 자에 주지 않고, 반대로 주지 않아야 할 자에 주는 것이다. 두 번째, 포상이 공정치 못하고 행위가 시기에 맞지 않는다는 것은, 가령 국왕이 국왕의 성격, 기술 등을 관찰하고 등용했다 하더라도, 충성·기예·지혜 있는 자를 총애하지 않고, 국록이나 작위도 주지 않고, 기밀에도 참여시키지 않고 있다가, 일단 나라가 적의 공격을 받으면 갑자기 총애를 베풀고, 위로의 말을 한다 하더라도 아무런 소용이 없을 뿐만 아니라, 군신은 왕이 위험에 부딪쳤을 때만 사랑하고 어차피 오래 계속되지 않을 것이라 생각하고, 그들이 현재 가지고 있는 충성이나 기예, 지혜조차 충분히 발휘치 않을 것이다. 세 번째, 자기 마음대로 행동하고 국가 기밀에 관한 업무를 돌보지 않는다는 것은, 국왕이 국가를 위해서 당연히 해야 할 일을 안하고, 왕이 자기 멋대로 행동한다든가, 혹은 현명한 신하들과 타협하지 않고 자기 멋대로 처리하여 국가 기밀에 관한 업무를 소홀히 한다는 것이다. 네 번째, 재화를 간직하는 창고를 지키지 않는다 함은 국왕이 국가적 사업을 소홀히 한다든가, 혹은 사업의 경영을 잘못한다든가, 혹은 사업 그 자체에 대해서 잘못된 생각을 가지고 있다든가, 혹은 배우, 기녀들과 쾌락의 길을 걷는다든가, 혹은 도박 등 나쁜 일로 국비의 운용을 그릇친다든가 해서 낭비를 조장하는 것을 말한다. 다섯 번째, 법행을 게을리한다는 것은, 국왕은 항상 성품이 조용하고, 순박하고, 지혜가 있고, 언변이 좋고, 도를 깨닫고, 사물을 분별할 줄 아는 스님이나 바라문을 가끔 찾아 무엇이 선이고 무엇이 악이고, 무엇이 죄가 되고 무엇이 죄가 안 된다는 것을 묻고, 듣고 해서 내생을 그르치지 않도록 해야 한다.

만약 국왕이 이상 다섯 가지를 어긴다면, 현재와 미래에 걸쳐 커다란 곤경에 빠질 것이다. 즉 첫번의 네 가지는 현재의 복리를 상실하고, 최후의 한 가지는 내생의 복리를 잃게 되는 것이다.
　다음 왕의 방편문方便門이라는 것 역시 다섯 가지가 있다. 그것은 왕이 사랑하고, 즐기고, 기쁘고, 생각하는 것이다. 첫 번째는 세상을 사랑하고, 두 번째는 자유롭고, 세 번째는 원한이 있는 적을 사랑으로 굴복시키는 것이고, 네 번째는 자신의 몸을 잘 간직하고, 다섯 번째는 악을 피하고 선으로 돌린다는 것이다.
　이 왕의 사랑해야 할 법을 실현하는 방법을 말하자면, 거기에도 역시 다섯 가지 방법이 있다. 첫째는 세상을 중하게 여기는 것이고, 두 번째는 문무의 재주를 갖추고, 세 번째는 현명한 방편을 쓰는 것이고, 네 번째는 정확히 경계를 정하고, 다섯 번째는 수도에 정진하는 것이다.
　첫 번째, 왕은 세상을 중하게 여겨야 한다는 것은, 왕은 사람됨이 있는 성품을 가지고 만족해야 한다는 것이다. 재정상의 일에 너무 재물을 욕심껏 모으려 할 필요는 없으나, 충실한 재정을 유지하고, 한편, 빈곤한 자나 불우한 자에게는 국고를 열어 적선을 하고 때에 맞추어서 작위와 국록을 수여하고, 도저히 견딜 수 없는 중책을 맡기지 말 것이고, 위법자에게도 동정을 베풀고, 도저히 뉘우칠 줄 모르는 자에게는 벌을 주고, 정실을 개재하지 않고, 공평한 상벌을 실시하면, 왕은 세상 사람들로부터 경애를 받게 마련이다.
　두 번째, 문무의 재주를 겸비한다는 것은, 국왕은 국가정책 수행에 있어서 게을리하지 말 것이며, 지략과 무술에 능하고, 항복하지 않는 적은 이를 보호하고, 줄 것은 주고, 벌줄 것은 벌주고 그 조치함에 있어서 잘못이 없는 것을 문무의 재주를 겸비했다고 하는 것이다.

세 번째, 왕이 현명한 방편을 쓴다는 것은, 국왕은 국무 수행상, 강력한 도당을 설득해서 이쪽 편으로 만들 수 있는 수단을 익혀서, 적이나 원수를 복종시키는 방법을 알아야 한다.

네 번째는 경계를 정확히 정한다는 것은, 국왕은 항상 국고의 증감을 잘 파악하고, 사치하지 않고, 모든 것을 평등하게 처리하고, 재물은 정당하게 받아 정당하게 쓰는 것을 잊어서는 안 되고, 음식에 있어서도 항상 절제해야 하며, 흥분하는 일은 삼가고, 좋은 것은 혼자 먹고 타인에 주지 않아서는 안 된다. 이것이 경계를 정확히 하는 것이다.

다섯 번째, 왕은 수도에 정진한다는 것이다. 깨끗한 믿음이 마음을 기르는 것과, 부처님의 계율, 부처님의 가르침을 듣고, 부처님을 위해서 가진 것을 포기하고, 깨끗한 지혜를 갖추는 것을 의미한다. 내생을 믿고, 옳은 일과 옳지 않은 일을 구별하고 그 결과를 믿는다. 다시 말해서 인과율을 믿고, 깊이 불법을 믿는 것을 의미한다. 다음에 계율을 지킨다는 것은, 살생 · 음욕 · 악행 · 망언 · 음주와 같은 행위를 멀리하는 것이다. 그 다음 부처님의 가르침을 잘 듣도록 하는 것은, 현재와 미래를 잘 이해하고, 스승을 따라서 배우고 아는 것이다. 다음 부처님을 위해서 포기한다는 것은 마음을 항상 깨끗이 가지고, 옳지 않은 생각을 버리고, 시주를 잘하고, 적선을 잘하고 항상 평등하게 보시를 한다는 것이다. 그 다음 깨끗한 지혜를 갖추는 것은 선과 악, 유죄와 무죄, 흑과 백을 잘 구별하고 모든 문제에 있어서 그 진상을 잘 파악하고 가령 실수를 하고 일시 탐욕 · 노여움 · 인색 · 질투 · 비웃음 · 무정·포악 등을 감행할 생각이 든다 하더라도, 곧 이와 같은 어지러운 마음에서 깨어나서, 국왕으로서의 행동에 부족함이 없고, 깨끗한 지혜를 갖춘다는 것이다.

　이상의 다섯 가지는 왕이 사랑해야 할 법을 말하며, 현생과 내생에서 이익을 얻게 되는 것이다. 대왕, 나는 이상과 같이 왕의 공덕, 왕의 쇠손문, 왕의 방편문, 왕이 사랑해야 할 법, 왕이 사랑을 일으키게 할 방법 등을 말했다.

　대왕, 불법에 마음을 두고, 쇠손문은 멀리하고, 방편문은 이를 배우고, 사랑해야 할 법을 따라야 한다. 대왕, 이러한 마음으로 불법을 배우면 안락과 이익을 얻는 것은 틀림없는 사실이다.

　석가의 설법으로 우덴 대왕은 왕도에 대해서 이해를 잘하고, 선정을 배풀었다 한다. 우리들은 이 이야기가 사람을 등용하기 위한 윗사람의 마음가짐으로써 참고가 될 만한 고마운 이야기라고 생각한다.

<우진왕경>

적은 욕심으로 만족함을 알라

마쓰라 국에 부자가 하나 있었다. 그는 처음에는 거대한 재산을 갖고 있었으나, 점점 가난해져서 최후에는 겨우 5만 원밖에 안 남아 있었다.

그는 생각하기를, '나는 이대로 간다면, 필경 굶어 죽을 것이다. 따라서 굶어 죽는 것보다는 절의 중이 되는 것이 낫다. 그리고 출가한 뒤로는 나머지 5만 원은 약이나 옷을 사는 데 쓰겠다.'라고 말하고, 우바굿다 성자에게 출가했다. 그러나 그 5만 원의 돈이 항상 걱정이 되어 사미승에게 그 돈을 보관시켰다.

어느 날 우바굿다 성자는 이 새로 입문한 수도자에게,

"출가의 도라 함은, 소욕지족小欲知足이라 하여 욕심이 많아서는 안 되는 법이다. 적은 욕심으로 족함을 알아야 한다. 너는 5만 원을 가지고 있는데 도대체 그 돈을 어디에 쓰려고 하나? 돈은 출가에는 불필요한 것이니 여러 스님들에게 공양하는 것이 어떻겠는가?"

라고 성자에게 권고를 받았지만 그에게는 그 돈이 그야말로 귀중

한 것이기에,

"이 돈은 제 약과 옷을 사기 위한 것입니다."
라고 말하면서 순순히 내놓으려고 하지 않았다.

그래서 성자는 방편을 구상했다. 그를 절 뒤로 데리고 가서 5만 원을 신통력으로 10만 원으로 만들어 보이고,

"이 10만 원의 돈은, 네가 약과 옷을 사는 데 사용할 돈이니 네가 갖고 있는 5만 원을 스님들에 주는 것이 어떻겠는가?"
라고 말하자 그는 기꺼이 간직하고 있던 5만 원을 나누어 주었다.

그 후 성자는 여러 가지로 그에게 불도를 설법하여 그는 마침내 아라한의 지위에 오를 수 있었으며 5만 원의 돈에 대해서는 그 후 아무런 말도 안했다 한다.

<아육왕전>

불교설화

오백 마리 원숭이의 익사

　석존께서 왕사성王舍城의 영취산에서 많은 사람을 모아 놓고 설법을 하고 있었을 때의 일이다.

　어느 날, 석존은 슈만이라는 한 사람의 아라한에게 부처님의 머리카락과 손톱을 가지게 하고 게이힌국으로 가서 불탑을 세우게 한 일이 있었다. 거기에는 오백 명의 나한이 상주해서 조석으로 불탑에 향을 사르고 예배하고 있었다.

　그때 산 중에는 오백 마리의 원숭이가 살고 있었는데 나한들이 불탑을 만드는 것을 보고는, 자기들도 깊은 골짜기에 진흙과 돌로 불탑을 모방해서 만들고 나무를 세우기도 하고, 깃발을 세우기도 하면서 조석으로 예배하는 흉내를 냈다.

　어느 날 산사태가 일시에 밀어닥쳐 불쌍히도 오백 마리의 원숭이가 모두 죽고 말았다. 그러나 그 영혼은 즉석에서 도리천상에 다시 태어나 칠보의 궁전으로 들어가 의식에 부자유스러움이 없이 행복하게 지내고 있었다.

　그들은 어째서 이렇게 행복하게 되었고 하늘에 태어날 수가 있없는지를 천안으로써 그 본형을 관찰해 보니 전생에서는 원숭이의 몸이었으나 모든 도인들의 흉내를 내고 장난으로 탑을 만들어서 놀고 있었으나 산사태로 죽어서 하늘에 태어났다는 것을 알게 되어 하늘에서 내려가 본래의 시체에 대한 은혜에 보답하려고 각자의 시종을 인솔해서 화향과 기악을 준비해서 시체 위에다 꽃을 뿌리고 향을 피워 공양했다.

그때 산 중에 오백 명의 바라문이 있었다. 그들은 외도를 배우고 사견의 마음을 가졌고 죄복의 인과를 믿으려고 하지 않았다. 산 중에 갑자기 천인의 하강이 있어 향화와 기악을 바쳐 원숭이의 시체를 공양하는 것을 보고 이상히 여겨 다음과 같이 물었다.

"여러 천자님들은 어찌하여 원숭이의 시체에다 공양을 하는 것입니까?"

"아니, 이상하게 여기는 것은 당연합니다. 이 시체는 사실은 우리들이 전생에 이곳에서 장난 삼아 탑을 세워 놓고 있었는데, 갑자기 산사태가 밀어닥쳐 죽고 말았습니다. 그런데 탑을 장난 삼아 만들었다는 조그마한 공덕으로 인해 보다시피 하늘에 다시 태어나서 안락하게 살고 있습니다. 그래서 지금 이처럼 시체에 보은의 공양을 하고 있는 것입니다. 우리들이 행한 일은 아주 사소한 공덕인데도 이와 같이 크나큰 복을 얻은 것입니다. 만일 마음으로부터 불세존佛世尊을 믿고 받든다면 그 복덕은 실로 헤아리기 어려울 것입니다. 당신들은 이러한 부처님의 바르고 진실한 가르침을 믿지 않기 때문에 백 겁이라는 긴 세월 동안을 근면하게 구한다 해도 아무것도 얻지 못했을 것입니다. 차라리 우리들과 함께 영취산靈鷲山으로 가서 부처님을 예배하고 공양하도록 합시다. 그렇게만 하면 무량한 복을 얻을 수 있다고 생각합니다."

이렇게 말하면서 권장하자 외도인 바라문들도 마음이 움직여 모두 함께 부처님이 계시는 곳으로 왔다.

"세존이시여, 우리들은 원숭이의 몸이었습니다만 세존의 덕택으로 하늘에 태어날 수가 있었습니다. 이러한 크나큰 은혜를 입었으면서도 불행하게도 오늘까지 부처님을 예배하지를 못해서 이번에 하늘에서 내려와 예배하기 위해서 온 것입니다."

천인은 꽃을 뿌리고 예배를 진정으로 다하면서 이렇게 말했다. 그리고 또 말을 계속했다.

"세존이시여, 우리들은 전생에서 무슨 죄를 지었기에 원숭이의 몸을 얻게 된 것입니까? 또 장난이기는 하지만 탑을 만들어 공덕을 쌓으면서 산사태를 만나 왜 죽지 않으면 안 되었습니까?"

석존은 천인들의 마음속의 수수께끼를 풀어 주기 위해서 다음과 같이 그 인연을 설법했다.

"세상의 모든 사물은 인연에 의해서 존재하는 것으로 절대로 헛되이 살고 있는 것이 아니다. 나는 지금 너희들을 위해서 그 인연을 설법하여 밝히겠다. 옛날 오백 명의 연소한 바라문이 다함께 산 중으로 들어가서 선인의 길을 닦고 있었다. 마침 그 당시 산 위에 한 사람의 스님이 있었는데 진흙을 반죽해서 산 위에 정사를 만들 양으로 열심히 골짜기에 내려가서 물을 퍼 올리고 있었다. 그 몸이 가볍고 동작이 민활함이란 마치 하늘을 날으는 것 같았다. 이를 본 오백 명의 바라문은 질투심이 일어나 큰 소리를 내어 이를 조소하면서, '저 스님은 산을 오르내리는 경쾌함이 원숭이와 똑같다. 요컨대 원숭이의 흉내를 내는 것이다. 구태여 기이하다고 할 것이 못 된다. 저렇게 산 위에 물을 퍼 올리니 멀지 않아서 물 때문에 빠져 죽게 될 것이다.' 이렇게 욕을 했다. 그때의 스님은 바로 나였었다. 오백 명의 연소한 바라문은 즉, 너희들로서 오백 마리의 원숭이의 전신인 것이다. 스님을 욕한 죄로 말미암아 그 몸은 원숭이로 태어나 또 산사태 때문에 죽고 말았던 것이다. 너희들은 일단 그 죄로 수신을 얻었지만 장난 삼아 탑을 만든 사실에 의해서 그 죄가 없어져 하늘에 태어나는 복을 얻게 된 것이다. 지금 또 나에게로 와서 정교를 행한다는 것은 그 선한 인연에 의해서 먼 훗날의 세상에서도 오랫동안 그리고 많은 즐거움을 얻는 과보를 얻게 될 결과가 되는 것이다."

석존의 설법을 듣고 오백 명의 천인들은 모두 크나큰 이익을 얻었다. 같이 왔던 오백 명의 바라문도 이 같은 고마운 설법을 듣고 대단히 감동해서 제자가 되기를 원하였다.

석존은 그들의 보리심을 얻고자 하는 마음을 칭찬하고,

"잘 왔다 비구여."

이같이 말하자 일동의 머리카락은 자연스럽게 떨어져 스님의 모양이 되고 정진해서 얼마 안 있어 아라한의 깨달음을 얻었다고 한다.

<법구비유경 제1>

불교 설화

은혜를 원수로 갚은 독사

　석존께서 사위국舍衛國의 기원 정사祇園精舍에서 많은 사람들을 모아놓고 설법하고 계실 때의 이야기다.
　중인도中印度의 바라나시국은 범수 왕範授王이 다스리고 있었다. 어느 날, 나무꾼 한 사람이 나무를 하러 산 속으로 깊이 들어갔는데, 숲 사이에서 갑자기 큰 사자 한 마리가 뛰어나와 무서운 얼굴로 이쪽을 노려보고 있는 것을 목격했다. 그것을 본 나무꾼은 도구를 거기에 내동댕이치고 걸음아 날 살려라 하고 도망을 쳤다. 사자는 '맛있는 먹이를 발견했다, 놓쳐서는 안 된다' 하고, 달아나는 나무꾼을 쫓아왔다.
　나무꾼은 숨이 끊어지지 않는 한, 다리가 움직이는 한, 있는 힘을 다해서 뒤도 돌아보지 않고 달아나다가 그만 발을 헛디뎠다. 순간 그는 쿵하고 깊은 물 없는 우물 속에 빠져 버렸다. 가까스로 사자를 피했다고 한숨을 쉬려는데, 쿵하고 어떤 물체가 몸에 세게 부딪치는 것이었다. 정신을 차리고 살펴보더니, 자기를 쫓아온 사자가 제 몸 위에 덮쳐 있으므로 깜짝 놀라 몸을 움츠리고 어떻게 되는 것인가 하고 덜덜 떨고 있었다.
　그때, 이 우물가에서 독사 한 마리가 생쥐를 발견하고 그것을 잡으려고 쫓고 있었다. 또 나무 위의 한 마리의 소리개가 그것을 보고 생쥐를 가로채려고 날아 내려왔다. 우물가에서 생쥐와 독사와 소리개가 삼파전三巴戰을 벌이며 서로 쫓고 쫓기고 하다가 세 놈이 함께 우물 속으로 빠졌다. 독사와 소리개는 비좁은 우물 속에서도 여전히 나쁜 마음을 일으켜 잡아먹느냐 먹히느냐의 싸움을 하고 있었다.
　이것을 본 사자는 더욱 험상궂은 얼굴을 하고,
"네놈들은 무엇을 하고 있느냐? 이 우물 안에서는 내가 제일 힘이 세다. 잡아먹기로 마음먹으면, 모두 다 내가 잡아먹을 것이다. 그러나, 지금은 서로가 우물 속에 빠져 어쩔 수가 없는 재난을 당하고 있으니 그런 나쁜 마음 따위는 일으키지 마라."
하고 큰소리로 꾸짖자 독사도 소리개도 꼼짝 못하고 있었다.
　이때 한 사냥꾼이 사냥을 나와 이 우물가를 지나다가 우물 속이 시끄러워 들여다보았더니, 사자와 사람과 여러 가지 것들이 겹쳐서 빠져 있는 것을 발견하였다.
　우물 안의 나무꾼은,
"제발 살려 주시오."
하고 크게 외쳤다.
이 소리를 들은 사냥꾼은 사람 위에 있는 사자를 먼저 우물에서 끌어 올려 주었다. 그러자,
"은혜는 잊지 않겠습니다."
하고, 끌려 올라온 사자는 사냥꾼의 발에 정성껏 절을 하고 나더니,

"사냥꾼님, 우물 속에 있는 독사는 은혜를 모르는 놈입니다. 그 놈은 구해 주어도 오히려 당신에게 이로울 것이 없으니 구해 주지 마십시오."
하고 충고하고 사라졌다.

사자의 충고도 있었지만 사냥꾼은 사람도, 독사도, 생쥐도, 소리개도 차례차례 우물에서 구해 주었다.

그로부터 며칠이 지난 뒤의 어느 날, 우물에서 구원을 받은 사자는 한 마리의 사슴을 잡아 가지고 전날의 사례로 사냥꾼의 집을 찾아왔다.

"이것은 약소합니다마는 전날의 사례로 생각해서……."
하고 내어놓고 거듭 고맙다는 인사를 하고 돌아갔다.

어느 날, 범수 왕範授王은 좌우에 많은 신하와 궁녀들을 거느리고 어느 꽃동산에 놀러 왔다. 그 꽃동산에서 마음껏 논 왕은 피로를 느끼고 이내 잠이 들었다. 왕이 잠이 들었으므로 신하와 궁녀들은 갑자기 긴장이 풀려 앉아서 이야기꽃을 피우는 사람도 있고, 손에 손을 잡고 동산에서 즐겁게 노는 사람이 있는가 하면, 혹은 동산을 나와 멀리 간 사람도 있고, 옷을 벗거나 목걸이를 땅에 벗어 놓은 채 보기 흉하게 땅 위에 쓰러져 자는 등 각기 멋대로 행동하고 있었다.

우물에 빠져 고생할 때에 사냥꾼에게 구원을 받은 소리개는 이 꽃동산 나무 위에 앉아 있었는데, 궁녀가 목걸이를 벗겨 놓고 자고 있는 사이에 날아 내려가 그 목걸이를 물고 급히 사냥꾼의 집으로 날아가 전날의 사례의 선물로 그 목걸이를 사냥꾼에게 주었다. 그런 일이 있은 줄도 모르고 깊이 잠이 들었던 궁녀는 왕이 잠에서 깨어 궁전으로 돌아가신다고 하는 바람에 급히 옷을 주워

입고 목걸이를 찾았으나 온데간데 없으므로 깜짝 놀라,
　"임금님, 저는 소중한 목걸이를 도둑맞았습니다."
하고 하소연하였다.
　"목걸이를 잃어버린 사람이 있다고 하니 모두들 찾아 주어라."
하고 왕은 명령하였다.
　신하들은 이곳저곳 목걸이가 있을 만한 곳을 찾았으나 도무지 보이지 않으므로 그 날은 그냥 대궐로 돌아가기로 하였다. 신하들이 열심히 목걸이를 찾고 있는 것을 숲 속에서 바라보고 있던 검은 머리의 독사는 어쩌면 목걸이는 나를 구해 준 저 사냥꾼의 집에 있을지도 모른다고 생각하고 사냥꾼의 집에 가서 넌지시 살펴보고 있었다. 생각했던 대로 목걸이가 있는 것을 본 독사는, 자기를 구해 준 큰 은혜도 잊어버리고 단숨에 왕에게로 달려갔다.
　"임금님께서 잃어버린 목걸이는 사냥꾼의 집에 있습니다. 저는 그것을 직접 보고 왔으므로 알려드립니다."
　이 말을 들은 왕은 괘씸한 사냥꾼이라고 대노하여 당장 사냥꾼을 잡아들이라고 하였다. 영문을 모르는 사냥꾼은 왕 앞에 끌려 나와 땅에 머리를 조아리며, 어쩔 줄을 몰라 하였다.
　왕은,
　"너는 꽃동산 안에서 목걸이를 훔쳤지?"
하고 다그쳐 물었다.
　"아닙니다. 저는 목걸이를 훔치지 않았습니다. 사실은 소리개가 가져다주었으므로 저의 집에 있기는 합니다마는 결코 제가 훔친 것은 아닙니다."
하고 사냥꾼은 목걸이가 제 집에 있는 까닭을 자세히 이야기하였다. 그리고, 그 목걸이를 돌려 주었다. 그러나 사냥꾼의 절도 혐

의는 풀리지 아니하였다. 그 때문에 사냥꾼은 꽁꽁 묶여서 감옥에 갇히고 말았다.

이때, 생쥐는 은인인 사냥꾼이 묶여 있는 것을 보고, 곧 독사의 왕을 찾아가서,

"뱀 왕님, 당신의 신하인 저 검은 머리 뱀은 은혜를 모르는 무도한 놈입니다. 자기의 은인을 제 명예를 위하여 감옥에 넣는 짓을 했습니다. 아무쪼록 당신의 힘으로 처벌해 주십시오."

하고 호소하였다.

뱀 왕은 이 생쥐의 말을 듣고, 동족同族이 저지른 무도한 행위를 미워하여,

"그놈은, 참으로 고약한 놈이로구나. 네가 은혜를 갚으려거든 사냥꾼에게 이렇게 전해다오. 나는 이로부터 곧 대궐로 가서 왕을 물 터이니 사냥꾼이 주문呪文을 외면 내가 문 독이 빠지게 되는 것으로 연극을 하자. 만일, 왕의 아픔이 사냥꾼의 주문으로 낫게 되면 왕은 기뻐서 그를 용서할 것이다. 그리고 많은 상도 주실 것이다. 너는 빨리 가서 그에게 전해라."

하고 말하였다.

이 계획을 들은 생쥐는 매우 기뻐하면서 그 사연을 옥에 갇혀 있는 은인에게 넌지시 알렸다.

"그것은 참으로 고맙구나."

하고 사냥꾼도 기뻐하였다.

뱀 왕은 약속한 대로 왕궁으로 몰래 들어가 왕의 몸을 물고 도망쳤다. 뱀의 독이 온 몸에 퍼져 범수 왕範授王은 몹시 괴로워하였다. 나라 안의 명의는 모조리 불러다가 치료를 받았지만 아무런 효과도 보지를 못했다. 이제는 이 사실이 온 대궐 안에 알려져

서 궁궐 안에 있는 사람들은 모두 시름에 잠겨 버렸다.

 왕이 독사한테 물려 앓고 있다는 소문을 들은 죄수罪囚 사냥꾼은 마음속으로,

 '드디어 때가 왔구나'

하고,

 "여보, 간수님, 왕께서 독사에게 물려 고생하고 계시다는데, 내가 한 번 주문을 외어 고쳐드리리다."

하고 말하였다. 왕의 병이 낫기 위해서는 누구든지 신분의 고하高下 따위를 생각할 때가 아니므로 간수는 곧 사냥꾼의 말을 왕에게 아뢰었다.

 괴로움에 신음하고 있는 범수 왕은,

 "죄수라도 괜찮다. 당장 데려오라."

하고 명을 내렸다.

 사냥꾼은 오래간만에 오라에서 풀려 간수의 안내로 왕의 베갯머리로 나아가서 중얼중얼 주문을 외었더니, 그렇게도 심하던 아픔도 씻은 듯이 사라지고 당장 나았다. 명의의 투약으로도 낫지 않던 아픔이 사냥꾼의 주문으로 감쪽같이 나았으므로 왕은 크게 기뻐하여 사냥꾼을 용서하는 동시에 많은 상을 내렸다고 한다.

 이때의 사냥꾼은 지금의 석가모니이시다.

<비나야파승사 제17>

남편을 위하여

　석존께서 사위국의 기원 정사에 계시면서 많은 사람들을 모아놓고 설법하고 계실 때의 일이다.
　어느 넓고 넓은 들판에 5백 마리의 사슴을 거느리고 있는 왕사슴이 살고 있었다. 그때에, 이전부터 사슴 떼가 거기에 있는 것을 알고 그것을 잡으려고 벼르고 있던 한 사냥꾼이 있었다. 그는 오랫동안의 목적을 달성하려고 어느 날, 강가에 목책木柵을 두르고 거기에 그물을 쳐서 사슴을 잡을 준비를 갖추었다. 사슴들은 그런 무서운 함정이 있는 줄은 몰랐으므로 무심코 강가에 놀러 갔었다. 왕사슴이 앞장을 서서 가자 밑의 5백 마리의 사슴들은 줄레줄레 그 뒤를 따라왔다. 맨 앞장을 선 왕은 맨 먼저 사냥꾼의 함정에 걸려들고 말았다. 이것을 본 사슴들은 놀라서 모두 달아나 버렸다. 그러나, 왕의 아내 사슴만은 그 남편이 걸린 그물 곁을 떠나지 않고 있었다.
　왕사슴은 그 목책을 끊어 버리려고 무진 애를 썼으나 아무리 애써도 끊을 수가 없었다. 몸부림을 치면 칠수록 그물이 몸에 엉

키어 더욱 끊을 수가 없게 되었다. 왕사슴의 아내는 남편인 왕사슴의 이 광경을 옆에서 지켜보고,

"힘센 왕사슴이여, 빨리 그물을 끊으라. 무서운 사냥꾼이, 잡으러 옵니다."

하고 남편에게 주의와 격려를 보내었다. 그러나 왕사슴은,

"애써도 소용이 없네. 목책은 높고, 두 발은 묶이어 사무치는 이 아픔."

하고 대답하였다. 이때, 사냥꾼은 손에 활과 화살을 들고 몸에는 가사袈裟를 걸치고 왕사슴에게 다가와서 죽이려고 하였다. 적이 접근해 왔으므로 아내 사슴은 다시 왕사슴에게,

"힘센 왕사슴이여, 빨리 그물을 끊으라. 무서운 사냥꾼이 잡으러 옵니다."

하고 사태가 위급함을 알리었다. 그러나 왕사슴은 또다시,

"애써도 소용이 없네. 목책은 높고, 두 발은 묶이어 사무치는 이 아픔."

하고 같은 소리를 되풀이하였다. 남편이 아무리 목책을 끊고 도망치려고 하여도 도망갈 수가 없음을 안 아내 사슴은 이제 이럴 수도 저럴 수도 없게 되자 배짱 좋게 사냥꾼의 곁으로 가서,

"사냥꾼이여, 그 활과 살을 버리라. 칼을 들어 나를 죽이고, 다음에 왕사슴에게 달려들라."

하고 애원하였다. 이 암사슴의 말을 들은 사냥꾼은 깜짝 놀라,

"그런 말을 해도 소용없다. 대체 이 그물에 걸린 사슴은 너의 무엇이냐?"

하고 물었다.

"나의 남편이오."

사냥꾼은 이 사슴 부부가 서로 사랑하고, 아내는 남편을 위하여 자기의 목숨을 먼저 버리려는 갸륵한 마음씨에 감격하여,
　"나는 너를 해치지 않으리. 또한 왕사슴도 죽이지 않으리. 부부가 사랑하고, 즐겁게 살아가기 바라네."
하면서 왕사슴의 발에 엉키어 있는 그물을 끊고 놓아 주었다. 암사슴은 사냥꾼이 그물을 끊고 남편을 구하여 주었으므로, 매우 기뻐서,
　"남편과 나란히 재생再生을 얻어 사랑의 보금자리를 찾아서 가오. 자비로운 그대 집안에도 행복이 있기를 빌면서."
하고 깊은 감사의 말을 남기고, 왕사슴과 함께 기쁘게 그곳을 떠나갔다. 부부 사슴이 정답게 사라져 가는 뒷모습을 사냥꾼은 기이奇異와 감격에 잠기면서 지켜보고 있었다.
　암사슴은 지금의 아난다요, 왕사슴은 지금의 석존이시다.

<비나야파승사 제19>

다행스런 꿈

　석존께서 사위국의 기원 정사에 계시면서 많은 사람들을 모아놓고 설법하실 때의 일이다.

　넓은 들 근처에 꽃이 피고, 과실나무가 우거져서 사철 봄과 같이 평화롭게 살고 있는 사람들의 마을이 있었다. 이 마을 근처에 5백 마리의 원숭이를 거느린 원숭이 왕이 두 곳에 살고 있었다. 그 중의 한 원숭이 왕이 어느 날 밤에 자기가 거느리고 있는 5백 마리 원숭이가 다른 원숭이 왕을 펄펄 끓는 가마솥에 던져 넣는 꿈을 꾸고 소름이 끼치는 마음으로 꿈에서 깨었다.

　너무나 괴이하고 기분 나쁜 꿈이었으므로 마음에 걸려서 이튿날 아침 부하 원숭이들을 한곳에 모아놓고,

　"나는 어젯밤에 이런 불길한 꿈을 꾸었는데, 대체 이것이 길몽이냐 흉몽이냐? 어쩌면 이 고장을 버리고 다른 곳으로 이주하는 것이 어떻겠는가? 너희들의 거리낌없는 의견을 듣고 싶다."
하고 말하였다.

　원숭이들은 이구동성으로,

"왕님의 말씀대로 다른 곳으로 이주하는 것이 안전하다고 생각합니다."

하고 대답하였다. 원숭이들의 의견을 받아들여 이 원숭이 왕은 다른 곳으로 이주하기로 결심하였으나, 동족인 또 한쪽의 원숭이 왕에게도 한 번 그 사정을 알리고 떠나는 것이 우정이라 생각하고 꿈 이야기와 부하의 의견을 섞어서 그 원숭이 왕에게 털어놓았다.

그런데 그 원숭이 왕은,

"꿈을 믿다니, 미신도 이만저만이 아니로구면. 그러나, 자네가 그것을 굳이 믿고 이주하려거든 자네 마음대로 하게나. 자네의 식구들이 없어지면 여기가 넓어져서 우리들은 널찍하게 살 수가 있을 터이니, 나는 평생 여기를 떠나지 않겠네."

하고 결국 한 패가 다른 곳으로 이주하는 것은 자기들에게 덕이 된다 생각하고 꿈꾼 원숭이 왕의 권유를 물리치고 거기에 주저앉아 살기로 하였다. 꿈을 믿고, 가까운 장래에 자기들의 신상에 무엇인가 커다란 화가 닥쳐올지도 모른다고 느낀 원숭이 왕은 부하 5백 마리의 원숭이들을 데리고 그 날 안으로 다른 곳으로 이주해 버렸다.

그로부터 며칠 동안은 아무 일도 없이 지나갔다. 그런데 이때 마을에 한 천한 여자가 있어 볶은 보리를 가지고 있었다. 어느 날 한 마리의 양이 와서 그 보리를 먹으려고 하였으므로 여자는 화가 머리끝까지 치밀어 불붙은 장작개비를 집어 그 양을 힘껏 때렸다. 양은 몸에 불이 붙은 채 놀라서 국왕의 궁전 코끼리 집으로 뛰어들었다. 그 코끼리 집에는 마른풀이 산더미처럼 쌓여 있었으므로 양의 몸뚱이에 붙은 불꽃이 그 마른풀에 튀어 풀도 나무도 한꺼번에 훨훨 타올랐다. 코끼리 집 안에 있던 많은 코끼리들은 모두 화상을 입었다.

 코끼리지기는 이것을 보고 황급히 왕에게 아뢰었다. 왕은 자기의 코끼리들이 화상을 입었다는 소리를 듣고 곧 의사를 불러,

 "코끼리가 데었으니 급히 손을 써라."

하고 명령하였다. 이때, 의사는 언젠가 근처에 살고 있는 원숭이들에게 자기의 논밭이 막대한 피해를 입은 일이 있으므로, 원숭이에게 앙갚음을 하는 것은 이때라 생각하고,

 "대왕님, 이 코끼리의 상처는 원숭이의 기름을 바르면 즉석에서 낫습니다. 그러니, 근처에 살고 있는 원숭이들을 잡도록 해 주시기 바랍니다."

하고 청하였다. 왕은 곧 신하를 불러 원숭이를 잡아다가 그 기름을 짜라고 명하였다. 왕명을 받은 신하는 사냥꾼을 불러 원숭이들을 잡아 오라고 명하였다. 사냥꾼들은 사방으로 원숭이를 찾아다니다가 마침내 꿈을 믿지 않고 그곳에 머물러 살고 있던 넓은 들의 5백 마리의 원숭이와 그 왕을 모조리 잡아 국왕 앞에 끌고 왔다. 국왕은 의사를 불러다가 그 기름을 짜라고 명하였다. 논밭이 큰 피해를 입어 늘 괘씸하게 생각하고 있던 의사는 참혹하게도 원숭이들을 산 채로 지글지글 끓는 가마솥에 던져 넣었다. 이리하여 다른 곳으로 옮긴 원숭이 왕이 꾼 꿈은 바른 꿈으로 나타났다. 꿈을 믿고 다른 곳으로 이주한 원숭이 왕의 한 무리는 이 엄청난 큰 재난을 면할 수가 있었는데, 그것은 다만 꿈을 믿었기 때문만이었을까.

 꿈을 믿은 원숭이 왕은 지금의 석존이시다.

<비내야파승사 제20>

불교 설화

몸을 바친 왕자

　석존께서 탄생하신 시대보다 훨씬 이전의 일이다. 그런 시대에, 작은 나라 오천여 국을 가지고 부국강병富國强兵으로써 세계를 제패하고 있던 마가라탄죠 왕에게 마가후네이·마가다이바·마가삿다라는 세 왕자가 있었다. 이 형제 중에서 막내 마가삿다 왕자는 천성이 자비심이 많아서 서민을 불쌍히 여기기를 마치 어머니가 젖먹이를 사랑하는 것과 같았다.
　언젠가, 대왕은 왕비와 왕자와 여러 신하를 거느리고 성 밖에 거동하신 일이 있었다. 항상 깊은 궁전에만 있어 먼 데를 걸어 본 일 없는 대왕은 조금 피로를 느끼었으므로, 어느 언덕에서 휴식을 취하였다. 세 사람의 왕자는 놓여난 새와도 같이 숲 사이를 이리저리로 즐겁게 뛰놀고 있었다. 마침, 두 마리 새끼범에게 젖을 물리고 있던 한 마리의 범이 얼마나 고기에 굶주렸는지 귀여운 제 새끼이지만 막다른 상황에서 그 새끼범을 잡아먹으려는 것을 발견하였다. 이 광경을 본 막내 마가삿다는 두 형에게,
　"형님, 저 범은 보시는 바와 같이 굶주림에 지쳐 가죽과 뼈만

남은 몸이 되어 다 죽어 가고 있으면서도 제 새끼에게 젖을 먹이고 있어요. 나는 저 범이 저렇게 새끼들에게 젖을 물려 놓고 굶주림 때문에 틀림없이 새끼를 잡아먹으려고 생각하는데 형님들은 어떻게 생각하십니까?"
하고 물었다.

"그것은 네가 본 대로다."

"그러면, 저 어미범은 새끼범을 잡아먹은 다음에는 무엇을 먹으려고 할 것입니까?"

"그렇게, 새끼를 잡아먹은 다음에는 만일 싱싱한 고기나 따뜻한 피라도 있으면 아마 기뻐할 것이다."

"그렇습니다. 그래서 형님들에게 묻지만, 여기 어떤 사람이 있어 저 굶주린 범에게 자기의 고기와 피를 주어 범의 욕망을 만족시켜 준 다음에 다시 그 목숨을 되찾을 수가 있겠습니까?"

"아무리 범에게 몸을 바쳤다고 해도 한 번 죽은 사람은 다시 살아날 수는 없어."

그런 말이 형제 사이에 오가고 있었는데 막내 마가삿다는 이때,

'나는 오랜 옛날부터 오늘까지 오랫동안 생사를 되풀이해 왔으나, 그것은 대개 자기의 탐욕이라든가, 노여움이라든가, 불만이라든가 하는 것 때문이었고, 일찍이 대법大法을 위하여 몸과 목숨을 바친 일은 없었다. 그런데 지금 다행하게도 그때를 만난 것이다. 나는 이 몸과 목숨을 저 굶주린 범에게 바치리라.'
하고 마음속으로 깊이 생각한 끝에 드디어 그것을 결행하기로 하였다. 이렇게 결심한 마가삿다는 두 형과 함께 걸어가고 있었는데 조금 가다가,

"형님, 나는 일이 좀 있으니 한발 앞서 가 주셔요. 곧 뒤따라가

겠습니다."
하고 두 형과 헤어져 자기 혼자 샛길로 들어가 아까 본 굶주린 범에게 달려갔다. 굶주린 범 앞에까지 와서 마가삿다 왕자는 제 몸을 범의 입 앞에 던져 먹으라는 태도를 해 보였다.

그러나 굶주린 범은 그것을 힐끗 쳐다볼 뿐, 입을 다물고 먹으려고 하지 아니하였다. 모처럼 몸과 목숨을 공양하려고 온 왕자는 이 굶주린 범의 태도를 보고 실망하지 않을 수 없었다. 한번 결심한 일이므로, 굶주린 범에게 어떻게 해서라도 이 몸과 목숨을 주지 않고서는 자기의 결심을 뒤집는 일이 되므로 왕자는 스스로 뾰족한 꼬챙이로 몸을 찔러 피를 내었다. 입을 다물고 있던 굶주린 범은 사람의 생피를 보자 갑자기 잔악한 마음이 맹렬하게 일어나 붉은 혀로 그 생피를 핥기 시작하였다. 피를 다 먹은 범은 다시 왕자의 고기도 먹어 버렸다.

먼저 돌아온 두 형은 아우가 좀처럼 돌아오지 아니하므로 걱정이 되어 두 사람은 다시 되돌아와서 여기저기를,

"마가삿다야, 마가삿다야."

하고 부르면서, 찾아 돌아다니는 동안에 두 형은 아까 아우가 이상한 질문을 한 것이 생각나서 몸이 부르르 떨리는 것을 느끼었다. 아우는 굶주린 범에게 자기의 몸을 희생했을지도 모른다.

어쨌든 그 행방을 알아보지 않으면 안 되겠다고 범이 있는 곳으로 와 보았더니, 아, 무참하게도 아우 마가삿다 왕자는 범에게 뜯어 먹히어 시체가 되어 누워 있었다. 고기를 다 먹은 굶주린 범은 실수하여 벼랑에서 떨어져 한때 기절했었으나, 되살아나서 가까스로 기어 올라와 괴로움에 못 이겨 울면서 그 시체 곁을 뒹굴며 신음하고 있었다.

대왕과 함께 잠깐 쉬고 있던 왕비는 어느 사이엔가 꾸벅꾸벅 잠이 들었다.

꿈에 새 한 마리와 비둘기가 숲속에서 놀고 있는데, 거기에 큰 매가 날아와서 제일 작은 비둘기를 잡아먹어 버렸으므로, 아이고, 불쌍해라 하다가 꿈을 깨었다. 왕비는 놀라서 꿈에서 깨어나서,

"대왕, 저는 지금 불길한 꿈을 꾸었습니다. 옛날부터 속담에도 들었습니다만 새끼 비둘기는 손자라고 하는데, 그 비둘기 세 마리 중 제일 작은 것이 범에게 잡아먹히는 것을 보고 놀라서 꿈을 깨었습니다마는, 가슴이 설레어서 못 견디겠습니다. 만일에 막내 왕자에게 상서롭지 못한 일이라도 생기지 않았는가 걱정입니다. 곧 왕자들을 찾으러 보내 주셔요."

하고 대왕에게 청하였다. 대왕도 왕비의 이 불길한 꿈 이야기를 듣고 잠시도 주저할 수가 없어 곧 신하들을 불러 왕자의 행방을 찾도록 하였다.

신하들을 내보낸 바로 뒤를 이어 두 형은 수심에 잠겨 눈이 퉁퉁 부어 가지고 울면서 돌아오는 것을 만났다. 부왕은 이 두 형의 모습을 보자 무슨 일이 생겼구나 하는 것을 직감하였다.

"네 동생은 어찌 되었느냐?"

하고 숨가쁘게 물었다. 두 형은 흐느껴 울며,

"동생은 범에게 잡아먹혔어요."

하고 대답하였다. 그런 일이 있었으리라고 직감하기는 했으나, 그것이 사실로 되자 새삼스럽게 놀라 대왕도 왕비도 기절하여 땅 위에 쓰러져 버렸다. 얼마 후에 깨어난 대왕은 두 왕자를 길잡이로 왕비와 궁녀들을 데리고 마가삿다 왕자가 죽은 곳으로 달려갔다. 굶주린 범은 벌써 왕자의 고기를 다 먹어 버리고, 잔해殘骸만

이 흩어져 있었다. 왕비는 그 머리를 대왕은 그 발을 쥐고 서로 격렬하게 울었다.

　대왕과 왕비와 두 형과 그리고 신하들은 이리하여 슬픔에 잠겼다. 그러나, 굶주린 범에게 기꺼이 제 몸을 희생한 마가삿다 왕자는 죽은 뒤에 도솔천兜率天에 태어나 있었다.

　하늘에 태어난 마가삿다 왕자는,

　"나는 무슨 일을 하여 이 천상계天上界에 태어날 수가 있었을까?"

하고 자신의 현재의 선한 일에 대하여 의문을 품고 있었으므로, 왕자는 하늘눈天眼을 가지고 두루 지옥·아귀餓鬼·축생畜生·수라修羅·인간 등의 다섯 세계를 보고 전에 제가 버린 시체를 보니 그대로 산 속에 누워 있고 그 해골 둘레에는 부모 형제가 모여서 울며 슬퍼하고 있었다.

　그리고, 동시에 부모님이 슬퍼한 나머지 몸과 목숨을 상하지나 않을까 하는 생각이 들어 왕자는,

　'내가 이러고 있을 때가 아니다. 천상계에서 내려가 부모를 위로하고 깨우쳐야겠다.'

라고 생각하고 그는 곧 하늘에서 내려가 공중에 머물러서 여러 가지로 부모를 위로하고 깨우쳤다.

　대왕과 왕비는 공중의 이 소리를 듣자 하늘을 우러러,

　"그렇게 우리들을 깨우쳐 주는 이는 무슨 신입니까? 제발 알려 주십시오."

하고 원하였다.

　"저는 왕자 마샷다입니다. 저는 굶주린 범에게 몸과 목숨을 바친 공덕으로 지금 도솔천에 태어났습니다. 대왕이시여, 삶의 시초가 있는 것에는 반드시 죽음의 끝이 있습니다. 나쁜 짓을 한 사

람은 지옥에 떨어지고 선행을 쌓은 사람은 천상계에 태어나듯이 삶과 죽음은 세상의 상사常事입니다. 어찌하여 우수憂愁, 번뇌煩惱의 바다에 빠져 자각하지 못하고 헛되이 슬퍼만 하고, 여러 가지 선행을 닦으려고 하지 않습니까?"
하고 왕자는 부모에게 호소하였다.

"그대는 자비심이 많아 일체의 것을 불쌍히 여겨서 자신을 범에게 주고도 조금도 후회하는 기색이 없지만, 우리들 양친은 그대의 신세를 생각하여, 마음은 산산이 흩어지고 정신은 어지러워 그 괴로움과 슬픔은 이루 말할 수가 없소. 그대가 대비大悲를 닦는다면 어이하여 우리들을 이토록 괴롭힐 수가 있겠는가."
하고 대왕과 왕비는 왕자의 깨우치는 말을 듣고도, 슬픔 때문에 그 도리를 얼른 이해하지 못하고 이렇게 대답하였다.

양친의 넋두리를 들은 왕자는 그 마음을 불쌍히 여겨 다시 여러 가지 말로써 선을 행하는 자의 공덕의 위대함을 여러 모로 역설하여 부모의 미혹迷惑을 깨뜨리려고 하였다. 대왕과 왕비는 왕자의 여러 가지 설법, 교화에 의하여 겨우 조금 깨달을 수가 있었다.

대왕은 신하에게 명령하여 칠보 상자를 만들어 그 상자에 왕자의 유해를 거두어 정성껏 장례를 지내고 무덤 위에 탑을 세워 공양하였다. 이 양친의 기탑 공양起塔供養의 착한 일을 본 왕자는 그제서야 안심하고 다시 도솔천으로 돌아갔다.

대왕이란 지금의 석가모니의 아버지 정반 왕淨飯王이시고 왕비는 그의 어머니 마야 부인, 큰아들은 미륵, 둘째아들은 지금의 파수밋다라, 굶주린 범에게 제 몸을 바친 셋째아들은 석가모니이시다.

<현우경 제1>

불교 설화

돈을 사랑하는 사나이

이것은 아주 먼 옛날의 이야기이다. 그러나, 시대가 아무리 진보하여, 흔히 말하는 문화의 황금 시대가 찾아와도, 돈이 사람을 유혹하는 것은 예나 지금이나 별로 변함이 없다.

돈에 집착했기 때문에 존귀한 명예를 훼손하고, 또는 공든 탑을 일시에 무너뜨리기도 하고, 마침내는 애꿎은 목숨마저 잃어버리는 일도 드물지는 않다.

이 모두가 황금 숭배가 가져오는 해악이다. 무섭고도 무서운 것은 황금에 대한 집착이요, 삼가고 또 삼가야 할 것은 황금만능의 편견이다.

바라나시국에 한 황금 숭배자가 있었다. 그는 그 한 몸의 노력을 온통 이 돈이라는 목적을 위하여 바치고, 인생의 궁극적 목적은 돈을 모으는 데에 있다는 독특한 철학과 신앙을 가지고 있었다. 넝마를 몸에 걸치고, 입은 악식惡食을 달게 여기고, 손톱에 불을 켜듯이 하여 돈을 모으는데, 불면불휴不眠不休 : 잠도 자지 않고 쉬지도 않고의 노력을 기울인 결과, 이에 상당한 돈을 가지게 되었다. 그러나, 그 돈을 어떻게 보존하여, 도난을 면할 것인가에 대하여 그는 커다란 고민을 하게 되었다. 돈을 가지겠다는 욕심에서 이런 고민이 생기는 것인데, 어쨌든, 그는 생각 또 생각한 끝에 단지 하나를 사다가 거기에 돈을 넣어, 그 단지를 집 뜰 땅속 깊이 묻어 두기로 하였다. 인간만사 돈의 세상이라고 부지런히 돈을 모아 그 돈이 모이기 시작하면 조금 더 조금 더 하고 자꾸 욕심이 생겨 그는 드디어 일곱 개의 단지에 돈을 가득 넣어 두게 될 만큼 모아, 그것을 모조리 땅 속에 깊이 묻어 두고 스스로 무상의 쾌락을 느끼고 있었다. 돈을 모으기 위하여 너무 지나치게 그 몸을 혹사했기 때문에 병을 얻어 그것이 원인이 되어 한껏 모은 돈을 써 보지도 못하고 그는 죽어 버렸다.

  돈을 사랑하는 마음이 지독했기 때문에, 그는 죽어도 편안히 죽지를 못하고, 독사가 되어 다시 이 세상에 태어나 자기 집으로 돌아와 땅 속에 돈 단지를 엄중히 지키게 되었다. 주인을 잃은 그 사나이의 집은 세월이 흐름에 따라 비바람에 점점 퇴락하여 이제는 사람이 살 수 없게 되어 버렸다. 독사로 바꾸어 태어난 그 사나이의 목숨도 다하여 죽어 없어졌지만, 돈단지에 대한 집착은 더욱 강해져서 또다시 독사의 몸을 받아 사랑하는 돈단지를 지키게 되었다.

  이리하여 이 독사는 돈에 대한 집념 때문에 몇 번을 독사의 무서운 모습으로 이 세상에 태어나 일곱 개의 돈단지를 지켜, 그 동안에 수백 년을 경과하였다. 그리고 최후로 바꾸어 태어났을 때, 이 독사는 자신의 몸뚱이를 미워하는 마음이 비로소 생겼다.

  자기가 이렇게 꼴 사나운 몸뚱이를 몇 번을 되풀이하고 뱀에서 뱀으로 전전하는 것은 오로지 자기가 모아놓은 돈단지에 집착하여 그것을 남에게 빼앗기지 않기 위해서였다. 얼마 안 되는 돈단지에 집착하여 독사의 나쁜 몸을 받는다는 것은 어리석은 짓이다. 자신이 이 집착을 버리지 않는 이상은 언제까지나 언제까지나 이 꼴 사나운 몸을 바꿀 수는 없는 것이다.

'고생하여 가까스로 모은 이 돈을 이제 사람들에게 보시하여, 그 보시의 공덕으로 스스로 미래 영원히 행복을 얻고 싶다.'
하고 저 집념의 독사는 비로소 무명無明의 미혹迷惑에서 깨어나 보시의 정업淨業:착한 일에 정진하려는 데 이르렀다.

이렇게 커다란 용맹심을 가지고 애착의 망념을 타파한 독사는, 사람이 다니는 길에 있는 풀숲에 몸을 감추고, 만일 사람이 그곳을 지나가면 나가서 그 사람에게 이야기하려고, 인기척에 주의하면서 기다리고 있었다.

멀리서 사람의 발자국 소리가 들리더니 한 사람이 그 풀숲 앞을 지나가는 것을 보고,

"여보시오, 여보시오."

하고 그를 불렀다. 부르는 소리를 들은 행인은 이렇게 호젓한 들길에서 누가 자기를 찾는가 하고 사방을 둘러보았으나 도무지 사람의 그림자라곤 보이지 아니하였고, 대낮에 여우의 장난도 아니겠지 하고 그냥 지나가려는데 또,

"여보시오, 여보시오."

하고 부르는 소리가 들렸다. 그 소리는 틀림없는 사람의 소리다. 어디에 사람이 있어서 부르는가 하고 가만히 귀를 기울이고 소리가 나는 곳을 보았더니, 거기에 한 마리의 독사가 풀숲으로부터 모습을 나타내었다. 이것을 본 행인은 갑작스러운 일에 깜짝 놀라 두서너 걸음 물러섰다.

독사는,
"그렇게 놀라지 말고 이리로 오셔요."
하고 놀란 사람에게 아무렇지도 않은 듯이 말하였다.
"너는 독사가 아니냐. 만일 내가 네 곁에 가면 얼른 물겠지."
"나는 당신의 말대로 독사이므로 나쁜 마음을 품고 있습니다. 만일 당신이 내 말대로 이리로 오면 몰라도, 그렇지 않으면 나는 달려들어 물지 모릅니다."
가까이 오지 않으면 도리어 해를 가하겠다고 위협을 당한 그 사나이는 조심조심 할 수 없이 독사의 곁으로 갔다.
그랬더니 독사는,
"나는 여기 돈단지를 가지고 있는데, 그것을 세상 사람들에게 보시하려고 생각하고 있습니다. 그런데 당신은 그 의논의 상대가 되어 주시겠습니까? 만일, 싫다고 하면 물어 버릴 것입니다."
하고 위협하였다.
"그 정도의 부탁이라면 쉬운 일이지. 심부름해 드리지. 그러나 물겠다고 위협하지 않았으면 좋겠어."
하고 그 사나이는 독사에게 협박을 당하고 부득이 독사의 부탁을 승낙하게 되었다.
"무리한 청을 해서 죄송합니다. 그럼 나를 따라와 주시오."
하고 독사는 그 사나이를 인도하여 이제는 흔적도 없는 자기 집의 돈단지를 감춘 곳으로 가서 땅을 파고 돈단지를 꺼내어 그 사나이 앞에다 놓고,
"매우 귀찮으시겠지만 이 돈단지를 될 수 있는 대로 많은 중들에게 공양하여 음식을 베풀어 주시오. 그 준비가 다 되어 모이는 날이 결정되거든 목판에다 나를 담아 그 모임에 임하게 해 주시

오. 이것이 내 소망입니다."
하고 부탁하였다.
　"잘 알았어."
　부탁을 받은 사나이는 그 돈단지를 지고 그 길로 절에 가서 중에게 그것을 넘겨 주고, 실은 이 돈은 이러이러한 인연으로 내가 여기에 지고 온 것입니다 하고 그 유래를 설명하고 나서,
　"그 독사는 이 돈을 수도자 여러분에게 보시하고 음식을 대접하고 싶다는 희망이니 모이는 날을 결정해 주시오."
하고 덧붙였다.
　"그것은 참으로 기특한 일이오. 그러면 이 돈을 받겠습니다."
하고 중은 단지를 받고, 음식 공양의 모임 날짜를 결정해 주었다. 사나이는 그 대답을 듣고는 또다시 만날 것을 약속하고 곧장 가 버렸다. 그러는 동안에 공양하는 날이 되었으므로, 그 사나이는 조그마한 목판 하나를 들고 뱀한테로 갔다.
　기다리고 있던 독사는 그의 모습을 보자 매우 기뻐하여,
　"이렇게 와 주셔서 감사하기 말할 수가 없습니다."
하고 감사하면서 그 목판에 올라갔다. 사나이는 목판을 어깨에 메고 절로 갔다.
　그 도중에서 얼굴을 아는 사나이가,
　"너는 목판을 메고 어디로 가는가. 힘들지 않은가?"
하고 물었으나 그 사나이는 아무 대답도 아니하고 잠자코 메고 갔다. 다음에 또 만난 사나이가 물었다. 이번에도 그는 마찬가지로 잠자코 아무런 인사도 하지 않고 그냥 갔다.
　이것을 목판 위에서 본 독사는,
　"이 사나이는 어떻게 이렇게 예의를 모르는 사나이일까?"

하고 약간 화가 나서 독기를 머금고,
　'무례한 사나이니 죽여 버릴까?'
하고까지 생각하였으나 그것은 가엾은 일이라고 생각을 돌이켰으나, 다시 나쁜 마음이 왈칵 치밀어,
　"어쨌든, 남의 호의에 대한 예의를 모르는 사나이다."
하고 미워져서, 다시 죽여 버리려고 결심하고 당장에 독기를 내뿜으려 했으나,
　'아니다. 이 사나이는 나를 위하여 행복의 길잡이를 해 주는 고마운 은인이다. 그 은인에게 아무런 은혜 갚음도 못하고, 한때의 노여움을 참지 못하고 죽이려는 것은 내가 나쁘다.'
하고 생각을 고쳐먹고 또,
　'이 사나이는 나에게는 큰 은인이다. 그러니까 비록 사소한 잘못이 있다손 치더라도 나는 그것을 나무라서는 안 돼. 그런 것은 참아 주어야 해.'
　이렇게도 생각하고 복받쳐 오르는 노여움을 가라앉혔다. 메고 있는 사나이는 목판의 뱀이 그런 생각을 하고 있는 줄을 모르기 때문에, 여전히 잠자코 절을 향하여 열심히 걸어 가고 있었다. 그러는 동안에 인가에서 떨어진 들판으로 나오게 되었다.
　"여기서 잠깐 내려 주시오."
하고 뱀은 갑자기 목판 위에서 말하였다. 사나이는 이상하다고는 생각했으나 목판을 어깨에서 땅 위에 내려놓았다.
　"당신은 아까 도중에 어떤 사람이 당신에게 인사를 건넸는데도 거들떠보지도 않고 그냥 걸어 왔는데 사람의 예의라는 것은 그런 것이 아닐 텐데요. 이후는 조금 주의하시는 것이 좋을 것 같습니다."

하고 뱀은 그 사나이에게 타일렀다. 그 말을 듣고 비로소 자기의 행위가 옳지 않았음을 자각한 그 사나이는, 스스로 뉘우치어 마음을 새로 가지고 일체를 평등하게 보는 마음이 생기게 되었다. 이 사나이의 회개의 정이 얼굴에 나타남을 본 뱀은,

"당신이 그토록 전의 잘못을 뉘우쳤다면, 앞으로 크게 주의하여 다시는 그런 무례함이 없도록 하는 것이 좋겠습니다."
하고 충고하였다.

"참으로 좋은 충고를 해 주어 고맙소."
하고 독사의 충고에 감사하고, 다시 목판을 메고 드디어 절에 이르렀다.

절에서는 많은 수도자들이 오늘 모임의 준비에 바빴다. 겨우 음식 준비가 다 되었으므로 여러 수도자들은 모두 식당에 모여 식사법을 지켜서 독사가 바친 공양을 받았다. 시주施主인 저 독사는 한 사람의 중에게 향을 피우게 하고, 그 향을 여러 수도자가 차례로 손에 받아 가지고는 한 사람씩 일어나 탑을 돈다. 그 사나이는 정화수로 여러 중들의 손을 씻어 준다. 이 광경을 독사는 열심히 바라보고, 중들의 엄숙한 식사법에 더욱 신앙심을 두터이 하였다. 식법食法을 끝낸 중들은 대 시주인 독사를 위하여 널리 법문法門을 설법하였다. 몇 백 년이라는 세월 동안 법우法雨에 젖어 보지 못한 독사는 처음으로 법우에 젖어 보았기 때문에 그는 매우 기뻐하여 더욱더 마음을 더하여, 다시 몸소 중들을 돈단지가 있는 곳에 인도하여 나머지 여섯 개의 단지도 모두 파내어 모조리 절에 희사해 버렸다.

돈의 힘을 절대로 믿고 그 돈을 모으기 위하여 한평생 죽도록 노동하여 일곱 단지에 돈을 가득 채워 두었으면서도 그것을 써

보지도 못하고 죽은, 돈의 숭배자인 그 사나이는 돈에 집착하여 몇 백 년을 뱀으로서 끝마쳤으나, 한 번 보리심을 일으키자 한 가닥의 무명無明은 말끔히 개이고 보시 공덕의 위대함을 깨닫고 입립신고粒粒辛苦 : 온갖 고생을 하며 얻은 곡식의 결정인 재물을 모두 중들에게 공양하고, 아무런 집착도 근심도 없이 복업福業을 여기에 쌓아 평안히 목숨을 마칠 수가 있었다. 그리고, 그 보시의 복된 공덕으로 말미암아 마침내 뱀의 몸에서 도리천忉利天에 태어나는 과보果報를 얻게 되었다.

<현우경 제3>

불교 설화

사자와 큰 구렁이

석존께서 왕사성의 영취산에 계시면서 많은 사람들을 모아놓고 설법하실 때의 일이다.

어느 산 중 숲속에 한 마리의 사자가 살고 있었다. 어느 날 이 산 중을 5백 명의 상인이 떼를 지어 지나갔다. 그때 이 산 중에 살고 있는 큰 구렁이가 상인들의 말소리에 깨어나서 그들이 쉬고 있는 곳을 그 커다란 몸뚱이로 감아 버렸다. 상인들은 깜짝 놀라 소리를 질러 제천濟天에게 구원을 청하였다.

이 소리를 듣고 그 사자가 와서 보니 큰 구렁이가 상인을 친친 감고 삼키려고 하였다. 사자는 급히 그 근처에 살고 있는 젊은 코끼리를 찾아가 말하였다.

"5백 명의 상인이 큰 구렁이한테 잡아먹히려 하고 있다. 둘이서 힘을 모아 목숨을 걸고 그들을 구해 주자."

코끼리는 그 자리에서 이에 응하였다.

"그래 그러자, 그런데 어떤 방법으로 할까?"

사자가 말하였다.

"내가 네 머리 위에 올라가 뒷발로 네 머리를 붙잡고 앞발로 구렁이의 골통을 내려치는 것이다. 그런데 내 뒷발의 힘으로 너는 죽어야 한다. 내 앞발에 얻어맞고 구렁이는 반드시 죽는다. 구렁이가 내뿜는 독기로 나도 죽는 것이다. 많은 사람을 도와주는 것이니 죽어도 괜찮다."

이리하여 사자와 코끼리는 큰 구렁이와 싸웠다. 사자는 코끼리 머리 위에 올라가 구렁이의 골통을 내려쳤다. 구렁이가 죽는 것과 함께 뒷발의 힘으로 말미암아 코끼리도 죽어 버렸다. 사자도 구렁이의 독기에 쓰러져 버렸다. 세 마리는 한꺼번에 그 목숨을 잃었다. 상인들은 가까스로 몸을 구할 수가 있었다.

상인들이 위험한 고비를 벗어나 그곳을 떠나려 하는데 제천은 상인들에게 말하였다.

"이 사자야말로 보살의 화신인 것이다. 너희들을 위하여 목숨을 버린 것이다. 이 보살을 공양한 뒤에 떠나도록 하여라."

상인들은 이 사자의 주검을 여러 가지로 공양하고 나서 다시 나그네 길을 떠났다.

그때의 사자란 지금의 석가모니이시다.

<불설일체유부비내야약사 제15>

불교설화

충성스런 까마귀

　석존께서 왕사성의 영취산에 계시면서 많은 사람들을 모아놓고 설법하실 때의 이야기이다.
　바라나시국에 소홋다라라는 한 마리의 까마귀가 8만 마리의 까마귀들과 함께 사이 좋게 살고 있었다. 이 한 마리의 까마귀는 이 까마귀들의 왕인데, 그에게는 홋시츠리라는 아내가 있었다.
　어느 날 임신한 아내는 남편에게,
　"나는 사람 왕이 먹고 있는 향기로운 음식을 먹고 싶은데 어떻게 안 되겠습니까?"
하고 금수禽獸의 신분도 잊어버린 욕심을 내었다.
　"모처럼의 청이지만 그것은 안 될 말이오."
하고 까마귀 왕은 아내를 타일렀다. 그러나, 아내는 어떻게 해서라도 먹고 싶다는 욕심과 그 괴로움 때문에 몸이 점점 쇠약해지기 시작하였다. 아내의 몸이 요즈음 눈에 띄게 수척해지고 우울한 얼굴빛을 하고 있는 것을 보고 왕은 걱정이 되어 물었다.
　"몸이 몹시 쇠약해진 것 같은데, 무슨 걱정거리라도 있소? 아니면, 어디 편찮은 데라도 있소?"

"나는 임신한 뒤부터 무슨 까닭인지 사람 왕이 먹는 음식이 먹고 싶어 죽겠습니다. 그러나 그것을 먹을 수가 없어서 이렇게 괴로워하고 있습니다."

"전에도 말했지만 그런 소원은 무리요. 우리들의 신분으로서는 아무리 그것이 먹고 싶어도 사람 왕이 먹는 향기로운 맛있는 음식은 먹을 수가 없는 것이오. 내가 그 음식을 얻기 위하여 깊은 왕궁에 들어갈 수도 없거니와 설령, 들어갈 수가 있다손 치더라도 궁 안의 사람들에게 발견되어 살해될 것이 뻔해. 그런 위험한 그리고 불가능한 일을 바란다는 것부터가 무리라는 것이오. 그런 일은 진작 단념하는 것이 좋소."

"그것은 열 번 지당한 말씀이지만 그래도 저는 단념할 수가 없어요. 만일, 그것이 안 되면 저는 죽을지도 모르겠어요. 그렇게 되면 배 안의 아기도 함께 죽이는 것이 됩니다. 저는 죽더라도, 아직 태어나지도 않은 아기를 죽이는 것은 가엾어요."

"그런 억지가 어디 있어. 죽어 봤자 별 수가 없지 않아."

까마귀 왕은 아내의 욕망이 사리에 벗어난 것이라는 것을 알아듣도록 깨우쳐 그 욕심을 버리게 하려고 힘썼으나 아내의 욕망은 쇠보다도 굳어 어찌할 도리가 없었다. 왕은 할 수 없이 아내의 죽음을 기다리는 수밖에 별 도리가 없었다. 그로 말미암아 이번에는 왕 자신이 그 일로써 번민하게 되었다.

그때 부하 까마귀 하나가 왕의 얼굴빛이 좋지 않은 것을 보고 왕의 곁으로 가서,

"임금님께서는 요즈음 왜 걱정스러운 얼굴을 하고 계십니까?" 하고 물었다. 왕은 사실은 이러이러하다고 아내의 욕망과 그것을

이루어 줄 수가 없어 모자를 함께 죽이지 않으면 안 되게 되었다는 것을 자세히 이야기하였다. 이 번민을 들은 까마귀는,
"임금님, 그런 일이라면 그다지 걱정할 것이 없습니다. 제가 꼭 그 사람 왕이 잡수시는 맛있는 음식을 구해다 드릴 터이니 안심하십시오."
하고 갖은 위험과 곤란을 무릅쓰고 구해 올 것을 다짐하였다. 그 소리를 들은 왕은,
"네가 우리들을 위하여 난관을 무릅쓰고 그것을 구해다 주겠단 말이냐. 참으로 고맙구나. 성공하면 상을 내려 은혜를 갚으리라. 그럼, 실수 없이 잘해 보아라."
하고 부하에게 부탁을 하였다. 이 왕의 번민은 이 까마귀의 결사적 용기에 의하여 깨끗이 사라지고 지금까지 검은 구름이 끼어 있던 왕의 얼굴은 활짝 밝아지게 되었다.

자기들의 우두머리인 왕을 위하여 몸을 바쳐 지극히 어려운 일을 결행하기로 결심한 부하 까마귀는 자기들의 왕이 살고 있는 나무에서 공중으로 날아 올라가 범덕궁梵德宮으로 갔다. 그리고, 근처 나무 위에 앉아 사람 왕의 부엌의 형편을 지켜보고 있었다. 범덕 왕의 식사 준비가 다 되었는지 한 시녀가 은그릇에 맛있어 보이는 음식을 담고 있었다. 이것을 본 까마귀는 나무에서 날아 내려와 부엌으로 들어가 시녀의 머리 위에 앉아 시녀의 코를 쪼았다. 이 느닷없는 습격에 시녀는 깜짝 놀라 들고 있던 밥상을 떨어뜨려 버렸다. 계략이 성공한 까마귀는 얼른 떨어진 음식을 주둥이에 양껏 물고 곧장 자기의 왕이 있는 곳으로 빨리 날아 돌아왔다.

부하 까마귀가 그렇게 굳은 결심을 하고 나가기는 했으나 과연

훌륭히 음식을 빼앗아 가지고 올지 어떨지 걱정하고 있던 왕은 그가 음식을 가지고 온 것을 보고 비로소 안도의 숨을 쉬고 몹시 기다리고 있던 아내를 불러,

"당신이 먹고 싶어하던 사람 왕의 음식을 가져왔소. 자, 어서 들어요."

하면서 권하였다. 오랫동안 바라고 기다리던 음식이 왔으므로 부인도 매우 기뻐하면서 실컷 먹었다. 자기의 욕망이 마침내 이루어졌으므로 부인의 몸은 한꺼번에 회복되어 수월하게 아기도 낳을 수가 있었다.

그 뒤에도 부하 까마귀는 여러 번 사람의 왕궁에 가서 같은 수단으로 왕의 음식을 빼앗아 그것을 왕비에게 바치곤 하였다. 범덕 왕은 까마귀 한 마리가 여러 번 습격해 와서 자기의 음식을 더럽히고 또 빼앗아 간다는 소리를 듣고,

'이상한 일이다. 야릇한 일이다. 어째서 까마귀가 여러 번이나 와서 나의 음식을 더럽히고 또 주둥이로 시녀에게 상처를 입히고 할까.'

하고 이상하게 생각했다. 한 번, 두 번쯤은 불문에 붙였으나, 그가 하는 짓이 너무도 끈덕지므로 사냥꾼을 불러,

"요즈음 왕궁에 까마귀가 몰려 들어와서 나의 음식을 더럽힌다고 한다. 너희들은 이로부터 그 까마귀 있는 곳에 가서 그물을 치고 사로잡아 오너라."

하고 호령하였다.

"예, 알았습니다."

하고 왕명을 받은 사냥꾼들은 준비를 갖추어 가지고 그 까마귀가 살고 있는 숲에 가서 그물로 마침내 그 까마귀를 사로잡았다.

"임금님, 이놈이 궁중을 침범한 나쁜 까마귀입니다."
하고 사냥꾼은 왕에게 끌고 왔다. 범덕 왕은 까마귀를 보고,
"너는 무슨 일로 여러 번 내 음식을 더럽히고 시녀를 쪼곤 하였느냐?"
하고 문초하였다.
"그렇게 노여워하지 마시고 제발 용서해 주십시오."
하고 붙잡힌 까마귀는 사람의 말로 왕에게 인사를 하였다.
'사람의 말을 할 줄 알다니 참으로 이상한 까마귀로구나.' 하고 범덕 왕은 호기심과 기쁨을 느껴,
"네가 그 까닭을 말해 보아라."
하고 명령하였다. 그랬더니 그 까마귀는 범덕 왕을 향하여,
"들으십시오 대왕님, 바라나시국 어느 산골에 8만의 까마귀를 지배하는 한 마리의 까마귀 왕이 있었습니다. 그 왕의 부인이 임신을 하고는 웬일인지 임금님께서 잡수시는 맛있는 음식을 먹고 싶다고 엉뚱한 욕심을 내셨습니다. 그리하여 우리들의 왕도 그 부인도 몹시 번민을 했습니다. 마침내 부인은 병이 들어서 죽기를 기다리게 되었습니다. 우리들은 왕의 번민을 없애드리려고 소인은 죽을 각오로 대왕의 음식을 훔쳤습니다. 우리 왕을 위하여 한 일, 마침내 잡힌 것도 그 때문이요. 자비롭고 인자하신 대왕님, 소인의 심정을 살펴옵소서. 일찍이 한 번도 나쁜 짓이라고는 해 본 적이 없는 소인도 우리 왕의 괴로움을 덜기 위하여 나쁜 줄을 알면서도 하였습니다. 이후로는 삼가고 주의하여 죽어도 다시는 않겠습니다. 제발 자비를 베풀어 한 번만 용서하시옵기 바라옵니다."
하고 하소연하였다. 이 까마귀의 말을 들은 범덕 왕은,

"아아, 그랬었구나. 주군主君을 위하여 위험을 무릅쓰고 죽음을 각오하고 한 것, 참으로 갸륵한 일이로다. 사람들에도 좀처럼 없는 일이로다."
하고 그 까마귀의 용감한 행위와 그 충성을 칭찬하고,
"만일, 내 신하들 중에도 이런 충신이 있으면 많은 녹봉을 주어 중용하리라. 이 용감한 까마귀와 같이 주군을 위하여 음식을 구하는 데 목숨을 아끼지 않듯 하여라."
하고 여러 신하들에게 훈계하고 다시 그 까마귀를 향하여,
"너는 금후로도 매일 와서 맛있는 음식을 가져가거라. 만일, 그것을 방해하고 안 주는 자가 있으면 나에게 직접 알려라. 그때에는 내가 친히 너에게 음식을 주리라."
하고 자기의 맛있는 음식을 아낌없이 줄 것을 허락하였다. 그리고,
"주군을 충성스럽게 섬긴 까마귀에, 네 정성이 가상하여 내가 지금 가지고 있던 음식을 주리니, 어서 먹어라. 이 음식은 네가 먹어도 좋다. 네가 배가 부르도록 먹은 다음에는 네 왕에게 가지고 돌아가거라. 그리고 앞으로도 몸성히 주인을 위하여 충성을 다하여라."
하고 도둑질을 한 까마귀의 죄를 용서하고 놓아 주었다.
이때의 까마귀 왕 소훗다라는 지금의 석가모니이시고, 까마귀 왕을 위하여 사람 왕의 음식을 훔친 까마귀는 지금의 우다이다. 그리고 그때의 왕 범덕은 곧 수두단 왕輸頭檀王이다.

<불본행집경 제52>

가난한 두 친구

석존께서 왕사성의 영취산에 계시면서 많은 사람들을 모아놓고 설법하실 때의 일이다.

바라나시성 안에 가난의 밑바닥에서 허덕이고 있는 두 사람의 사나이가 살고 있었다. 이 두 사나이는 서로 친한 친구인데, 하나같이 명예라든지 잇속이라든가 하는 것에는 무관심하였다. 언젠가, 친구의 한 사람이 자기가 가지고 있던 푸른 콩 한 되를 가지고 친구의 집을 찾아갔다.

두 사람은 서로 의논하고 그 콩 한 되를 여비로 바라나시국을 떠나 다른 나라에 가서 노동을 해서 살아가기로 하였다. 처자식도 없고 세간도 재산도 없는 친구들이다.

이렇게 의논이 되고 보니 당장 두 사람은 쓸쓸히 방랑의 길을 떠나게 되었다. 그런데, 언제나 중의 옷을 입고 바리때를 들고 바라나시성 근처를 동냥하고 다니는 한 수도자修道者가 이상하게도 오늘은 칠조가사七條袈裟를 입고, 모습을 엄숙히 하고 걸어오는 것을 만났다. 두 사람은 이 수도자를 보니 청정심淸淨心이

생기어,

"우리 둘이 이렇게 가난한 것은 과거에 선근 공덕善根功德을 쌓지 않고 중을 공양하지 않은 까닭이다. 다행히도 지금 그 선근을 쌓아야 할 기회를 만났으니 이 한 되 콩을 저 수도자에게 주자. 만일 수도자가 자비심을 가지고 이 작은 공양을 받아 준다면 우리들은 이 빈곤으로부터 벗어날 수가 있으리라고 생각한다."
라고 두 사람은 의논하고 소중한 한 되의 콩을 그 수도자 앞으로 가지고 가서

"존자尊者여, 바라건대 자애로운 마음으로써 우리들의 작은 공양을 받아 주십시오."
하고 청하였다. 수도자는 두 사람의 갸륵한 마음씨를 불쌍히 여겨 그 한 되의 콩을 흔쾌히 받고, 이 두 사람을 교화하기 위하여 신통력을 나타내어 그대로 공중으로 올라갔다. 두 사나이는 수도자가 공중으로 날아 올라가 자유 자재로 공중을 헤엄쳐 가는 것을 보고 견딜 수 없을 만큼 법열法悅이 생겨 기쁜 나머지 두 손을 모아 수도자의 발에 절하면서 한 사나이는,

"모쪼록 이 공덕에 의하여 내생에도 항상 이런 거룩하신 분을 만나 그 설법을 듣고 악도惡道에 떨어지지 않기를."
하고 기원하고, 다른 한 사람은,

"이 공덕에 의하여 내생에는 바라문婆羅門의 집에 태어나 바라문교의 근본 성전聖典인 4 베다吠陀에 정통하고 나아가서 육십 종의 기예에도 능숙해지기를."
라고 기원하였다.

그리고, 두 사람은 동시에,

"바른 마음을 품고, 옳은 것을 믿는다 해도 그는 복전福田이 아

니다. 그저 부처님과 중에게, 공양하는 것만 못하다."
하고 노래하였다.

그로부터 몇 해를 지나, 목숨이 다하여 이 두 사람의 가난했던 친구들은 서로 전후하여 죽었다. 그 중 한 사람은 바라나시성 밖의 어느 왕가에 태어나 왕위를 이어받고 그 이름을 범덕梵德이라고 하였다. 다른 또 한 사나이는 바라문 집에 태어나 그 이름을 우바카라 하여 전생에 발원한 대로 베다를 비롯하여 일체의 학문과 기예에 정통하여 대 바라문이 되었다.

이 바라문에게는 절세의 미인인 아내가 있었다. 이 부부의 금실은 매우 좋았다. 그런데, 아주 사소한 일에서부터 아내는 갑자기 남편을 원망하고 말을 주고받는 것까지도 피하게끔 되었다. 사랑하는 아내의 이런 태도에 남편은 매우 고민하였다. '아내는 나와 즐겁게 이야기하기를 피하니 이제는 그 음성조차 들을 수가 없게 되었다. 도대체 어찌 된 셈인가.' 하고 매일매일 시름에 잠겨 멋없는 날을 보내고 있었다.

이리하여, 봄도 지나가고 여름도 다 가서 시원한 가을 바람이 불어오려는 계절의 어느 날, 아내 마나는 남편에게,

"참으로 좋은 계절이 되었으니, 당신 지금부터 거리에 가서 고급 향수를 사다 주지 않겠어요. 세상 사람들은 모두 향수니 노리개니 하는 것으로 아름답게 몸을 치장하고 즐거워하고 있어요. 우리들도 화장을 하고 즐겁게 지냅시다 그려."

하고 오래간만에 말을 걸었다. 오랫동안의 부부 사이의 침묵 생활이 사랑하는 아내의 이 한 마디로써 풀렸다고 남편은 매우 기뻐하고 가정에 갑자기 봄이 온 것 같은 생각이 들었다. '그러나 기쁜 일임에도 틀림이 없으나, 이제 아내의 청을 들어 향수를 사

고 아내를 즐겁게 하려면 우선 돈이 필요하다. 지금 내 손에는 한 푼의 저축도 없다. 어쩌면 좋은가. 사 오지 않으면 가정은 또다시 어둠에 잠긴다. 사자니 돈은 없고, 큰일났구나.' 하고 그는 생각에 잠겨 있었다. 그렇다고 주저하고만 있을 때도 아니므로, 할 수 없이 때마침 몹시 내리쬐는 햇볕 아래를, 다른 동네에 가서 구걸을 하여 돈을 구하려고 집을 떠났다. 그런데, 도중에서 갑자기 욕정이 일어나서 거리를 걸으면서 아주 음란한 시를 노래하였다. 거기는 범덕 왕梵德王의 궁전에서 아주 가까운 곳이었으므로 그 소리가 낮잠을 자고 있던 범덕 왕을 꿈에서 깨웠다. 그 음란한 노래를 들은 왕도 또한 갑자기 욕정이 일어나기 시작해서,

"타고난 본성과 주위의 자극에 흔들리어, 애욕이 일어나네. 연꽃이 물 속에서 나오듯이."
하고 노래 불렀다.

그리고, '이 대낮의 오후, 녹는 듯한 햇살이 내리쬐는 이 시각에 욕정에 집착하여 음란한 시를 노래하며 걸어가는 자는 대체 누구일까.' 하고, 일어나서 창문으로 길거리를 내다보니, 한 사람의 바라문이 불타는 듯한 땅 위를 걸으면서 노래하고 있다.

곧 신하를 불러,
"노래하면서 걸어가는 저 사나이를 데려오너라."
하고 말하였다. 신하는 명령을 받고 그 바라문 곁으로 가서,
"여보게, 왕께서 부르시니 함께 가세."
하고 그의 손을 붙잡고 얼러대니 우바카는 영문을 모르고, 기분 좋게 노래하던 분위기는 깨어지는 동시에 마음속에 공포를 느끼어 소름이 오싹 끼치어 원망스럽게 신하의 얼굴을 바라보며,
"나는 결코 나쁜 일은 안합니다. 왕께 꾸지람 들을 만한 짓은

한 일이 없습니다."
하고 울상이 되어 거절하였다.
　"그런 변명은 이따가 해."
하고 신하는 억지로 그를 끌고 왕 앞에 나타났다. 왕은 그를 보자마자 지금까지의 미움은 어느덧 사라지고 그것이 자애심으로 변하였다.
　그리하여 범덕 왕은 그에게,
　"불타는 염천炎天 아래 대지는 적계赤鷄 : 붉은 버섯 같은데, 너는 어이하여 음란한 노래를 부르는고? 햇볕 이글이글 땅 위의 모래도 타는데 너는 어이하여 음란한 노래 부르는고?"
하고 게偈로써 물었다.
　그러자 그는,
　"오늘의 더위도 나를 괴롭히지 못하고, 하늘 위의 햇볕도 더위를 못 느끼오. 다만 구하여도 못 얻는 것이 머리 속의 번뇌. 햇빛 강하여도 이것이 머리 속의 작은 번뇌. 갖가지 욕망을 가진 것 이것이 최대의 번뇌라오."
하고 또한 게로써 대답하였다.
　"너는 이 대낮에 한길을 걸으면서 대체 무슨 생각을 하고 있었느냐?"
하고 왕은 물었다. 그는 겁에 질려 떨면서 오늘 우연히 아내가 요구한 일을 털어놓았다.
　사연을 들은 왕은,
　"그런 일이라면 걱정할 것 없다. 내가 은화 두 닢을 주마."
하면서 왕은 금고에서 돈을 내어 그에게 주었다.
　그는 그 돈을 고맙게 받아 쥐고,

"대왕님, 죄송하오나 한 닢만 더 주십시오. 그러면 모두 세 닢이 됩니다. 그 세 닢에 이제부터 마을에 가서 한 닢을 얻어서 보태면 네 닢이 됩니다. 그 네 닢으로 아내가 바라는 향수를 사 주겠습니다."
하고 뻔뻔스럽게 돈을 요구했다.
"그러면, 모두 여덟 닢의 은화를 네게 주마. 그러니 다른 동네로 가는 것을 그만두는 것이 좋겠다."
하고 왕은 그에게 여덟 닢의 은화를 내어 주었다. 그랬더니, 그는 차츰 올려서 배액의 돈을 요구했다. 그래서 결국 왕은 그에게 백 닢의 은화를 주기로 하였다. 그래도 그는 아직 무엇인가 부족한 듯한 얼굴을 하고 있으므로 다시 왕은 그에게 영토 안의 한 마을을 주어 그의 녹봉으로 하였다.

얻으면 얻을수록 탐욕이 생기고 또 생긴 그는 한 마을을 받았지만, 그 뒤 가끔 왕궁에 찾아가서 그의 탐욕스러운 마음을 만족시키곤 하였고 그래서, 왕은 또 영토 안에서 가장 좋은 마을 하나를 특별히 골라서 그에게 주었다. 그는 그 뒤부터 어떠한 노동도 꺼리지 않고 머슴처럼 부지런히 범덕 왕을 섬겨 아침 일찍 일어나고 밤 늦게 자고 그가 하는 일은 하나하나가 대왕의 마음을 기쁘게 하였다. 왕도 또한 둘도 없는 충신으로서 그를 중용하였다.

이렇게 부지런히 봉사하여 왕의 총애를 한몸에 받고 왕 또한 그를 중용하여 마침내는 그의 영토의 절반을 주어 우대하였다. 향수를 사기에도 부족했던 그도 이제는 왕의 총애를 얻어 오욕을 즐겨도 그 때문에 구차해지는 일은 없었다. 그가 하는 일은 모두가 왕에게 공헌하는 일 뿐이었으므로, 왕의 그에 대한 총애는 더해 갈 뿐으로 그가 출근하면 왕은 그의 무릎을 베고 자게끔 되어,

거기에는 임금과 신하라는 높은 담은 없어지고 부부나 육친 사이처럼 친밀하게 되었다.

어느 날, 왕은 전과 같이 그의 무릎을 베고 단잠을 자고 있었다. 이것을 본 그는, '한나라에 두 왕이 있어 위세를 둘이서 부리거나 한 창문을 두 사람이 공용하는 것은 부자연스럽다. 그러니 이 범덕 왕을 죽이고 이 나라를 나 혼자서 다스리는 것이 좋지 않을까.'

문득 이런 엉뚱한 생각을 하고, 차고 있던 검에 손을 대려다가, '아니다. 이 범덕 왕은 나에게는 대 은인이다. 그 나라를 절반으로 하고, 그 창고를 절반으로 해서까지 나를 우대해 주는 분이다. 그 분을 지금 죽여 버리면 나는 배은 망덕하는 자가 된다.' 하고 생각을 다시 하였다. 그러나, 또 '이 왕을 죽이고 왕위에 오르자.' 하고 생각하기도 하고, '아니야, 그것은 안 될 일이야.' 하고 뉘우치기도 하다가 마침내, '왕을 죽이는 것은 총애에 보답하는 길이 아니다. 비록 내 손으로 죽이지 않더라도 그런 불경스런 인륜에 어긋나는 나쁜 마음을 일으킨 나는 이 무슨 천박한 인간이냐.' 하고 후회하고 소리를 내어 울었다.

그 소리를 듣고 왕은 잠에서 깨어나,

"네가 왜 울고 있느냐?"

하고 물었다. 그는 지금 자기가 생각한 만큼 마음을 숨김없이 왕에게 아뢰었다. 그를 믿고 깊이 사랑하는 범덕 왕은 그가 그런 대담무쌍한 악의를 품고 있는 사람이라고는 생각하고 있지 않으므로, 그가 말하는 일에 대해서도 믿으려 하지 않았다.

"너는 그런 나쁜 마음을 일으키지는 않아. 거짓말로라도 그런 말을 해서는 안 돼."

"대왕님, 사실 저는 그런 나쁜 생각을 일으켰습니다."

하고 그는 정직하게 자기의 나쁜 마음을 고백하고 회개하는 정성을 역력히 보이었다.

그때에 그는 이런 나쁜 마음이 일어난 데 대하여 깊이 반성하고 조용히 생각해 보았다.

'내가 이런 반역심을 일으킨 것은 오욕을 탐하는 마음과 왕위를 엿본다는 명예욕이 그 동기를 이루고 있는 것이다. 그러므로, 이 나쁜 마음을 근절하려면 왕위를 탐내어서는 안 돼. 또한 세상의 쾌락에 빠져서는 안 돼. 그리하여 이 세상의 즐거움과 왕위에 대한 집착을 제거하려면 출가하는 것밖에 길은 없다.'
라는 결론을 얻었다.

이 근본적인 해결 방법을 발견한 그는 왕에게,
"대왕님, 저는 지금 출가하기로 결심하였습니다."
하고 말하였다.

"느닷없이 왜 그런 말을 하느냐? 수많은 신하들 중에서 너밖에 나의 힘이 되고 나를 도와줄 사람은 없다. 그런데 지금 네가 출가하면 나는 어떻게 편안히 왕위에 앉아 있을 수가 있겠느냐. 제발 그런 소리는 하지 말고 출가하는 것만은 그만두어다오."

"그 말씀은 과분한 영광이오나 무어라 대답해야 하올지 모르겠습니다. 눈물이 나올 만큼 황송하옵니다. 하오나, 이미 굳게 결심한 것이오니 출가를 용서하여 주십시오. 제발, 저의 불도 수행修行을 용서해 주시옵소서."

"그토록 네가 굳게 결심하였다면 할 수 없는 일이로구나. 출가를 허락한다."

범덕 왕은 그의 결심을 도저히 꺾을 수 없음을 알고 그의 출가를 용서하기로 하였다. 당시 바라나시성에 한 기와장이가 있었다. 이 사나이는 일찍 출가하여 신선의 수행을 얻어 손으로 해와 달을 잡을 정도의 신통력을 가지고 있어 시민들로부터 동경憧憬과 사모를 받고 있었다. 그는 이 덕이 높은 신선을 찾아가 머리를 깎고 출가하였다. 그로부터 그는 열심히 수행을 쌓아 이 세상의 욕망을 떠나 네 가지의 선정禪定에 달하고 5신통도 얻게 되었다.

그가 출가하여 신통력을 얻어 덕이 높은 신선이 된 것을 전해 들은 범덕 왕은 자기의 일처럼 기뻐하여 하루는 그를 궁중으로 불러 여러 궁인들에게 대면시키고 스스로,

"우바카優婆迦, 출가하여 부지런히 수련한 지 오래지도 않은데 큰 과보果報: 깨달음를 얻었도다. 인신人身을 얻어 오욕을 버리고 이 신선이 도를 닦는 그 일."

하고, 궁인들을 향하여 신선 우바카의 덕을 예찬하였다. 대왕의 이 예찬을 들은 궁인들은 모두 얼굴을 숙이고 그것을 마음속으로 예찬하는 사람은 없었다.

그들 궁인은,

"대왕이시여, 저 우바카는 본래 행상을 생업으로 하여 생활하던 사나이로서 바라문 중에서도 제일 빈약한 자였습니다. 생활고에 못 이겨 출가한 것이오니 그가 집과 나라를 버리고 출가했다고 해서, 그것을 예찬하고 그의 행위를 본받을 것은 못 됩니다."

하고, 이구동성으로 왕에게 말하였다. 물론 궁인들의 생각은 왕이 너무 그의 위덕을 칭찬했으므로 어쩌면 왕도 그를 본받아 행여나 나라를 버리고 출가하지나 않을까 걱정이 되었으므로 그것을 막는 방법으로써 이렇게 말한 것이다.

그때, 왕궁에 드나들면서 왕의 머리를 이발하는, 왕이 총애하는 고가하라는 한 이발사가 있었다.

왕은 어느 날, 이 이발사를 불러,

"고가하라, 내 수염을 깎아다오."

하고 왕은 잠이 들어 버렸다. 왕이 편히 잠들고 있는 사이에 이발사는 수염을 말쑥하게 다 깎았다.

"수염을 다 깎았느냐?"

"예, 주무시는 동안에 깎았습니다."

"그러냐."

하면서 왕이 거울을 들고 보니 수염이 말쑥하게 잘 깎이었으므로 매우 기뻐서,

"네게 나의 영토 중에서 가장 좋은 마을을 상으로 줄 터이니, 어느 마을이든지 소망이 있거든 말해 보아라."

하고 왕은 이발사에게 말하였다. 갑작스러운 일이라 이발사는 뭐라고 대답해야 좋을지 몰라서,

"후에 궁중 사람들과 의논하여 말씀드리겠습니다."

하고 그냥 물러나와 궁인한테 가서,

"방금 대왕께서 수염을 깎고 나서 나에게 영토 안의 한 마을을 주시겠다고 하였습니다. 나는 대답하기가 곤란해서 후에 잘 생각해서 말씀드리겠다고 여쭙고 왔습니다. 어떻게 하면 좋겠습니까?"

하고 궁인에게 그 뜻을 물었다.

"고가하라, 너는 어이하여 녹을 받고 싶어하느냐. 너에게도 금·은과 진귀한 보배들을 주지 않았느냐. 그런데, 너에게 부탁이 있는데 들어줄 수 있겠느냐?"

하고 궁인은 말하였다.

"미천한 자에게 부탁이라니, 무엇입니까?"

"다름이 아니라, 요즈음 대왕께서는 궁중에 들어오시어 언제나, 우바카가 출가하여 부지런히 수련한 지 오래지도 않은데 큰 과보를 얻었도다. 인신을 얻어 오욕을 버리고 저 신선 좋을씨고 도를 닦는 그 일."
하고 노래하고 계신다. 우리들은 그 노래를 들을 때마다 대왕은 왕위를 버리고 출가하시지나 않을까 하고 그것만이 걱정이란다. 그러므로, 이번에 네가 대왕께 가거든 이 노래의 뜻을 대왕께 잘 물어다오. 부탁이란 이것이다."

"잘 알았습니다."

궁인의 부탁을 받은 이발사는 다시 왕에게 가서,

"대왕님, 소인에게 한 마을을 주신다고 하셨는데, 그것은 사양하겠습니다. 그보다도 무엇보다도 저는 대왕께서 늘 노래하시는 그 노래의 뜻을 알고 싶습니다."
하고 말하였다.

"그 노래의 뜻을 알고 싶단 말이지. 그것은 이렇다. 저 우바카 신선은 이 나라의 절반을 버리고 출가하여 신선이 되어 그 도를 성취하고 큰 위덕을 갖추어 손에 해와 달을 잡을 만큼 신통력을 얻었다. 그에 견주어 나는 지금 5욕을 탐하고 있다. 그래서 나는 저 신인의 행위를 부럽게 생각하여 궁중에서 그런 노래를 부르고 있는 것이다."

"잘 알았습니다."
하고 이발사는 물러나 궁 안으로 돌아와,

"여러분은 걱정하실 것은 없습니다. 왕께서는 결코 출가하시지 않을 것이옵니다."
하고 말하였다. 이발사의 말을 듣고 궁중 사람들은 모두 그제서

야 안심을 하였다. 기쁜 나머지 궁인들은 자기들의 장식품인 구슬목걸이를 각각 이발사에게 주고,

"고가하라여, 이 구슬목걸이는 모두 네게 줄 터이니, 이후로는 살림살이를 위한 이발 따위는 집어치우는 게 좋아."

하고 말하였다. 구슬목걸이를 주면서 이렇게 말하였을 때에 고가하라는,

'저 우바카는 이미 반나라의 왕위를 버리고 출가하였다. 그리고 지금 왕도 저 신선의 행적을 부러워하여 찬미하고 계시는데 내가 궁인들이 주는 보물을 받고 그 사람들의 뜻을 따르는 것은 좋지 못한 일이다. 나는 이런 유혹을 물리치고 출가하여 저 신선과 같이 세상 사람들로부터 존경을 받게끔 되어 보자.'

하는 생각을 하였다.

이러한 갸륵한 뜻이 싹트기 시작한 고가하라는 왕이 주겠다고 한 보물 따위는 길가의 쓰레기와도 같은 것이 되어 안중에 없었다. 그래서, 세 번째로 왕에게로 가서,

"아까 대왕께서는 제가 바라는 것을 주시겠다고 하셨는데, 만일 허락하여 주신다면, 저의 출가를 허락하여 주십시오."

하고 청하였다.

"고가하라, 네가 갑자기 출가하고 싶다지만 누구를 따라 도를 구할 작정이냐?"

"저 유명한, 대왕께서 예찬하고 계시는 우바카 선인의 제자가 되어 도를 구할 작정입니다."

"그러냐, 그렇다면 네 소원대로 너의 출가를 허락하마."

"고맙습니다."

왕의 허락을 받은 고가하라는 스스로 머리를 깎고 곧 우바카의

제자가 되었다. 그로부터 고가하라는 도를 구하기 위하여 갖은 근고勤苦와 정진精進을 쌓아 마침내 네 가지의 선정禪定을 얻고, 어어서 다섯 가지 신통력을 체득하여 스승과 마찬가지로 해와 달의 테를 잡을 수 있는 대선大仙의 지위에 이르렀다.

이발사이었던 고가하라가 출가 수도하여 큰 위덕을 갖추었다는 이야기를 전해 들은 범덕 왕은 더욱더 부러워서 고가하라를 한번 만나 보려 하였다.

그리하여 신하들을 불러,

"나는 고가하라 선인을 만나고 싶다. 이제부터 그가 사는 곳으로 갈 터이니 채비를 하여라."

하고 명령하였다. 이 말을 들은 대신들은,

"대왕의 거룩하신 몸으로 친히 선인을 방문하신다는 것은 체면상 어떠할까 하옵니다. 선인을 이리로 초대하겠사오니 가시는 것은 그만두십시오."

하고 여쭈었다.

"너희들은 사물의 도리를 모르느니라. 자고 이래로 몸에 자재自在를 얻지 못한 범부凡夫의 몸으로 다섯 가지 신통력에 통달한 위덕을 갖춘 선인을 이리로 부르는 법은 없느니라. 왜냐하면 저 선인들은 대승정大僧正으로서 남의 공양을 받을 수 있는 훌륭하신 분들이다. 그러므로, 나는 예의상으로 이쪽에서 방문하는 것이 당연하다고 생각한다. 그것이 대 인격자에 대한 도리가 아니야."

왕의 도리에 맞는 말을 듣고 대신들은 한 마디의 대꾸도 못하였다. 그리하여 대왕은 5백 명의 신하를 좌우에 따르게 하고, 봉련鳳輦은 엄숙히 왕궁을 떠나 저 선인들이 있는 곳을 찾아가게 되었다.

봉련의 수레바퀴 소리는 점점 선림仙林에 가까워졌다. 그때, 고가하라 선인은 조용한 곳에서 도를 닦고 있었는데 수레바퀴 소리를 듣고 무슨 일인가 하고 바라보니 5백 명의 신하를 거느리고 범덕 왕이 이 선림으로 오는 것을 보았다. 그러는 동안에 왕은 선인들의 처소에 도착하였다.

"날 찾아왔소, 범덕."
하고 고가하라는 왕에게 말하였다. 이 불손한 인사를 들은 5백의 신하들은 크게 성을 내어,

"고가하라, 너는 천한 창녀의 소생이 아니냐. 더러운 신분으로서 어찌 대왕의 어명을 함부로 부르느냐. 이 불경한 놈 같으니라구!"
하고 고가하라의 태도를 꾸짖었다. 여러 신하들의 이 꾸짖는 말을 옆에서 듣고 있던 범덕 왕은,

"너희들은 무슨 그런 무례한 말을 하느냐. 사람의 이름을 부르는 것은 선인의 예사로운 일이다. 그것은 도덕을 지키기가 엄숙하고 게다가 큰 위력이 있기 때문인 것이다."
하고 주의를 주고 제지하였다.

그리고, 왕은 다시 신하들을 향하여,
"어려운 고행을 이겨내고 수행修行을 성취하고 일체의 두려움을 제도濟度한 선인을 존경하노라. 일체의 악을 버리고 일체의 괴로움을 참고 깨달음을 얻은 선인을 존경하노라. 깨달음을 얻은 선인은 이미 속인이 아니다. 제천諸天도 이를 존경하노니 너희들은 모두 다 존경하라."
하고 노래하면서 범덕 왕은 먼저 선인 고가하라의 발에 절하였다. 궁녀들도 여러 신하들도 차례차례 그의 발에 절하고 다음에 그의 스승인 기와장이의 발에 예배하였다.

그 예배가 끝나자 왕은 선인들을 향하여,

"여러 선인들이여, 옥체 평안하십니까? 지내기에 부자유는 없습니까? 세상 사람들이 당신들을 괴롭히지는 않습니까?"
하고 위문하였다.

"우리들의 일은 염려 마시고, 대왕의 옥체는 평안하십니까? 또한 나라 안의 모든 사람들도 아무 근심 걱정 없습니까?"
하고 선인들은 왕의 옥체와 아울러 국민 전체의 안전 여부를 물었다. 주객主客들의 정중한 인사가 끝나자 선인들은 번갈아 일어서서 방문객 일동을 향하여 정신 강활精神講活을 하여 왕의 마음을 기쁘게 하고 그 공덕을 넓히었다. 그때, 범덕 왕은 이 깊은 법우法雨에 젖고 자리에서 일어나 선인들을 예배하고 다시 여러 신하들에게 둘러싸여 왕궁으로 돌아왔다.

이때의 우바카는 지금의 석가모니이시고, 이발사 고가하라는 지금의 우바리이며, 범덕 왕은 수두단 왕輸頭檀王, 5백 명의 신하는 5백 명의 비구比丘이다.

<불본행집경 제54>

애별리고愛別離苦*

석존께서 탄생하신 시대보다 훨씬 이전의 일이다. 사람의 목숨이 몇 만년이나 살고 있던 시대에, 선유善柔라는 왕이 있었다. 아직 태자로 있을 때부터 천하를 다스리고, 뒤이어 왕위에 오른 지 8만4천 년의 세월이 지났다.

어느 날, 이 선유 왕의 머리 위에 혹이 하나 생겼다. 그 혹은 홍합처럼 물렁물렁하였는데, 날이 갈수록 그 혹은 점점 커졌지만 별로 고통스럽지도 않았다. 그로부터 열 달이 지나자 그 혹은 저절로 입을 벌리고 속에서 한 사내아이가 나왔다. 그 얼굴 모습은 참으로 예쁘고, 인간 세계에서 둘도 없는 미남자였다.

아버지 선유 왕은, 정수리에서 나왔다고 해서 그 아이에게 정생頂生이라는 이름을 붙였다. 그 뒤, 부왕은 모든 일을 태자에게 맡겼으므로 정생은 아버지를 대신하여 나랏일을 맡아 보게 되었다. 그리고, 부왕은 궁전·처자식·친척들을 모두 버리고 깊은

*애별리고愛別離苦 : 사랑하는 사람과 이별, 죽음으로써 이별하는 고통

산으로 들어가 도를 닦기 시작하여 8만4천 년의 세월이 흘렀다.

한편, 부왕의 뒤를 이어 왕위에 오른 정생 왕은 우연히 금륜보金輪寶·상보象寶·마보馬寶·여보女寶·마니보摩尼寶·주장신主藏臣·주병신主兵臣이라는 칠보七寶를 얻게 되었다. 그 인연은, 보름달이 밝은 밤에 목욕 재계하고 높은 누각에 올라가 보니 동쪽에서 금륜보金輪寶가 나타났다. 그것은 천 개의 바퀴살을 갖춘 자연의 윤보로써 물론 이 세상 사람의 손으로 만들어진 것이 아니었다. 이에 왕은 생각하였다.

'옛날, 신선에게서 들은 이야기인데, 왕이 보름날 밤에 만월 아래 높은 누각에 올라가 천 개의 바퀴살을 가진 금륜보를 얻게 되면 그 왕은 전륜성 왕轉輪聖王이 될 수 있다고 한다.'

이렇게 옛날 신선의 가르침을 생각하자, 왼손으로 윤보를 받들고, 오른손에 향로를 들고, 오른쪽 무릎을 땅에 꿇고 맹세를 하였다.

"이 금륜보가 진실이라면 과거의 전륜성 왕 때와 같이 기적의 힘을 나타내십시오."

그랬더니, 금륜보는 높이 공중에 올라가 십방十方으로 자유로이 날아다니다가 얼마 후에 왕의 왼손으로 돌아왔다. 이에 왕은 크게 기뻐하여 '나는 확실히 전륜성 왕이 될 수 있다'는 희망에 부풀었다. 그 뒤 얼마 아니하여 상보象寶가 손에 들어왔다. 이어서 마보馬寶가 나타났다. 이 코끼리와 말도 이 세상의 그것과는 달랐다. 또한, 전에 신선에게서 들은 바와 같이 전륜성보가 되는 왕만이 받는 특별한 물건이었다. 그 뒤에 또 여보女寶가 나타났다. 그 여인의 얼굴은 말할 수 없이 아리따우며, 온 몸의 털구멍에서는 전단향을 뿜고, 입 안에서는 푸른 연꽃에서와 같은 향기를 내고, 그 방울 같은 눈은 유순由旬 앞까지도 내다볼 수가 있을 정도였다. 또 귀의 청각도, 코의 후각도, 또한 1유순에 미치었다. 혀는 매우 넓고 커서 입에서 내면 넉넉히 얼굴을 덮고, 게다가 총명, 예지의 주인공으로서 말씨에서 태도까지 우아한 미인이었다. 이 여인의 손이 왕의 옷에 닿으면, 왕의 몸의 안부, 병의 유무에서 왕의 마음속까지 곧 알게 되는 것이었다. 또 그 뒤, 마니주보馬尼珠寶를 손에 넣었다. 이 구슬은 새파란 빛깔의 유리로써 크기는 수레의 바퀴통 같고, 어두움 속에서 1유순 사방을 비추며, 억수같이 큰비가 퍼부을 때에는 이 구슬은 큰 우산 구실을 하여 1유순 사방에는 한 방울의 비도 안 내리게 하는 힘을 가지고 있었다. 그 뒤에 주장신主藏臣이 저절로 나타났다. 그의 재보는 무진장일 뿐 아니라, 땅 속의 매장물까지도 꿰뚫어 보고, 어떤 물건이든 왕의 마음대로 그것을 구할 수가 있었다. 어느 때 정생 왕은 바다에 배를 띄어 주장신의 힘을 시험하였다.

"나는 진귀한 보물이 필요한데, 어떻게 안 되겠느냐."

하였더니, 주장신이 곧 두 손을 바닷속에 넣자마자 열 손가락 끝에 열 가지 보물이 붙어 나왔다.

"대왕께서 원하시는 보물을 가지십시오. 나머지는 도로 바다에 넣어 두겠습니다."

그 뒤, 용맹과 책략에 뛰어난 주병신이 저절로 나타났다. 얘기하였던 일곱 가지 보배가 갖추어졌으므로 정생 왕은 이제 전륜성왕이 될 수 있다는 확신을 얻었다.

신을 모아놓고 자기가 전륜성 왕이 될 자격을 얻었다고 알리었다.

"나는 너희들이 알다시피 칠보를 얻게 되었다. 또한 천 명의 아들도 생겼다. 그리고, 지금 이 염부제閻浮提는 안락하고, 백성은 모두 삶에 만족하고 있다. 이 위에 더할 일이 무엇이냐?"

"대왕이시여, 염부제는 대왕의 힘으로 안락합니다마는 아직 왕의 덕화를 입지 못하고 있습니다. 그러하오니 한 번 가 보시는 것이 어떨까 하옵니다."

이에 왕은 칠보를 비롯하여 많은 종자從者들을 데리고 공중을 비행하여 그에게로 가서 덕화를 베풀어 인민을 크게 기쁘게 하였다.

다음에는 차례로 여러 나라를 비행하여 덕화를 베풀었다.

"수미산 사방에 있는 4주州의 백성들은 이미 모두 덕화를 받았다. 다시 또 무슨 일이 생겼느냐?"

"성왕이시여, 삼십 삼천의 목숨은 지극히 길며, 그리고 안락하고 즐거움에 차 있습니다. 천인天人의 몸매가 단정하고 아름다움은 말할 것도 없고, 그 궁전에서 침구에 이르기까지 모두 칠보로 되어 있습니다. 그리고 그들은 스스로 하늘의 행복에 만족하여, 성왕의 덕화를 받고자 하지 않습니다. 하오니 삼십 삼천에 친히 납시어 토벌하는 것이 옳을까 합니다."

정생 전륜성 왕은 신하의 건의를 받아들여, 칠보를 비롯하여 모든 신하를 거느리고 공중을 날아가서 도리천에 올라갔다. 올라가 보니, 우선 전륜성 왕의 눈에 띈 것은 한 그루의 나무와 흰 구름같이 보이는 궁전이었다. 이에 왕은 신하에게 물었다.

"저 청록색 큰 나무는 무엇이냐?"

"저것은 호수입니다. 도리의 제천은 여름 석 달 동안 저 나무 아래서 오락을 즐기고 있습니다."

"그리고 저기 높이 보이는 저 흰 구름같이 보이는 것은 무엇이냐?"

"저것은 선법당善法當이온데, 도리 제석천이 저 안에 모여서 천하의 일을 의논하는 곳이옵니다."

도리천주의 제석천帝釋天은 아까부터 정생 왕이 하늘에 올라온 것을 알고 있었다. 그러므로 지체 없이 선법당으로부터 마중 나와 왕의 손을 붙잡고 선법당으로 인도하여, 자리를 절반 나누어 나란히 앉았다.

이때, 두 왕의 얼굴 모습에는 아무런 차별도 없었다. 그때, 정생 왕은 생각하였다.

'나도 왕위를 물러나 이 선법당 안에서 살며 도리천의 왕이 될까.'

그러나 제석천은 본래부터 '대승경전大乘經典'을 외우며, 그 깊은 교리에까지는 통달하지 못하였으나, 남을 위하여 대승경의 뜻을 설명해 들려 준 일도 있다. 이 '외어서 널리 설명한' 공덕으로 말미암아 제석천은 큰 위덕을 지니고 있었다. 그래서 정생 왕은, 제석천에 대한 이 나쁜 마음 때문에 도는 염부제에 떨어져, 도리천인과 이별하여 커다란 괴로움에 시달리고, 그뿐인가, 나쁜 병에 걸려 죽어 버렸다.

애별리고愛別離苦라는 것은 이런 것을 말하는 것이다.

이 이야기의 제석천은 지금의 가섭불迦葉佛이며, 정생 전륜성왕은 석가모니이시다.

<열반경 제11>

사람 사는 세상은 불과 10년

고오리 왕의 나라에 스와칸이라고 하는 큰 나무가 있었다. 나무의 둘레가 5백60리, 뿌리의 넓이가 6백40리, 높이 4천리, 가지가 뻗어나간 넓이가 2천 리였다고 하는 대단히 큰 나무였던 모양이다. 그런데 그 나무는 자연히 5면을 이루고 있어서, 1면의 과실은 왕이나 궁인의 음식물이 되었고, 2면은 백관, 3면은 백성, 4면은 스님이나 도인, 5면은 조수의 음식물이었다.

과실은 두 말 들이 술통만한 크기였고, 단맛은 꿀과 같았다. 달리 망을 보는 자도 없었으며 해치는 자도 없었고, 그 당시의 사람들은 그 열매를 먹고 모두 8만4천 세의 수명을 누렸다.

그러나 추위와 더위, 굶주림과 목마름, 대소의 편리, 애욕과 식욕, 나이 들어 몸이 약해지는 아홉 가지의 질병을 면할 수는 없었다. 여자는 5백 세가 되면 집을 나와 시집을 갔다.

그 나라의 장자 아리넨미는 재산은 무진장하게 있었으나, 인간의 수명은 대단히 짧고, 세상에 태어나서 죽지 않는 자 없으며, 재산도 사실은 영원한 것이 아니라고 깨닫고 이 세상의 즐거움이라는 것도 보시를 해서 빈곤한 자를 구하는 데에 있는 것이라고 하고, 스스로 집을 버리고 가사를 걸치고 스님이 되어 현자에게 가르침을 받아 계율을 지키고, 청정의 행자가 되었다.

이것을 본 사람들은 그의 뒤를 따라서 스님이 되었고 그 교화에 따랐다. 그래서 아리넨미는 말하기를,

"사람의 명이란 짧은 것이며, 사람은 재물에 마음을 빼앗겨서 멍하니 살고 있다. 정말로 무상한 것이다. 태어나면 죽는다. 상주하는 것은 없다. 오히려 이 몸을 버려서 후생을 위해 불쌍히 여기게 하는 것이 좋다. 사람의 목숨이 흘러가는 빠름이란, 예를 든다면 아침 이슬이 풀잎에 잠깐 머무는 것과 다름이 없다. 눈 깜짝하는 사이에 땅에 떨어져서 없어지는 것이다. 하늘에서 내리는 비가 수면에 떨어져 일어나는 물방울이 이내 없어지는 빠름, 번개 불이 번쩍 하다가 즉시 없어지는 것과 같은 빠름, 숙련된 베 짜는 여자의 줄을 짜들어가는 실이 즉시 없어지는 빠름, 어떠한 예를 든다고 해도 사람의 명이 다하는 빠름에 비교할 수가 없는 것이다. 해가 뜨고 밤이 올 때마다 이렇게 해서 소모되어 간다. 근심은 많고 고뇌는 무겁다. 어찌 오래 살도록 바라겠는가. 도살장으로 향하는 양의 한발 한발은, 한 발자국마다 죽음에 가까워진다. 인간의 하루하루의 생활은 양의 한 발자국과 다름이 없다. 고산高山의 물이 화살처럼 내려감과 동시에 우리들의 명은 낮이나 밤이나 과거로 흘러가는 것이다. 빨리 정도正道를 봉해서 후생의 안락을 얻지 않으면 안 된다."

그의 가르침은 물이 흘러가는 것처럼 퍼져서 저마다 정토로 돌아갔다. 이것은 석존의 과거에 있어서 아리넨미 장자로서의 수행이었다.

이것을 설법하고 나서 석존은 다시 말했다.

"8만4천 세의 장수를 누리는 세상에서도 아리넨미 장자의 무상의 가르침은 헛되지 않았다. 하물며 지금은 사람의 수명은 백 세에 불과하다. 백 세에 달하지 않는 것조차 많은데, 백 세는 봄과 여름과 겨울과의 3시로 나누어서 3백의 시로 바뀐다. 3시는 4개월로 나누어져 있으므로 천2백 개월씩이다. 날로 따져 보면 3만 6천 일, 봄의 1만2천 일과 여름의 1만2천 일과 겨울의 1만2천 일이 일생이다. 백 세를 사는 동안에 하루에 두 번씩 밥을 먹는다면, 7만2천 번 먹는 시간이 필요한 것이다. 봄·여름·겨울의 3시는 각각 2만4천 번씩이 되는 것이다. 그 중에는 어린아이 때, 젖을 먹고 밥을 먹지 않는 것, 일이나 바빠서 먹지 않는 것도, 혹은 질병, 혹은 화 때문에, 혹은 수행하는 동안, 빈곤으로 인해서 먹지 못했던 때도 포함되어 있는 것이다. 또한 백 세를 사는 동안에 잠을 자는 시간이 50년, 어린아이 시절이 10년, 병에 걸려서 10년, 자기 일이나 다른 일로 걱정하는 동안의 20년을 제하고 보면, 자기의 진실된 시간은 아주 적은 나머지 10년에 불과하다. 어리벙벙하게 보내는 인간의 일생은 정말로 짧은 것이 아닌가."

수행자修行者들은 부처님이 사람의 수명, 연월일, 음식 등에 대해서 설법하는 것을 듣고 아주 기뻐했다. 정말로 영험靈驗이 확실한 이야기였다.

<육도집경 제8>

오백 인의 익사

석존께서 제자들을 데리고 하라나국에 계실 때의 일이다.

5백의 어린아이들은 대단히 사이가 좋아서 언제나 함께 놀았고 마음이 똑같은 친구들이었다.

어느 날, 전과 똑같이 다함께 강가에서 놀고 있었는데 모래를 모으고 돌을 쌓아서 탑이나 집을 만들고 있었다. 이 어린아이들은 마음이 착했지만, 전생의 업이 이어지지 않았기 때문에 이 세상에서의 복은 야박했다. 정신없이 놀고 있는데, 갑자기 떼구름이 일더니 주먹만한 큰비가 억수같이 퍼부었다. 잠깐 사이에 강물이 불고 둑을 무너뜨려 물이 넘쳐서 눈 깜짝할 사이에 5백의 어린 아이들은 작은 돌처럼 떠내려가고 말았다.

많은 사람들이 놀라 소리치고, 부모들은 슬픔에 잠겨 한없이 울었다. 시체만이라도 찾으려 했으나 탁류가 무섭게 맴돌아서 손을 쓸 수가 없어 한 사람의 시체도 건져낼 수가 없었다.

이 일을 들은 부처님은 아들을 잃은 부모를 불러서 다음과 같이 말했다.

"아이들은 전생의 업이 이어지지 않아서 불쌍한 죽음을 당했지만 그들의 착한 마음의 보답은 결코 헛된 것이 아닐 것이다. 지금은 모두 천계에 태어나서 도심道心을 일으켜 보살이 되려고 덕을 쌓고 있다. 지금 아이들을 불러들여서 당신들에게 만나 주도록 하겠다."

부처님은 신통력으로 즉시 천계로부터 5백 명의 어린 아이들을 불러들였다. 하늘에서 나타난 5백 명은 꽃을 뿌려서 부처님께 공양하면서 내려와 엎드려 절을 했다.

부처님은 그들에게 다음과 같이 말했다.

"너희들은 모래를 모아서 불탑을 세워 진정한 마음으로 도를 구했던 공덕으로 하늘에 태어나서 시로구부처님의 가르침을 받을 수 있게 되었다. 지금부터는 게을리하지 말고 수행을 쌓도록 하는 것이 좋다."

"반드시 가르침을 지켜서 불도를 성취하겠습니다. 아버지, 어머니 그러하오니 절대로 걱정하지 마십시오. 우리들은 조용히 하늘로 되돌아가서 수행에 힘쓰지 않으면 안 됩니다."

어린아이들은 이렇게 말하고는 부처님께 예배하고 일제히 하늘로 사라져 갔다.

<생경 권4>

작은 것에 만족할 줄 알라

남인도에 불도에 들어가 출가를 한 한 사람의 수행자가 있었다. 작은 욕심으로 만족할 줄을 알고, 영화도 바라지 않으며, 차조기의 기름도 몸에 바르지 않으며, 온탕에 들어가는 일도 없으며, 또한 맛있는 음식도 먹지 않으며, 오로지 생사를 두려워해서 불도 수행만을 하는 것이었지만, 아무래도 그러한 상태였기 때문에 몸이 쇠약해질 따름이고 아주 기력을 잃어서 쉽사리 깨달음을 얻을 수가 없었다.

그래서 누군가 자기를 위해서 설법을 해 주어서 깨달음을 얻게 해 주는 사람은 없을까 하고 생각하고 있었는데, 그 당시 마즈라국에 우바기꾸타라고 하는 유명한 성자가 계시다는 말을 듣고 그곳으로 찾아가서 합장 예배를 하고는 다음과 같이 아뢰었다.

"성자여, 부처님은 이미 열반에 들어가서 이 세상에는 안 계십니다. 단지 의지가 되는 것은 성자뿐입니다. 아무쪼록 깨달음을 얻을 수 있도록 설법을 내려 주시기 바랍니다."

성자는 자비와 권위가 충만한 목소리로,

"좋다, 나의 가르침을 따르도록 하거라."

이렇게 말하면서, 다시 절에서 시주하는 여러 사람에게 명해서 여러 가지 음식을 준비시키고, 또 온탕도 끓이게 하고는, 다시 수행자를 향해서 말했다.

"온탕에 들어가거라."

이 말을 듣고 수행자는 명하는 대로 욕실에 들어가 보니 여러 가지 도구가 훌륭하게 갖추어져 있었고, 지금까지 발라 보지도 못했던 차조기의 기름을 몸에 바르고, 오랫동안 들어가 본 일이 없었던 온탕에 들어가 몹시 심신이 상쾌함을 느꼈다. 그랬더니 그 동안에 식사가 나왔다. 보기에도 군침이 흐를 정도의 산해진미였다.

이렇게 해서 그 수행자는 불과 며칠이 되지 않아 기력이 왕성해져서 성자로부터 여러 가지 설법을 듣고 비로소 진실한 불도를 수행할 수가 있었고 이윽고 아라한의 지위를 얻었다고 한다.

<아재왕경>

아내의 길

석존께서 사바티국에 계셨을 때의 일이다. 슈닷타라는 전 인도에서 첫째가는 큰 부자가 있었다. 그는 사랑하는 아들을 위하여 어느 귀족의 딸과 결혼을 시켰다. 그 귀족 딸의 이름은 교쿠야라고 하였으며, 그 용모의 아름다움은 이 세상에 둘도 없는 선녀 같은 미인이었다. 그런데 그녀는 자기의 미모를 자랑한 나머지, 교만하기 이를 데가 없었다. 며느리라는 입장도 아랑곳없이 시부모의 말도 안 듣고 아내로서의 본분도 지키지 않고, 남편을 섬기지도 않았다.

귀족이라는 가문과 미인이라는 두 가지 조건 때문에 교쿠야를 며느리로 삼은 슈닷타의 가족들은 교쿠야의 교만한 태도에 새삼 놀라고 있었다. 모처럼 며느리로 맞아들여서 한 가족이 된 교쿠야의 자만심을 그대로 놔두면 더욱 교만해져서 마침내는 걷잡을 수 없게 될 것이다. 어떻게든 교쿠야의 교만한 마음을 고쳐야겠다고 가족들은 모이면 의논을 하였지만, 시부모의 말도 안 듣는 교쿠야였으므로 다른 사람의 충고 따위는 쇠귀에 경 읽기였다.

그러므로 교쿠야를 며느리로 데려온 슈닷타의 집안은 큰 걱정거리가 하나 생겨서 어찌할 바를 모르고 있었다.

그러던 중 가족들은 당시 석존께서 기원 정사에 계시면서 설법을 하고 계신다는 사실을 알고 있었으므로, '석존이시라면 반드시 교쿠야를 교화시켜서 저 교만한 마음을 올바른 길로 인도해 주실 것이다.' 하는 생각이 들었다. 그래서 가족들은 서로 의논한 결과 석존께 부탁의 말씀을 올리기로 하였다. 즉시 공양드릴 물건을 마련하고, 석존을 자택으로 초대해 모시도록 하였다.

석존께서는 슈닷타의 청을 승낙하시어 여러 제자를 거느리고 슈닷타의 집으로 왕림하셨다. 슈닷타의 집에서 주인으로부터 하인에 이르기까지 모두 문 앞에 나와서 공손히 석존을 영접하였다. 그러나 교쿠야만은 홀로 자기 방에 있으면서 영접을 하려 하지 않았다.

그때 석존께서는 당신의 몸에서 자마금색紫磨金色의 대 광명을 발산하여서 교쿠야의 방을 비추시며, 삼십이상三十二相 팔십종호八十種好의 절묘하신 모습을 나타내시었다. 부처님이 비추시는 광명과 그 모습을 우러러본 교만한 교쿠야는 너무나도 거룩함에 자기도 모르게 방을 뛰쳐나와 석존 앞에 무릎을 꿇고, 공경하는 마음으로 예배를 올렸다.

교쿠야가 경배하는 모양을 보신 석존께서는,

"교쿠야, 마중을 나왔는가. 그대는 자기의 미모가 아름답다고 자랑하면 안 된다. 용모가 아름다운 것만으로는 참다운 미인이라고 할 수 없는 것이다. 마음이 올바르고, 다른 사람들로부터 사랑과 존경을 받는 사람이 참된 미인인 것이다. 얼굴이 예쁜 것만을 자랑으로 생각해서 방자한 행동을 일삼는다면 후생에서는 비천한 집에 태어나서 남의 종노릇을 하게 되는 것이므로 마음의 수양을 게을리하면 안 되는 것이다."
하고 설교를 하시면서 다시 말씀을 이으셨다.

"그대는 여성에게 삼장 십악三障十惡이라는 것이 있음을 알고 있는가?"

"부끄러운 일입니다만 전혀 모릅니다. 삼장 십악이라는 것은 무엇을 말하는 것입니까?"

교쿠야는 석존께 가르침을 빌었다.

"모른다면 이야기해 주겠다. 삼장이라는 것은, 하나는 여자는 어릴 적에 부모에게 가로막히고, 둘은 시집을 가면 남편에게 가로막히고, 셋은 늙어서는 자식에게 가로막히는 것을 말함이다. 또 십악이라는 것은, 하나는 여자아이가 태어나면 부모가 기뻐하지 않는다는 것, 둘은 여자는 부모가 공들여 양육한 보람이 없다는 것, 셋은 딸을 출가出嫁시키는데 부모는 무던히 걱정을 한다는 것, 넷은 부인은 항상 그 마음이 사람을 두려워하게 한다는 것, 다섯은 낳아 준 부모와 생이별을 한다는 것, 여섯은 나이가 차면 다른 집으로 시집을 가야 한다는 것, 일곱은 임신하지 않으면 안 된다는 것, 여덟은 아기를 분만分娩해야 한다는 것, 아홉은 항상 남편에게 마음을 써야 한다는 것, 열은 여자는 자유가 주어지지 않는다는 것, 이상 열 가지는 어떤 여자도 본래 가지고 있는 특성으로써 여자의 공통적 결함이라고도 할 수 있는데, 이해할 수 있겠는가?"

석존께서는 간곡히 설법하시었다. 석존의 말씀으로 비로소 여성의 삼장 십악이라는 것을 알게 된 교쿠야는 마음이 떨리는 두려움을 느끼며 석존께 다시 간청을 하였다.

"부처님, 부디 저에게 여성으로서 마땅히 가야 할 길을 가르쳐 주십시오."

석존께서는 교쿠야의 간청에 따라 다음과 같이 가르침을 내리시었다.

"부인이 행하여야 할 길이 다섯이 있다. 하나는 모부母婦, 둘은 신부臣婦, 셋은 매부妹夫, 넷은 노비부奴婢婦, 다섯은 부부夫婦인 것이다. 첫째의 모부라는 것은 남편을 사랑하기를 마치, 어머니가 갓난아기를 사랑하듯이 함이고, 둘째의 신부라는 것은 신하가 왕에게 충성을 하듯 남편을 섬기는 것이고, 셋째의 매부라는 것은 남편을 섬김이 오빠에게 대하듯 함이고, 넷째의 노비부라는 것은 남편에게 봉사하는 것이 노비가 주인을 섬기듯 함이고, 또 다섯째의 부부라는 것은 오랫동안 부모와 떨어져서 형태는 달라도 마음을 같이해서 남편을 존경하며, 결코 교만한 마음을 먹지 말고 집의 안팎 일을 보살피며, 손님을 접대하고 모든 일에 정진해서 지아비의 이름을 빛나게 하는 것을 부부의 길이라고 하는 것이다. 그대도 이것을 명심하여 남편을 섬김이 좋을 것이다. 그리고 부인이 시부모와 남편을 섬김에 오선 삼악五善三惡이 있다. 모름지기 오선을 따르고 삼악을 버려야 하느니라."

"고맙습니다. 그 오선이라는 것은 무엇을 말하는 것입니까?"

"오선이라 함은, 하나는 부인은 밤늦게 잠자리에 들며, 아침 일찍 일어나서 의복과 머리를 가다듬고 집안을 돌보며, 맛있는 음식은 우선 시부모와 남편에게 전함을 말하고, 둘은 가재도구를 잘 챙겨서 잃어버리는 일이 없도록 함을 말하고, 셋은 말을 조심하여 화를 내지 않도록 함을 말하고, 넷은 항상 자신을 반성하여 부족한 것을 두려워해야 함을 말하고, 다섯은 일편단심으로 시부모나 남편을 섬겨서 가명을 높이고, 친척들을 즐겁게 하고, 사람들로부터 칭송을 받도록 함을 부인의 오선이라고 하는 것이다. 이와 반대로 해도 저물기 전에 침실에 들어가서 잠을 자고, 해가 높이 떠도 일어나지 않고, 남편이 책망을 하면 오히려 이를 싫어하는 소행은 부도에 어긋난 나쁜 일이다. 또 맛있는 음식은 자기가 먼저 먹고, 맛없는 것은 시부모와 남편에게 주고, 남편 이외의 남자에게 마음을 두는 것도 나쁜 일이다. 그리고 경제생활을 염두에 두지 않고, 놀러 다니고 동시에 다른 사람의 장단점을 파고들고 비난하면서 입을 함부로 놀리고 늘 시비하기를 좋아하고, 마침내는 친족들에게 미움을 사고, 사람들로부터 보잘 것없는 못쓸 여자로 보이게 되는 것도 부도에 어긋난 일로써 이것들을 삼악이라고 말하는 것이다."

교쿠야는 지금까지의 자기 행실의 그릇됨을 뼈저리게 느껴 두렵기도 하고, 창피해서 얼굴을 붉히며, 그저 묵묵히 엎드려 있을 뿐이었다.

"교쿠야, 오선을 행하는 부인은 존경을 받으며, 세상의 명예를 지닐 뿐만 아니라, 일가 친척이 모두 그 영광을 나누어 갖게 되고 천신지신天神地神의 수호를 받아서 금생에서는 여러 가지 재화를 면할 수 있고, 내생에서는 하늘나라에 태어나서 칠보七寶로 꾸며진 훌륭한 궁전에서 하늘의 쾌락을 즐기게 되며 천상계天上界의 수명이 끝나서 다시 사람으로 태어날 때에는, 부귀한 왕족으로 태어나며, 그 용모가 단정하여, 세상 사람으로부터 공경을 받는 응보가 있는 것이다. 그러나 삼악을 행하는 부인은 늘 사람들의 증오에 대상이 되며, 현생에서는 편안감을 얻지 못하고 늘 악귀惡鬼와 여러 가지 재난으로 고통을 받고 악몽惡夢에 시달리거나 소

불교 설화

원이 있어도 하나도 이루어지지 않으며 많은 재액災厄이 그를 덮치게 되는 것이다. 그리고 이 세상의 생명이 다하면 악도惡道에 태어나서 한없는 고통을 받으며 항상 지옥·아귀餓鬼·축생畜生의 삼악도三惡道를 방황하는 악인 악과惡因惡果 : 악한 일에는 악한 대가가 오는 것이다. 교쿠야, 그대는 선량한 부인이 되기를 원하는가? 그렇지 않으면 악부惡婦가 돼서 삼악도의 고통을 받기를 원하는가?"

"부처님, 제발 저를 용서하여 주십시오. 저는 어리석은 탓으로 그와 같이 훌륭한 부도婦道가 있는 것을 몰랐습니다. 저는 시부모와 남편을 온순히 섬기지도 않았습니다. 지금 세존님의 가르치심에 의하여 오랜 동안의 마음의 어둠이 단번에 밝아졌습니다. 오늘날까지의 나쁜 마음을 지금부터 씻어 버리고, 세존님의 가르치심을 따라 시부모와 남편을 잘 섬기겠습니다. 저는 이 생명이 끝날 때까지, 결코 먼저와 같은 교만한 마음을 안 먹겠습니다. 부디 지금까지의 저의 죄를 용서하여 주십시오."

교쿠야는 눈물을 흘리면서 석존 앞에 참회했다.

"좋다, 좋다. 사람에겐 누구나 잘못이 있는 것이다. 자기의 죄과를 뉘우치고 올바른 길로 가는 사람이 가장 선량한 사람인 것이다. 그대는 앞으로는 근신謹身해서 부인의 귀감龜鑑이 되도록 하라. 잘 알았는가?"

마음의 어두움이 걷힌 교쿠야는 석존으로부터 십계十戒를 받들고 깨끗하고 열렬한 불교의 신자가 되어 평화스러운 가정을 이끌어 나갔다고 한다.

<옥야경>

깨달음의 길

석존께서 쿠시나가라의 사라쌍수 사이에서 제자들과 비를 피하고 계셨을 때의 일이다. 석존께서 제자들에게 말씀하시었다.

"하늘에 구름이 일어서 비가 오게 되면 시들은 나무와 들과 산이나 고원高原에는 빗물이 머물지 않고 논밭으로 흐르고 연못이나 개울은 물이 철철 넘친다. 부처님이 하시는 깨달음의 가르침도 이와 같아서 많은 사람을 구하는 비와 같다. 생명을 가진 모든 것의 마음의 논밭을 적셔 준다. 그러나 예외가 하나 있다. 그것은 신앙이 없는 일천리의 무리들이다. 그들이 부처님의 가르침의 법우法雨에 혜택을 받을 수 없는 것은 마치 시들은 나무와 돌산이 비의 덕택을 받지 못하는 것과 같다. 볶은 씨앗은 몇 백 년 동안 단비를 맞아도 싹이 나지 않을 것이다. 일천리의 무리들도 아무리 부처님의 가르침의 비를 뿌려 주어도 불심의 눈이 트지는 않는다. 그 까닭은 그들은 모든 일체의 선근善根의 뿌리를 뽑아 버린 불에 태운 씨앗과 같은 족속들이기 때문이다.

주옥珠玉을 뿌연 물에다 넣으면 구슬의 덕으로 인하여 물은 맑

아진다. 그러나, 진흙 속에 넣었다면 진흙이 맑아질 수는 없을 것이다. 이 '열반경'도 파계를 한 사람의 흐린 물에 넣어 두면 불심佛心을 불러일으킬 수가 있지만 일천리의 진흙 속에서는 영구히 보리심菩提心을 갖게 할 수는 없는 것이다. 선심善心이 없는 곳에 불심의 눈이 싹을 틔울 까닭이 없기 때문이다.

어느 곳에 약왕수라는 약나무가 있다고 하자. 이 나무는 약 중의 약으로 가장 훌륭한 효능을 가지고 있으므로 약왕이라고 한다. 이것을 우유에 섞어나, 꿀 혹은 물과 섞어서 사용하거나 또는 가루나 환약丸藥으로 해서 사용하거나 상처에 바르거나 눈에 넣거나 혹은 냄새만 맡아도 능히 만병을 고칠 수가 있다. 그러나, 이 약왕수는 다음과 같은 것은 생각하지 않는다. '생명이 있는 것들 중에서 만일 자기의 뿌리를 갖는 자는 잎을 가져서는 안 된다. 잎을 갖는 자가 뿌리를 가져서는 안 된다. 줄기를 갖는 자가 껍질을 가져서는 안 된다. 또 껍질을 갖는 자는 줄기를 가져서는 안 된다.'

약왕수는 이런 생각은 조금도 안하고 있지만 능히 만병을 고칠 수가 있는 것이다. 이 '열반경'도 사람들의 악행, 번뇌를 모두 제거할 수 있지만 일천리만은 어떻게 할 수가 없다. 그것은 마치 만병에 듣는 약왕수도 수명이 다한 사람을 죽음으로부터 살려낼 수는 없는 것과 같다.

손에 상처가 있는 사람이 독毒에 닿으면 독은 순식간에 온몸에 퍼질 것이다. 그러나 상처가 없는 사람은 그런 염려가 없다. 여기서 상처라 함은 깨달음의 인연을 가르치는 것이고, 독이라는 것은 묘약妙藥을 비유함이다. 전혀 상처가 없는 사람이라는 것은 일천리를 말함인데 상처가 없는 일천리에게는 독약도 그 작용을 미칠 여지가 없는 것이다.

　금강석은 무엇으로도 깨뜨릴 수가 없는 반면 무엇이든지 깨뜨릴 수가 있다. 그러나, 거북龜의 등껍데기와 백양白羊의 뿔은 예외이다. '대열반경' 도 이와 같다. 생명을 가진 많은 것들을 깨달음의 경지에 안주시킬 수 있지만 일천리의 무리들에게 보리심을 일으키는 것만은 불가능하다.

　매시풀이나 사라쌍수나 판양쥬의 가지나 줄기는 자르면 다시 가지와 줄기가 먼저와 같이 나오지만 산유화만은 일단 자르면 먼저와 같이 되지 않는다. 사람들도 마찬가지다. 계율을 깨거나 번뇌로 괴로워하는 일이 있어도 다시 보리의 인연을 되찾을 수가 있지만 일천리의 족속들은 '대열반경' 을 들을 수가 있어도 그것이 보리의 인연을 되찾을 동기動機가 되지 못한다.

　내리기 시작한 비는 공중에 머물러 있지는 않는다. 이 '대열반경' 도 같다. 모든 것을 윤택하게 할 수는 있어도 일천리에게만은 그 법우가 머물지 않는 것이다.

　일천리는 전신이 딱딱하게 되어 있어서 마치 금강석이 어느 것을 막론하고 자기 몸 안에 받아들이지 않는 것과 같다. 일천리의 무리가 때로는 아라한阿羅漢의 모습을 하고 '대승경전大乘經典' 을 비난할 때가 있다. 그것을 보고 범부는 진짜 아라한이다, 대보살이다 하고 존경하지만 이렇게 아라한의 모양을 한 일천리의 나쁜 수도자는 불법의 도장道場에 있으면서 불법을 깨뜨리는 족속이다. 그래서 불법의 덕을 보는 사람이 있으면 질투심을 가지고, '대승경전' 따위는 천마 하즙의 설이다, '부처를 위시하여 모든 것은 생멸 변화하는 것이다.' 라고 헐뜯으며 참된 불제자인 스님을 욕한다. 이러한 일천리들이 그 죄의 응보를 받는 것은 당연한 일로써 그들은 실로 재로 가린 불을 밟는 무리들이다.

연꽃은 햇볕을 쬐면 모두 한결같이 피어난다. 생명을 가진 모든 것도 이와 같은 것이다. '대열반경'의 일광日光을 보고 들을 수가 있으면 불심이 없었던 사람도 불심을 일으키게 된다. 그러므로 부처님은 이렇게 가르치신다. '대열반의 빛이 털구멍으로 들어갈진대 반드시 묘인妙因이 된다.'

저들 일천리에게도 선천적인 불성佛性은 있지만 그것은 한없이 많은 죄에 덮여서 그곳에서 빠져 나올 수가 없다. 마치 누에가 고치 안에 있는 것과 같다. 이러한 나쁜 인연으로 인하여 보리의 길은 영원히 막혀서 생사의 바다를 정처없이 떠돌아다니고 있는 것이다.

파랑·노랑·빨강·흰 연꽃이 흙탕물 속에 있으면서도 그 흙탕물에 물들지 않는 것과 같이 '대열반경'을 공부하고, 사람은 번뇌가 있어도 그 번뇌 때문에 마음을 더럽히지는 않는 것이다. 그 까닭은 '대열반경'을 수행하는 정도의 사람이라면 부처님의 일에 대하여 깊이 아는 힘을 가지고 있기 때문이다. 가령 청량淸凉한 바람이 부는 나라의 사람은 그 바람이 털구멍에 닿으면 모든 번뇌가 사라지듯 '대승대열반경'도 그러하다. 생명을 갖는 모든 것의 털구멍으로 들어가서 깨달음을 위한 미묘한 인연이 되는 것이다. 그러나 일천리는 여기서 제외된다. 그것은 법기法器 : 수행할 수 있는 소질이나 근성이 있는 사람가 아닌 까닭이다.

또 명의名醫는 묘약을 가지고 앞못보는 사람을 치료해서 모든 것을 볼 수 있게 하지만 선천적인 장님은 어떻게 할 수가 없다. 그와 마찬가지로 대승대열반경도 사람이 지혜의 눈을 뜨게 해서 깨달음의 경지로 인도할 수 있지만 선천적으로 장님인 일천리만은 어떻게 할 도리가 없다.

　명의는 모든 병을 고치는 능력을 가지고 있다. 여러 가지 약방문藥房文으로 병에 따라서 적당한 약을 준다. '대승대열반경'도 그와 같이 사람들의 무한한 번뇌의 병을 없애서 모두 불심을 갖게 한다. 그러나 일천리만은 예외이다.

　지옥에 떨어져서 여러 가지 고문과 고통을 받는 꿈을 꾼 사람이 불현듯 뉘우치며, '아! 나는 참으로 나쁜 사람이었다. 이 괴로움도 필경 내가 자초自招: 스스로 불러들인한 것이다. 만약 이 죄와 벌을 면할 수가 있다면 그때에는 반드시 불심을 먹어야겠다.' 꿈이 깨면 이 사람은 올바른 가르침의 응보를 받을 수가 있다.

　또 갓난아기는 성장함에 따라서 효도하는 마음이 생기는 것이다. 철이 나게 되면 과거의 기억을 더듬으며 자기와 어머니가 신세를 진 의사의 일을 생각해서, '그 의사는 명의였고 친절해서 환자를 잘 돌보아 주었다. 내가 어머니의 뱃속에 있었을 때에는 어머니에게 약을 주었고 어머니는 그 약 때문에 건강할 수가 있었다. 그리고 나도 그 덕을 보았다. 어머니는 나를 돌보시며 키워주셨다. 바다보다 깊고 산보다 높은 그 은혜를 갚기 위하여 어머니를 잘 모시고 자식 된 도리를 다해야겠다.'

　이렇게 생각하게 된다. 아무리 무거운 죄를 범한 사람도 임종 시에 '대승대열반경'을 염하면 설사 지옥에 떨어지더라도 그를 위하여 보리의 인연이 될 것이다. 그러나 일천리만은 예외이다.

　그리고 명의의 지식은 매우 넓고 깊으므로 독을 제거하는 묘법을 터득하고 있다. 그래서 독사나, 살무사, 용 같은 것에 묘법을 써서 좋은 약이 될 수 있게 한다.

　이 약을 몸에 바르고 독충을 건드리면 그 벌레의 독은 순식간에 없어져 버린다. 그러나 대용大龍이라는 독만은 제거할 수가 없다. '대승대열반경'도 이와 같다. 사람들의 여러 가지 죄의 병독病毒을 없애서 깨달음의 경지에 안주시키는 신약神藥이기는 하지만 일천리라는 대용만은 어떻게 할 수가 없는 것이다. 어떤 사람이 새로 만든 독약을 북에다 바르고 북을 치니까 그 소리를 들은 사람들은 별로 귀담아 들으려고 하지 않았는데도 모두 즉사하고 말았다. 그러나 다만 불사신不死身인 자만은 아무렇지도 않았다. '대승대열반경'도 마찬가지이다. '열반경'을 듣는 자는 때와 곳을 막론하고 번뇌가 사라진다. 그러나 불사신인 일천리만은 예외인 것이다.

귀머거리는 소리를 들을 수가 없는데 일천리도 이와 같다. '대열반경'을 들으려고 해도 들을 수가 없다. 그것은 인연이 없기 때문이다. 또 바다를 항해하는 배는 바다를 왕복하면서 이쪽에서 저쪽으로 저쪽에서 이쪽으로 사람을 운반한다. 부처님도 이와 같다. 대승대열반이라는 보선寶船에 타고 계시면서 항상 사람들을 깨달음의 경지로 건네 주려고 한다. 그래서 생사의 바다를 건너고자 하는 사람이 있으면 그들에게 부처님의 모습을 볼 수 있게 한다. 이런 의미에서 부처님을 무상선사無上船師라고도 하는 것이다. 배가 있으면 뱃사공이 있다. 뱃사공이 있으면 배는 자유롭게 대해를 건너갈 수가 있다. 부처님이라는 훌륭한 뱃사공은 생사의 거칠은 바다를 대 열반이라는 보선으로 어두운 세계에서 헤매고 있는 사람들을 깨달음의 세계로 운반하고 있는 것이다.

항해를 함에 있어서 순풍順風을 만나면 배는 대단히 빠른 속력을 내서 목적지로 갈 수가 있지만 그와 반대로 바람을 거슬려 올라가는 경우에는 몇 년이 걸려도 배는 제자리걸음을 하게 되고 때에 따라서는 파선破船이 되어 타고 있던 사람들은 모두 물에 빠져 죽는 일도 있다.

사람도 생사의 바다에서 수도하는 배가 대 열반이라는 순풍을 만날 수 있으면 빠른 시일 안에 깨달음의 항구港口에 도달할 수 있지만 그렇지 못한 경우에는 낳아서는 죽고, 죽고는 다시 태어나면서 생사의 바다를 방황彷徨하고 있는 중에 때로는 배가 난파難破하여 지옥·아귀·축생의 삼악도에 가라앉고 마는 것이다.

만약 항해 중에 폭풍우를 만나서 배가 표류漂流하게 되면, '우리들은 이제 죽는구나.' 하고 비관을 하는데 갑자기 순풍을 만나서 바람이 자고 바다가 잔잔하여지면, '아! 이제는 살았다. 참 시원한 바람이다. 이렇게 기분이 좋을 수가 있나!' 하고 기뻐할 것이다.

세상에 '삶'을 가지고 있는 모든 것들은 오랫동안 어둡고 괴로운 생사의 바다를 헤매고 있으므로 지칠 대로 지쳐서 그 고통은 극도에 달하고 있고 아직도 대 열반의 순풍을 못 만나서 이제는 별 수 없이 지옥·아귀·축생계에 빠질 것이라고 비탄의 눈물에 젖어 있을 때 돌연 '대승열반경'의 가르침을 듣게 되면 비로소 깨달음의 경지를 얻게 되어 절망적絶望的이라고 생각했던 비관은 백팔십 도로 전환해서, '아! 유쾌하다. 나는 이제껏 이렇게 여래가 될 가능성을 가진 마음을 보지도 못하였고 듣지도 못하였다.' 이리하여 '대열반경'에 대한 깨끗하고 두터운 신앙심을 갖게 되는 것이다.

뱀이 묵은 껍질을 벗는 것은 뱀의 죽음이 아닌 것같이 부처님도 마찬가지로써 일시적인 방편으로 사바 세계에서 그 몸을 버리는 일은 있어도 그것은 뱀이 묵은 껍질을 버리는 것과 같으므로 부처님의 죽음이 아니라 부처님은 영원한 존재인 것이다.

또 금은공金銀工은 순금을 마음대로 가공하여 여러 가지 장식품을 만든다. 부처님도 마찬가지다. 사람들을 생사에서 구원하기 위하여 여러 가지 형상의 육체로 변신한다. 그러므로 부처님을 무변신無邊身이라고도 하는 것이다. 형상과 모습은 여러 가지로 변하여도 부처님의 본체本體는 불변이다. 가공물의 형태가 아무리 달라도 본질은 어디까지나 순금인 것과 같다.

망고와 앰브나무는 일 년에 세 번 변화한다. 처음에는 아름다운 꽃이 피었다가 다음에는 푸른 잎이 무성하고 나중에는 낙엽이 져서 나무가 시들은 것 같은 상태가 된다. 부처님도 이 세상에서 세 가지 현상을 보여 준다. 탄생과 성인成人과 열반이 그것이다. 그러나 열반은 부처님이 죽으심이 아니다. 떨어진 나무의 잎이 나무가 말라 죽은 것을 의미하는 것이 아닌 것과 같다.

부처님의 말씀은 그 내용이 풍부하고 의미심장意味深長하므로 이해하기가 매우 어렵다. 그것은 대왕이 신하를 보고, '센다바소금·그릇·물·말의 네 가지 뜻을 가진 말를 가지고 오너라.' 하고 명령하는 것과 같은 것이다.

센다바라는 하나의 명칭名稱에는 네 가지 물건이 포함되어 있다. 첫째는 소금, 둘째 그릇, 셋째 물, 넷째는 말을 뜻한다. 이렇게 네 가지 물건의 뜻을 가지고 있는 말이므로 지혜가 있는 신하는 경우에 따라서 대왕의 명령을 분별한다. 즉 대왕이 목욕을 할 때 센다바라고 하면 불을 가지고 가고 식사 때에는 소금을 올리고 식사 후 마실 것을 찾을 때에는 그릇을 가지고, 외출하는 경우라면 말을 준비하는 것이다. 이와 같이 재치 있는 신하는 대왕의 말을 능히 이해한다. '대승열반경'도 또한 이와 같다.

사무상四無常이라는 것이 있다. 지혜 있는 자만이 이것을 이해할 수가 있다. 그래서 부처님이 '여래는 입적한다' 하고 말씀하시면 지혜로운 사람은 '이것은 부처님이 상주常住라는 것에 사로잡혀 있는 사람을 위하여 무상의 여러 면을 풀이하시는 것이다.'라고 직감直感한다. 또 부처님이 '석가의 가르침을 멸하고 정법正法 또한 망한다.' 하고 말씀하시면 지혜 있는 사람은 '이것은 석존께서 환락에 집착하는 자를 위하여 고뇌에 대한 것을 풀이하시는 것이다.' 라고 직감한다. 그리고 부처님이 '나 지금 병을 앓고 있다.' 하고 말씀하시면 지혜 있는 사람은 '이것은 부처님이 아집我執에 사로잡혀 있는 자를 위하여 무아無我의 형상을 풀이하시는 것이다.' 라고 직감한다. 혹은 또 소위 '공空이란 곧 깨달음이다.' 하고 설법하시면 지혜 있는 사람은 '이것은 부처님이 실체實體에 사로잡혀 있는 자를 위하여 공의 사상을 풀이하시는 것이다.' 라고 직감한다. 이같이 부처님의 말을 옳게 해득하는 자는 지혜 있는 사람이며 범부가 아니다.

또 우유를 팔아서 생활을 하고 있는 소를 치는 여자는 이익을 더 올리기 위하여 이 할二割의 물을 타서 도매하는 여자에게 판다. 이 여자는 다시 이 할의 물을 섞어서 중간 도매를 하는 여자에게 판다. 이 여자는 또 이 할의 물을 타서 소매하는 여자에게 판다. 이 소매하는 여자는 손님에게 팔 때 다시 이 할의 물을 섞어서 소매한다. 그때 어떤 사람이 손님을 대접하기 위하여 품질이 좋은 우유를 사려고 소매하는 여자에게 갔다. 그런데 그녀는 부당不當한 값을 요구하였으므로,

"이 우유는 묽어서 좋지 않다. 그러나 손님이 갑자기 왔으니 할 수 없이 살 수밖에 없다."

우유보다는 물이 더 많이 섞여 있는 이 우유도 다른 것에 비하면 천 배나 더 훌륭한 음식이다.

우유의 맛은 모든 음식 중에서 가장 좋기 때문이다. 부처님이 열반한 후에 '대승경전'이 사바 세계에서 보급될 때가 있다. 그때 옳지 못한 중들은 그럴 듯한 말을 붙여서 경전을 해설한다.

실제로는 아무 내용도 없는 말이므로 물과 같은 것이다. 그렇지만 그들 옳지 못한 중들에 의하여 선전되는 경전은 원래가 훌륭한 '대승경'이므로 다른 경전보다는 천 배나 나은 것이다.

또 여자란 모두 남자에게 강렬한 집착을 가지고 있다. 본래 여자는 모든 죄악의 근본인 것이다. 여자의 욕망을 만족시키기란 모기의 눈물로 대지를 적시는 것보다는 어려운 일이다.

이 땅덩어리를 움직일 수 있는 남자라도 한 여자의 욕망을 만족시킨다는 것은 불가능하다. 세상의 남자가 모두 모여도 한 여자의 욕망을 채울 수는 없다. 그것은 모든 빗물과 하천의 물이 바다로 흘러가는 대해가 넘치지 않는 것과 같다. 여자가 남자에게서 만족을 못 얻는 것은 백화百花가 만발滿發한 꽃밭에서 꿀벌들이 꿀을 빨고 또 빨아도 아직 부족한 것과도 같은 것이다. 그런 까닭에 여자는 만사를 제쳐놓고 기회를 만들어서 이 '대승대열반경'을 들을 필요가 있다.

그리고 여자는 욕망을 버리고 남자같이 되어야 한다. 이 대승경전은 불성이라는 대장부大丈夫를 풀이하는 가르침이므로 이 불성에 눈뜬 사람은 여자라 하더라도 남자인 것이다.

이와 반대로 불성에 맹목盲目인 자는 남자라도 그는 여자인 것이다.

그리고 부처·보살·연각·성문은 그 모습만으로 따로따로이지만 그 본성은 틀리는 것이 없다.

  그것을 세상 사람들은 성性도 모습도 모두 다른 것이라고 생각하는데 이것은 잘못이다. 가령 여기 한 사람의 장자長者가 있다고 하자. 이 장자는 여러 마리의 젖소를 사육하고 있는데 젖소의 털에 색깔은 모두가 제각기 다르다. 그런데 제사를 지내게 되어서 하인은 모든 젖소에서 젖을 짜 가지고 그릇에 담아서 주인에게 가지고 왔다. 그 젖의 빛깔은 제각기 털의 색깔이 다른 젖소에서 짠 것임에도 불구하고 한결같이 백색이었다. 하인은 이상하게 생각하였다.

  "소의 색깔은 다른데 어째서 젖의 빛깔은 같을까?"

  이와 마찬가지로 성문이라든가 연각이라든가 보살이라고 하는 이들이 동일불성同一佛性이라는 점에는 하등 다를 바가 없는 것이다. 그럼에도 그 모습이 다른 것은 번뇌가 두터운가 얇은가에 의한 것이다.

  또 어린 아기는 십육 개월十六個月이 되면 더듬거리며 시작한다. 그러나 무슨 말을 하는지 알 수가 없다. 그러면 부모는 말을 가르치려고 자신들도 아기의 흉내를 내서 더듬거리며 말을 맞춰 준다. 그러나 그렇다고 이 부모가 올바른 말을 모르는 것은 아니다. 부처님도 마찬가지다. 사람의 종류에 따라서 여러 가지 방법으로 설법을 하시고 모습도 바꾸신다. 그러나 그것은 아기에게 가르치는 부모의 말더듬과 같은 뜻을 가진 것이며 이는 모두 사람들을 교화하는 수단에 불과한 것이다.

<열반경 제9>

불교 설화

사랑하면 번민이 생긴다

석존께서 기원 정사에 계셨을 때의 일이다. 한 아이를 지나치게 사랑하며 애지중지 기르고 있는 한 사람의 바라문이 있었다.

그런데 그 아이가 우연히 병이 나더니 미처 손을 쓸 사이도 없이 죽고 말았다. 바라문의 슬픔은 보기에도 매우 딱할 정도여서 음식도 전폐하고 옷도 제대로 입지 않고 미친 사람 모양으로 매일 어린아이의 무덤에 가서 울고만 있었다. 어느 날 바라문은 힘없는 발걸음으로 석존에게 왔다.

그래도 일단 예의바르게 절을 하고 마주앉았다.

석존은 바라문이 슬픔에 잠겨 있는 모습을 보시더니,

"바라문, 그대의 몸과 마음은 편안한가?"

하고 물으셨다. 바라문은 무엇에 들떠 있는 듯한 표정으로 석존에게 애걸하듯이,

"저는 요즘 정신이 멍하여 자기 자신이 어떻게 된 셈인지를 모르겠습니다. 나보다도 더 아끼고 사랑했던 자식을 잃어서 저의

마음은 비통에 젖어 있습니다. 음식도 넘어가지를 않습니다. 옷이나 향료香料나 그 밖에 아무것도 싫어졌습니다. 그저 매일 아이의 무덤에서 울고 지낼 뿐입니다."

하고 말하면서 또 눈물을 흘리는 것이었다.

"그럴 것이다. 당연한 일이다. 그대가 슬퍼하는 것을 그르다고는 생각하지 않는다. 그 슬픔은 그대가 그 아이한테 사랑을 느꼈을 때부터 당연히 받게끔 약속되어 있던 것이었으니까. 사랑이 생기면 동시에 걱정·슬픔·괴로움·번민煩悶 그 밖에 많은 고뇌苦惱가 생기는 것이다."

바라문은 석존의 말을 채 알아듣지 못하고 의아한 얼굴로 말하는 것이었다.

"석존님, 사랑이 생기면 동시에 걱정·슬픔·괴로움·번민 그 밖에 많은 고뇌가 생긴다는 말씀입니까? 사랑이 생기면 동시에 기쁨과 즐거움이 생기는 것이 아닙니까?"

"바라문, 그것은 그렇지 않다. 내가 말하는 것은 동시에 슬픔이 생긴다는 것이다."

바라문은 그래도 이해가 안 가서 또다시 물었으나 석존의 말씀에는 변함이 없었다.

그래서 바라문은 이렇게 생각했다.

'석존은 사랑이란 슬픔을 동반한다고 하시지만 그것은 틀린 말이다. 사랑한다는 것은 기쁨과 즐거움인 것이다.'

그는 석존의 말씀에 불만을 품으며 고개를 흔들면서 석존 곁을 떠나갔다. 돌아오는 도중 기원정사의 문 앞에서 마을 사람들이 여럿이서 도박을 하고 있는 것을 본 바라문은,

'노름꾼들만큼 세상 물정物情에 밝은 사람도 없지 않은가. 저

사람들과 의논을 해보자. 부처님이 말씀하신 것을 저 사람들에게 물어 보자.'

이렇게 생각하고 노름판으로 가서 석존의 말씀을 옮기면서 얘기를 했다.

"바라문, 그럴 리가 있습니까? 사랑을 하면 기쁨과 즐거움이 동시에 생기게 마련입니다요."

노름꾼들이 입을 모아 이렇게 말하는 것을 들은 바라문은 그러면 그렇지 하고 그것이 진실인 줄로 생각하였다.

그래서 그는 노름꾼들에게,

"덕분에 잘 알았습니다. 대단히 감사합니다."

하며 고마운 뜻을 말하고 그곳을 떠났다.

이 일이 입에서 입으로 자꾸 퍼져서 왕실에까지 들어가게 되어 고오사라국 왕 하시노쿠의 귀에도 들리게 되었다. 왕은 석존이 '사랑이 생기면 동시에 걱정·슬픔·괴로움·번민 그 밖에 많은 고뇌가 생긴다' 고 설교하셨다 하므로 마쯔리 왕비를 보고,

"부처님은 사랑은 슬픔을 가져온다고 말씀하셨는데 왕비는 어찌 생각하오?"

왕비는 왕의 말을 들더니,

"저도 그렇게 생각합니다. 부처님의 말씀은 진리라고 생각합니다."

하고 말씀드렸다.

"왕후, 그대는 스승의 말이라고 무조건 받아들이는 것이겠지. 그대는 부처님의 제자니까 제자로서 스승의 말을 옳다고 하는 것은 오히려 당연하다."

"전하, 그렇게 의심이 되시면 사람을 보내서 부처님께 여쭈어

보심이 어떠십니까?"

왕은 곧 바라문의 나리오카를 부르신 다음,

"너는 부처님께 가서 내 대신 문안 인사를 올려라. 부처님을 뵈옵거든 성체 건승하시냐고 공손히 인사를 한 다음에 듣자옵기에 부처님께서 '사랑이 생기면 동시에 걱정·슬픔·괴로움·번민 그 밖에 많은 고뇌가 생긴다.'고 말씀하셨다 하옵는데 진실로 그러하옵니까? 하고 여쭈어 보고 부처님이 설법하시는 것을 하나하나 그대로 암송暗誦해 오너라. 부처님의 말씀은 한 마디 한 구절도 틀림이 없는 것이니 한 마디도 빼놓지 말고 잘 듣고 와야 한다."

왕의 자세한 분부를 받은 나리오카는 석존을 찾아 뵙고 하시노쿠 왕의 말을 전하였다.

석존은 바라문의 말을 들으시고 다음과 같이 말씀하시였다.

"나리오카, 내가 지금 너에게 묻노니, 생각하는 대로 대답해 보아라. 이런 경우에 너는 어떻게 생각하겠는가? 가령 여기 한 사람이 있는데 그 사람의 어머니가 사망했다. 그는 너무나 큰 슬픔에 마침내 미쳐 버려서 옷을 벗은 알몸으로 큰길을 뛰어다니면서, '여러분, 저의 어머니를 보지 못했습니까?' 하고 온종일 떠들어댔다고 하자. 나리오카, 이것은 사랑에서 생긴 걱정·슬픔·그리고 괴로움, 번민, 고뇌가 아니겠는가? 또 어떤 부인이 자식을 잃고 낙심한 나머지 미쳐서 머리는 산발하고 거지꼴로 큰길을 뛰어다니며 '내 자식을 돌려달라, 내 자식을 돌려달라.' 고 외쳤다고 하자. 이것도 사랑하는 까닭에 생긴 번뇌煩惱가 아니겠는가? 나리오카, 옛날에 한 부인이 있었는데 남편 곁을 떠나서 잠시 친정親庭집에 가 있었다. 그녀의 친척들은 그녀를 이혼시켜서 다른 집으로 재가再嫁시키려고 했다. 이것을 안 그 부인은 놀라서 남편에게 달려가서 사정을 털어놓고, '여보, 저의 친척들은 무정하게도 당신과 나를 갈라 놓고 저를 딴 곳으로 시집을 보내려고 하고 있어요. 제발 저를 놓지 말고 도와주세요.' 하며 울었다. 남편은 놀라움과 슬픔에 미쳐 버린 듯 아내의 손을 잡고 안방에 들어가서, '이젠 다른 도리가 없다. 우리는 저승에 가서 다시 만나 살기로 하고 이 괴로움에서 구원을 받읍시다.' 하더니 칼을 들고 사랑하는 아내를 찔러 죽이고 자신도 자살하고 말았다. 나리오카, 이 이야기는 사랑하는 까닭에 걱정·슬픔·괴로움·번민 그 밖에 많은 고뇌가 생긴다는 사실을 여실히 증명하지 않는가?"

석존의 설법은 끝났다. 나리오카는 석존의 말씀을 그대로 외우며 왕에게로 돌아와서,

"임금님, 부처님께서는 정말 사랑이 생기면 동시에 걱정·슬픔·괴로움·번민 그 밖에 많은 고뇌가 생긴다고 말씀하셨습니다."
하고 석존의 말씀을 하나도 빼놓지 않고 자세히 왕에게 전하였다. 그래서 왕은 마쯔리 왕비에게,

"부처님도 확실히 그렇게 말씀하셨다 하오."
하고 말했다. 그래서 왕비는,

"전하께선 아직도 부처님의 말씀을 잘 이해하시지 못하시는 모양입니다만 제가 여쭈어 보는 말에 대답해 주시기 바랍니다. 임금께서는 히루라 대장을 사랑하십니까?"

"나는 그를 둘도 없는 충신으로 사랑하고 있다."

"만약 히루라 대장에게 만일에 무슨 변이 생긴다면 임금님께선 어떻게 하시겠습니까?"

"그에게 무슨 일이 생긴다면 나는 서러움과 비통悲痛에 젖어 대단한 괴로움을 받을 것이다."

"전하께서는 시리아 대신을 사랑하십니까? 또 훈다라리코리를 사랑하십니까? 또 바이리 처녀를 사랑하십니까? 우리치가 부인을 사랑하십니까? 또는 카아시국과 고오사라국을 사랑하십니까."

"나는 그 모든 것을 전부 사랑하고 있음을 왕비도 잘 알고 있지 않는가?"

"전하, 만약 이 사람들에게 만일의 변이 생기는 경우에는 어떻게 하시겠습니까? 특히 사랑하는 카아시국과 고오사라국에 이변異變이 일어났다고 하면 임금님은 어찌하시겠습니까? 만일 이 나라에 이변이 생긴다면 나의 한 몸 나의 오욕五慾 : 사람의 다섯 가지 욕심 즉, 색·욕·성욕·향욕·미욕·촉욕의 즐거움은 모두가 이 두 나라를 소유함으로써 얻어지는 것인 만큼 나의 슬픔과 한탄恨歎, 괴로움과 고뇌는 이루 말할 수가 없을 것입니다. 그뿐이겠습니까, 나의 생명은 끝장이 난 것입니다."

"전하, 사랑이 있는 곳에 반드시 걱정과 슬픔과 괴로움이 있고 반드시 번민과 고뇌가 뒤따르지 않습니까? 전하께서는 저를 어떻게 생각하고 계십니까?"

"나는 그대를 진심으로 사랑하고 있다."

"만약 저에게 무슨 변이 생긴다면 어찌하시겠습니까?"

"마쯔리, 그대에게 변이 생긴다면 그런 말을 듣는 것조차 소름 끼치는 일이다. 만일 그런 경우가 생긴다면 나는 그야말로 슬픔과 한탄에 빠져 괴로움과 외로움의 화신化身이 되어 내가 죽는 것 이상으로 울고불고할 것이다."

"전하, 부처님께서 사랑이 생기는 곳에 걱정·슬픔·괴로움·번민 그 밖에 많은 고뇌가 동시에 생긴다고 하신 말씀을 이런 일들을 통해 이해하실 수가 있지 않겠습니까? 부처님의 말씀은 진실된 것이며 조금도 그릇됨이 없습니다."

하시노쿠 왕은 마쯔리 왕비의 말에 의하여 비로소 부처님의 진실한 깨달음을 알게 되어 마음으로부터 부처님을 믿게 되었다.

"왕후, 나는 오늘부터 부처님의 제자가 되겠소. 그리고 부처님과 법과 승려들에게 귀의해서 종신토록 그 신앙은 변치 않을 것이오. 부처님께 나를 잘 인도해 주시도록 부탁을 해 주기 바라오."

이렇게 해서 하시노쿠 왕은 마쯔리 왕비의 도움을 받아서 석존의 제자가 되었다.

<증아함경 제60>

젊은 혈기

석존께서 기원 정사에 계시면서 여러 제자들을 모아놓으시고 설법을 하고 계셨을 때의 일이다. 그 나라의 남쪽에 깊은 산이 있었는데 그곳에는 수많은 코끼리들이 있었다.

코끼리는 흰놈·파란놈·검은놈의 세 가지 종류가 있었다.

국왕은 크고 늠름한 코끼리가 탐이 나면 이 산 속의 코끼리를 잡아 조련사調練師로 하여금 3년 동안 길을 들여서 타고 다니기도 하고 싸움도 시키고는 하였다.

그 무렵 산 속에 한 마리의 코끼리가 살고 있었다. 그 몸은 백설같이 희고 꼬리는 주홍색으로 붉었으며 두 개의 상아는 금빛으로 빛나고 있었다. 사냥꾼이 이 코끼리를 보고 곧 국왕에게 보고를 했다.

국왕은 크게 기뻐하며 즉시 사냥꾼 30명을 풀어 이 흰 코끼리를 잡아 오도록 명령하였다. 그들은 코끼리가 있는 곳에 그물을 쳐놓고 대기하고 있었는데 코끼리는 이미 그들의 속셈을 알아차리고 스스로 그물 속으로 들어갔다. 사냥꾼들은 옳다 됐다고 함성을 지르며 코끼리를 잡으려고 덤벼들었다. 코끼리는 노발대발하여 성을 내면서 무서운 힘으로 그들 사냥꾼들을 발로 차 내던졌다.

코끼리에게 가까이 간 사냥꾼은 그 자리에서 죽어 버렸고 조금 떨어진 곳에 있던 사람은 재빨리 도망을 쳤다. 코끼리는 달아나는 그들을 한없이 뒤쫓아가는 것이었다.

한편 이 산 중에 젊고 혈기왕성한 구도자求道者들이 있었는데 힘이 장사이고 용기는 하늘을 찌르는 듯 사뭇 용감한 젊은이들이었다. 오랫동안 산 속에서 수도를 하고 있었지만 아직 깨달음을 터득하지는 못하고 있었다. 그런데 코끼리가 미친 듯이 날뛰며 많은 사람들을 살상殺傷하는 것을 보고 참혹함에 몸을 떨며 의연히 일어서서 그들을 구제해 주려고 코끼리를 잡으려고 하였다. 이때 석존께서는 저 멀리서 이 혈기에 찬 수도자들이 자칫 코끼리에게 죽음을 당할 것을 측은히 여기시어 곧장 큰 광명의 빛을 내서서 코끼리를 비추시었다. 코끼리는 석존의 자비의 빛을 받자 그대로 화가 풀리고 온순해져서 다시는 그들을 쫓으려고 하지 않았다. 수도자들은 석존이 나타나심을 보고 공손히 땅에 엎드려 경배하였다.

석존께서는 이들 수도자들에게 다음과 같이 설법하시었다.

"함부로 코끼리를 조롱하지 말지어다. 그대들 고통의 재난을 가져옴에 악의를 품는 자는 스스로 죽음을 당하는 것이니 어찌 착하고 옳은 일을 할 수 있으랴."

수도자들은 석존의 이와 같은 가르치심을 듣고 스스로 자신의 죄과를 뉘우쳤다고 한다.

<법구비유경 제4>

토끼의 구도

석존께서 사위국의 기원 정사에 계시면서, 많은 사람들을 모아놓고 설법하고 계실 때의 일이다.

많은 토끼를 거느린 한 마리의 토끼 왕이 틀어박혀, 배가 고프면 나무나 풀의 열매를 따 먹고, 목이 마르면 샘물을 마시면서 부드러운 마음과 자비의 행업을 닦아, 빨리 짐승의 몸을 버리고 사람으로 태어나서 도를 배우기를 원하고 있었다. 일족의 토끼들도 이 토끼 왕의 가르침에 따르고 명령하는 대로 복종하였다.

이때에, 한 신선이 이 산 중에 들어와 나무나 풀의 열매를 따 먹고, 샘의 물을 길어다 마시면서 홀로 수행에 정진하고 있었다. 그 경 읽는 소리는 고상한 음률 같아, 듣고 즐거워하지 않는 사람이 없었다. 토끼 왕은 본디부터 원하던 터인지라, 신선에게 가까이 가서 경을 듣고 가르침을 받고자, 동료들을 격려하여 먹을 것을 구하고, 마실 물을 바쳐 신선을 섬기기를 게을리하지 아니하였다.

이렇게 날이 가고 달이 지나 이윽고 그 해 겨울이 되었다.

산 중의 추위는 유달리 심했으므로 신선은 마을로 내려가겠다고 하였다. 토끼 왕은 부모와 이별하고 스승과 떨어지는 것 같아서 슬퍼하면서 산 중에 남아 있어 주기를 간청하였다. 그러나 신선은 그에게 말하였다.

　"나에게도 몸이 있다. 이 몸도 수행을 위해서는 될 수 있는 대로 소중히 해야 한다. 이제 겨울이 되어 산 중의 추위는 대단하다. 게다가 나무나 풀의 열매도 다 떨어져 이제는 먹을 것을 얻을 방법이 없고, 물은 얼어붙어서 목을 축일 수도 없다. 바위굴에서도 이 추위를 참고 머물러 있을 수가 없다. 나도 겨울 동안만은 산을 내려가 사람의 집에서 살면서, 동냥을 하여 이 몸을 지키려고 생각한다. 겨울이 지나면 틀림없이 다시 이 산으로 들어와서 너희들과 함께 도를 닦기로 하겠다. 그렇게 너무 아쉬워하지 말고 그때를 기다려라."

　토끼 왕은 신선의 달래는 소리도 귀에는 들리지 아니하였다. 그저 가슴이 메이고 차마 이별할 수가 없었다.

　"신선님, 우리들은 힘을 다하여 나무나 풀의 열매를 구하여다가 식량에 궁색하게 해 드리지는 않겠습니다. 제발 한 번 더 다시 생각하시어 불쌍한 저희들을 위하여 머물러 주십시오. 만일, 당신께서 우리들을 버리고 가신다면 저는 몸을 버리어 공양으로 바치겠습니다."

　말을 정성껏 하고 정을 다하여 간청하므로 신선도 그의 마음을 가엾게 여겨, 더 이상 거절할 수가 없어 잠시 동안은 잠자코 있을 수밖에 없었다.

　토끼 왕은 아무리 간청을 하여도 신선은 그저 잠자코 있을 뿐이었다.

"그렇다면, 내 몸으로써 공양을 하십시오."

토끼 왕은 그 몸을 날려 불 속에 몸을 던졌다. 신선은 깜짝 놀라서 그를 구하려고 했으나, 미치지 못하여 토끼 왕은 드디어 불 속에서 타 죽어 버렸다.

신선도 이 토끼 왕의 목숨을 아끼지 않는 구도 정신을 불쌍히 여겨 자기도 식사를 끊고 함께 죽었다. 그러나, 두 사람은 즉시 도솔천兜率天에 태어났다고 한다.

토끼 왕은 석가모니이시고, 신선은 정광불定光佛의 전생이다.

<생경 제4>

불교 설화

물소의 걸음

　석존께서 사위국의 기원 정사에 계시면서 많은 사람들을 모아놓고 설법하고 계실 때의 일이다.
　어느 곳에, 넓은 들판에 많은 동료들을 거느리고 놀고 있는 물소의 왕이 있었다. 그는 훌륭한 몸집과 단정한 용모를 갖추고, 조용한 걸음으로 뚜렷한 발자국을 남기면서 수초水草를 찾아 걸어왔다.
　그때에 한 마리의 원숭이가 길 옆에 살고 있었는데, 물소 왕이 많은 동료들을 거느리고 당당히 걸어가고 있는 것을 보고, 시기하는 마음에서 노여움을 일으켰다. 다가오는 물소 왕을 향하여 돌과 기와조각을 던지고, 흙덩이를 던지면서 욕을 하였다. 그러나, 물소 왕은 한 마디 대꾸도 하지 않고, 그저 잠자코 조용히 걸어 지나갔다.
　이어서 다른 물소 떼가 그곳을 지나갔다. 원숭이는 이번에도 갖은 욕설을 퍼부었다. 그러나, 이 물소 왕도 또한 먼저 물소 왕처럼 그저 잠자코 모욕을 참으면서, 미소와 부드러운 마음을 가지고 조용히 지나갔다. 다음에 온 것은 작은 물소의 왕이었다. 원숭이는 전과 마찬가지로 욕을 해댔다. 젊은 물소 왕은 기분이 나빠, 원망하는 마음을 일으켜 원숭이에게 대들어 싸우려고 하였으나, 앞서 지나간 물소 왕이 참고 원망하지 않음을 보고 역시 마음을 누르고 조용히 그곳을 지나갔다. 앞의 물소 왕은 큰 숲으로 들어가 수초를 구하며 유유히 놀고 있었다. 그때 그 숲에 살고 있는 나무의 신은 물소 왕이 원숭이의 모욕을 참은 것을 지켜보고 있었기 때문에 이렇게 물었다.

"어째서, 저런 불한당 놈을 용서해 주는가? 당신들이라면 일격에 죽일 수가 있지 않은가?"

"나무의 신이여, 저런 자는 상대할 것이 못 되오. 우리들을 욕한 그는 또 다른 이도 욕할 것이오. 우리들의 힘으로 치지 않더라도 언젠가 누구에게 당할 때가 올 것이오."

이렇게 대답하고 물소 왕은 염두에도 두지 않고 있었다. 그 뒤 오래지 않아서 그곳을 지나가는 바라문의 일행이 있었다. 원숭이는 또 여전히 몹쓸 장난질을 치고 기와조각을 던지고 하였으므로 바라문들은 크게 화를 내어, 그 자리에서 원숭이를 잡아 밟아 죽여 버렸다. 이것을 보고 나무의 신은 노래하여 말하였다.

"죄악은 소멸되지 않은 것, 언젠가는 무르익어 화를 당한다. 땅에 뿌린 씨가, 이윽고 싹터 나오듯이,"

이 물소의 왕은 석가모니의 전생인 것이다.

<생경 제4>

불교 설화

사자 왕과 독수리 왕

석존께서 사위국舍衛國의 기원 정사祇園精舍에서 많은 사람들을 모아놓고 설법說法하고 계실 때의 일이다.

어느 깊은 산의 바위집 속에 한 마리의 사자가 살고 있었다.

이 사자는 항상, '나는 모든 짐승의 왕이다. 그래서 나는 모든 짐승을 지켜 줄 힘이 있는 것이다. 나는 자신에게 부여된 사명에 매진하지 않으면 안 된다.' 고 하는 책임감을 가졌다.

또 이 깊은 산에는 부부 원숭이가 살고 있어서 어느 날 새끼원숭이 두 마리를 낳았다. 매일 같은 산과 들을 돌아다니고 있었으므로 원숭이와 사자는 서로 아는 사이가 되었다.

어느 날 부부 원숭이는 사자가 살고 있는 바위집에 기어 올라왔다.

"날씨가 좋군. 사자 왕님, 당신은 항상 모든 짐승들을 보호한다고 말씀하시고 계시나 만약 그 말씀이 진실이라면 우리들의 이 두 마리의 새끼원숭이를 우리들이 다른 곳에 먹을 것을 구하러 가는 동안 꼭 좀 보호해 주시겠습니까?"

"그것은 쉬운 일이다. 안심하고 갔다 오라."

사자 왕의 유쾌한 승낙을 받은 원숭이 부부는 새끼원숭이 두 마리를 사자 왕의 바위집에 맡기고 안심하고 먹을 것을 구하기 위해 산봉우리를 타고 다른 산으로 갔다.

사자 왕은 아들처럼 새끼원숭이를 잘 어루만지고 위험한 곳에 가지 않도록 끊임없이 주의를 기울였다.

그로부터 사오 일 지난 어느 날의 일인데 해가 뉘엿뉘엿 바위집을 비추고 있으므로 맡긴 새끼원숭이와 바위집의 위에 올라가 햇볕을 쬐고 즐기고 있다가 사자 왕은 그 커다란 몸을 바위 위에 가로눕혀 졸다가 잠이 들었다.

이때 이 산에 살고 있는 리킨이라고 하는 한 마리의 독수리는 사자가 쿨쿨 코를 골면서 잠자고 있는 것을 공중에서 내려다보고 그 바위에 날아 내려오는가 싶더니 작은 원숭이 새끼를 힘껏 그 강한 발톱로 나꿔채서 매우 험하고 높은 바위 위로 끌고 갔다.

깊은 잠에서 깨어 보니 곁에 어린 원숭이가 없었다.

어디에 놀러 간 것일까 또는 나무에 올라 간 것일까 하고 둘레의 나무를 보아도 모습을 볼 수 없었다. '그 새끼원숭이를 잃게 되면 나에게 위탁한 책임이 말이 아니다.' 하고 더 자세히 찾아보니 저 멀리 높고 험한 바위 위에 큰 독수리에게 사로잡혀 있는 것을 발견하고 매우 놀랐다. '저기까지는 나로서는 올라갈 수가 없다. 주춤거리고 있으면 어린 원숭이는 독수리의 먹이가 되고 만다. 그럼 어떻게 하면 좋을까?' 하고 매우 고민했다. '이미 이렇게 된 바에야 독수리에게 부탁해서 새끼원숭이의 목숨을 살려달라고 비는 수밖에 도리가 없다.' 하고 생각했다.

"독수리 왕이여, 나의 소원을 들어 주지 않겠나? 사실 그 어린 원숭이는 내가 어미 원숭이로부터 부탁을 받은 것인데 만약 자네 때문에 죽음을 당하면 나는 그 어미 원숭이에게 신용을 잃게 될 뿐만 아니라 나는 죽지 않으면 안 되는 것이다. 꼭 좀 새끼원숭이를 이리로 반환해 다오. 평생 소원이다."

"사자 왕, 육지에서는 자네만 못하지만 이 높은 하늘에서는 나는 자네가 조금도 두려울 바가 없다. 그렇지만 자네가 꼭 애원한다면 새끼원숭이를 놓아줄 수 없는 것은 아니나 그대가 이 어린 원숭이를 실제로 보호하려고 하면 새끼원숭이 대신 자네의 몸을 나에게 주지 않겠나?"

"그것은 차라리 쉬운 일이다. 새끼원숭이를 보호하고 내가 책임을 다하기 위해 이 몸을 버리는 것은 마른 풀을 버리는 것과 같다. 이 몸을 아끼면 나는 어미 원숭이에게 거짓말을 한 결과가 된다. 그래서는 나의 행동은 아무것도 안 된다. 기꺼이 이 몸을 드리겠소."

이와 같이 말하고 사자 왕은 높은 곳에 올라가서 뛰어 내려 몸을 버리려고 했다.

이 사자 왕의 진정한 태도를 지켜보고 있던 독수리 왕은,

"만약 남을 위해 몸을 버린다면 그 사람은 곧 무상無上의 즐거움을 받을 것이오. 내가 왜 어린 원숭이를 드리지 않겠소. 원하옵건대 대법 왕大法王, 자해自害하지 마옵소서."

하고 급히 가로막아 사자 왕이 자살을 못하게 하고 새끼원숭이를 돌려 주었다.

그래서 사자 왕은 마침내 이 중대한 책임을 완수할 수가 있었다. 사자 왕은 지금의 석존이요, 독수리는 사리불舍利佛이요, 두 아들은 아난다와 라후라이다. <대방등대집경 제11>

원숭이와 선인

석존께서 왕사성의 영취산에서 많은 사람들을 모아놓고 설법하고 계실 때의 일이다.

우로몬다산의 세 골짜기에 5백 명의 연각緣覺 : 스승 없이 부처님의 진리를 깨우친 사람과 5백 명의 선인과 5백 마리의 원숭이가 각각 집을 만들어 살고 있었다.

그 중에서 원숭이의 두목은 아주 잔악하여 자기 부하 중에 새끼를 낳은 놈이 있으면 그 새끼를 모두 죽여 버렸다. 암원숭이들은 이것을 슬퍼하여 하루는 비밀리에 모여서 상의를 했다.

"우리들의 두목은 참으로 잔악한 분이다. 우리들이 새끼를 낳으면 모두 죽여 버린다. 어떻게 하면 좋겠습니까?"

"다음에 만약 임신을 하면 두목에게 알리지 말고 살짝 낳아서 몰래 키우는 것이 어떻겠습니까?"

얼마 후에 한 원숭이가 임신을 했다. 다른 원숭이들은 그를 멀리 아무도 모르는 곳에 데려가 살게 하고 매일 교대로 나무열매를 따다가 먹였다 이 원숭이는 달이 차서 한 마리의 수컷을 낳았다. 그들은 이를 숨겨 키워서 어엿한 원숭이로 성장시켰다. 그렇게 성숙한 원숭이는 동료들의 집으로 돌아와 잔혹한 두목을 쫓아내고 말았다.

원숭이가 동료들에게서 떨어져 혼자 산 속을 헤매다가 멀리서 연각의 이야기하는 말소리를 들었다. 원숭이는 그 소리를 좇아서 연각의 집을 찾아가 그들 속에 끼어서 살았다. 그리고, 나무뿌리나 열매를 따 와서는 연각에서 바치고 자기는 그들이 먹다 남은 것을 얻어먹고 살았다.

연각들은 식사가 끝나면 반드시 결가부좌結跏趺坐를 하고 선정禪定에 들어가는 것을 일과로 삼고 있었다. 원숭이도 이를 흉내내어 식사가 끝나면 똑같이 결가부좌를 했다. 이런 생활을 계속한 얼마 후 연각들은 생각했다. '이미 깨우칠 것은 모두 깨우쳤다. 우리가 할 일은 모두 끝났다. 이 더러운 육신을 버리고 열반涅槃에 들어갈 때가 왔다.' 그들은 하늘로 치솟더니 몸에서 불꽃을 내고 또는 몸에서 감우甘雨를 내리고 또는 몸에서 광명을 발하면서 무여열반無餘涅槃 : 소승불교의 최종 목적인 심신을 모두 무로 돌아가게 하는 일. 몸을 재로 하고 앎을 멸한다고 해서 대승불교에서는 이를 일종의 허무주의라고 비판하고 있다에 들어갔다.

그 원숭이는 이것을 보고 슬퍼하며 연각들이 살고 있었던 동굴 안에 들어가 보니 그곳에는 유해가 줄지어 있었다. 원숭이는 반가워서 달려가 그 옷에서 그리운 사람들의 모습을 찾아보려고 했다. 그러나 하늘의 신들은 이 원숭이가 연각의 유해를 먹어 버리지 않을까 걱정하고 급히 원숭이를 동굴 밖으로 내쫓아 버리고 돌로 그 입구를 막아 버렸다. 입구가 막힌 것을 보고 원숭이는 소리를 내어 울고 슬퍼하며 자기의 집으로 돌아갔다. 인간의 무리 속에 들어간 이 원숭이는 사람이 그리워서 견딜 수가 없었다. 그리고 사람의 목소리를 들어 보려고 산중을 헤매어 다녔다.

하루는 산중을 헤매다가 선인의 목소리를 들었다. 이 소리를 듣자마자 그는 길을 잃은 사람이 사람의 목소리를 들은 것처럼 정신없이 그 소리를 찾아 달려갔다. 그곳에는 선인들이 모여서 고행苦行을 하고 있었다. 어느 사람은 손을 들고, 어느 사람은 한쪽 발을 들고, 또 어떤 사람은 오열五熱로써 몸을 태우고 있었다. 원숭이는 아무런 두려움도 없이 선인들 사이에 끼여서 연각들에게 했듯이 꽃이나 나무열매를 따서 그들에게 주고 자기는 그 찌꺼기를 얻어먹고 생활을 했다.

얼마 후 이 원숭이는 선인들의 고행을 중단시키고 연각들처럼 결가부좌를 시키고 싶어졌다. 그는 손을 들고 있는 사람 앞에 가서는 그 손을 잡아당겨 내리게 하고 스스로 결가부좌를 해 보이며 자기에게 따르도록 했다. 또 한쪽 발을 들고 있는 사람 앞에 가서는 그 발을 잡아당겨 자기가 결가부좌를 해보였고, 오열로 몸을 태우고 있는 사람 앞에 가서는 그 불을 끄고 그 앞에서 결가부좌를 해 보였다.

많은 선인들은 이 이상한 원숭이 때문에 고행을 계속할 수 없었다. 그래서 그들은 스승에게 호소했다.

"이상한 원숭이가 와서 고행을 방해하고 있습니다."

이렇게 말하며 그 광경을 자세하게 말했다.

그러자 스승은,

"그 원숭이는 그러한 모습으로 도를 닦는 신선을 보았을 것이 틀림없다. 그 원숭이를 본따 결가부좌를 해서 수행을 하십시오."

스승의 말에 따라 많은 선인들은 결가부좌를 하고 수행했다.

이들 선인들은 과거에 인연이 있었던 모양이다. 가르치는 사람이 없는데도 37의 도품道品을 얻고 연각의 깨우침을 얻었다. 그 후로부터 선인들은 깊이 이 원숭이를 존경하고 손수 나무열매를 따서 바쳐 그 전과는 반대로 원숭이가 먹다 남은 것을 얻어먹고 생활하였다. 이 원숭이가 죽자 그들은 여러 나라에서 갖가지 향을 구해 와서 장작을 쌓아 화장을 했다고 한다.

이때의 원숭이는 지금의 우바키쿠타의 전신이다.

<근본설일체유부 비내야약사 제5>

코끼리 왕의 죽음

석존께서 사위국의 기원 정사에서 많은 사람들을 모아놓고 설법을 하고 계셨을 때의 일이다.

부처님이 긴 수행 동안에는, 코끼리가 되어 자비인욕慈悲忍辱: 자비심으로써 고난을 참고 견디는 것의 수행을 하던 때도 있었다.

그때, 5백의 코끼리 떼를 거느린 한 마리의 코끼리 왕이, 불佛·법法·승僧의 삼보三寶를 존경하고, 대 자비의 마음을 깊이 품고, 부처님이 되어 많은 사람들을 구제救濟하고자 하는 대원大願를 일으키어 맹세했다.

한 번은 그 코끼리 왕이 물 속에서 연꽃 한 가지를 얻어, 그것을 아내에게 주었다.

"얼음이 얼 듯한 이 추위에 어디서 구하셨습니까? 참으로 진귀하고, 그 색채도 말할 수 없이 아름답군요."

이 아내의 기쁨에 반하여 이것을 본 제2 부인은, 자기에게 주지 않는 것에 질투를 느껴 마음속으로 굳게 맹세했다.

"독으로 죽여 버려야지!"

이러한 일로 제2 부인은 심기가 좋지 않아 중한 병에 걸려, 드디어 죽어 버렸다. 그 영혼은,

아름다운 얼굴과 더욱이 지혜가 뛰어난 재녀才女로서 양가良家에 환생하였다.

그때에 그 나라 왕은, 그녀의 뛰어남을 듣고 왕비로 맞이했다. 왕비는 왕에게 치국治國하는 법과 천하天下의 길을 설파說破했다. 그 설파하는 바는 충신들의 주장과 부합되므로, 왕은 대단히 기뻐하고 존경하여 매사를 왕비의 말에 따랐다.

어느 날 왕비는 교태 어린 눈으로 왕에게 고했다.

"소비小妃는 간밤에 여섯 개의 이빨을 가진 훌륭한 코끼리를 꿈에 보았습니다. 그 이빨로 목걸이를 만들고 싶습니다. 부디 왕의 위력으로 그 이빨을 구해 주십시오."

"쓸데없는 말을 마시오. 여섯 개의 이빨을 가진 코끼리는 있을 리 없지 않소. 그대가 그런 터무니없는 일을 말한다고 사람들이 들으면 다 비웃을 거요."

왕의 타이름을, 왕비는 아무리 해도 받아들이지 않으므로 왕은 지혜가 뛰어난 네 사람의 신하를 불러, 왕비의 이름에 누가 됨을 꺼려서 자기의 꿈이라고 속이고 물어 보았다.

"오늘날 그런 코끼리가 있을라고……."

"그러한 코끼리는 없습니다."

라고 한 사람은 대답하고,

"임금님의 꿈은 잘못이겠지요."

라고 한 사람은 말하고,

"언젠가 그런 것이 있다고 들은 적이 있습니다. 그러나 그것이 있는 곳은 대단히 먼 곳이라 합니다."

라고 또 한 사람은 말했다.

"만일 그런 것을 잡으면 하늘의 제석帝釋도 놀라 이곳으로 달려 올 것입니다."

그리고 최후의 한 사람은 이렇게 대답했다.

그렇지만 그래도 알아 보자고 네 사람의 신하는 사방에서 사냥꾼들을 불러 모았다. 남방으로부터 온 한 사냥꾼이,

"제 작고하신 선친께서 항상 여섯 개의 이빨을 가진 코끼리가 있는데, 멀고 멀어서 도저히 잡을 수가 없다고 말씀하시던 것을 기억하고 있습니다."

라고 말하므로, 이 일을 왕에게 아뢰었다. 그러자 왕비는 그 사냥꾼을 불러 이렇게 명령했다.

"너는 즉시로 출발하여 남쪽으로 삼천 리를 가면 산을 볼 수 있을 것이다. 산으로 들어가 이틀 길을 걸어가면, 그 코끼리가 있는 곳에 다다를 것이다. 그 길섶에 굴을 파고, 머리와 수염을 깎아 버리고 승복僧服을 입고 코끼리를 속여 굴 속에서 사살射殺하라. 그리고는 이빨을 잘라내어 두 개만 가지고 오너라."

사냥꾼은 그 명령대로 긴 여로旅路를 거쳐 코끼리가 사는 곳에 다다라 거기에서 승복으로 갈아입고 활을 가지고 굴 속에서 살았다. 그리고 코끼리 왕을 발견하여 우선 한 발을 쏘았다. 코끼리 왕은 승을 보고 공손히 합장하고 머리를 숙여 말했다.

"존경하는 도사道士님, 무엇 때문에 나의 목숨을 취하려 하십니까?"

"나는 너의 이빨을 취하려고 하는 것이다."

"이 상처를 받고서는 아픔을 견딜 수가 없습니다. 부디 빨리 이빨을 잘라 언제까지나 괴롭혀서 내 마음에 악념惡念을 일으키지

않게 해 주시오. 악념을 일으키는 자는 죽어서 지옥·아귀餓鬼·축생畜生의 세 가지 악도惡道에 떨어진다고 듣고 있습니다. 인욕忍辱은 마음으로 하고, 자비를 행하는 것이 보살菩薩의 길입니다. 비록 뼈를 깎고 살을 에이어도 이 마음을 변하기는 싫습니다. 머지않아 천상天上에 태어나 해탈을 얻을 때가 옵니다. 부디 빨리 이빨을 잘라 가 주십시오. 결코 당신을 원망하지 않겠습니다."

사냥꾼은 이빨을 잘라 버렸다. 코끼리 왕은 괴로운 듯 그에게 말했다.

"도사여, 빨리 돌아가십시오. 뒷걸음질쳐서 도망가다 내 부하 코끼리들에게 잡히지 않도록 하십시오."

사냥꾼이 멀리 까마득하게 도망쳐 갈 때까지 참고 있었던 코끼리는 아픔을 더는 견딜 수 없게 되었다. 코끼리 왕은 최후의 비명을 지르면서 대지大地에 쓰러져 죽었다.

코끼리들은 코끼리 왕의 죽음을 보고 사방에서 모여들었다. 그러나 끝내 코끼리 왕을 죽인 자를 찾아낼 수가 없었다.

사냥꾼은 이빨을 가지고 돌아와 왕에게 바쳤다. 이것을 본 왕은 마음속에 슬픔과 두려움을 금할 길이 없었다. 왕비가 이빨을 손에 잡아 보려고 하자마자, 벼락을 맞아 피를 토하고 죽었다. 이리하여 코끼리 왕은 즉시로 천상에 태어나고 왕비는 즉시로 지옥으로 떨어졌다는 얘기이다.

<육도집경 제4>

인애仁愛의 길은 최고

　석존께서 사위국의 기원 정사에서 많은 사람들을 모아놓고 설법을 하고 계셨을 때의 일이다.

　어떤 곳에 아내를 가진 세 사람의 형제가 있었다. 그들은 아내들을 데리고 기근이 든 나라를 피하여 살기 위해 먹을 것을 찾아 긴 나그네 길을 더듬어 어떤 험한 산길에 이르렀다. 그때에는 이미 며칠 동안을 굶주렸기 때문에 한 발자국도 옮겨 놓을 수가 없었다. 위의 두 형들은 아내들을 죽여 굶주림을 채우자고 말했다. 장형長兄 : 큰형은 마침내 그 아내를 죽여 나누어 주었다. 그러나 막내동생은 너무나 참혹하여 그 살을 입에 댈 수가 없었다. 가운데 형도 또 그 아내를 죽였다.

　막내동생은 이것을 보고 더 견딜 수가 없었다.

　형들은 마지막으로 동생의 아내도 죽이려고 하였으므로,

　"사람을 죽여서 나의 배를 채우자고 하는 것은 부처님이 가르치신 인도仁道에 배반되는 것이다. 나로서는 그런 무도無道한 짓은 할 수 없다."

라고 말하고 아내를 데리고 산으로 피해서 나무열매 등을 따서 목숨을 이어가며 수년 동안을 산 속에서 살았다.

그때, 그 산에 절름발이 한 사람이 살고 있었다. 한 번은 절름발이가 동생의 아내와 눈이 맞아, 방해가 되는 동생을 죽이자고 그녀와 계략을 꾸몄다.

그래서 어느 날, 아내는 남편에게 말했다.

"나는 요즈음 몹시 기분이 언짢군요. 산놀이라도 가서 기분을 돌이키고 싶어요. 부디 내일 저 산으로 데리고 가 주셔요."

남편은, 저 산은 몹시 험해서 위험하다고 설명하며 거듭 말렸으나, 아내는 아무래도 듣지 않았다. 그리하여 하는 수 없이 떠났다. 미리 흉계凶計를 꾸미고 있는 아내는 산이 높고 골이 깊은 곳으로 와, 경치를 보는 척하고는 틈을 타서 남편을 낭떠러지로 떠밀어 버렸다. 그리고는 시치미를 떼고 절름발이 사나이와 같이 살았다.

한편, 벼랑에서 떨어진 남편은 기적적으로 목숨을 건져 골짜기의 물을 찾아 그 흐름을 따라 내려갔다. 그 도중에 한 장사꾼을 만나, 자초지종을 얘기했다. 그러자 장사꾼은 깊이 동정을 하여 자기의 수레에 태워 풍요豊饒한 나라로 데려다주었다.

마침 그 나라의 국왕이 붕어崩御 : 세상을 떠남하였으나 그 뒤를 이을 태자太子가 없어 군신들 중에서 왕을 선출하려고 하였다. 그러나 아무도 왕위王位에 오를 사람이 없었다. 하루라도 국왕이 없어서는 안 된다 하여 도사道士에게 점을 친즉 길 가는 사람 가운데 왕이 될 사람이 있다는 괘卦가 나왔다.

그런데, 우연히 그곳을 지나가는 동생을 본 도사는,

"고마운지고, 이 사람이야말로 유명有名의 군주君主, 천하의 왕, 억조億兆의 주인될 상相을 지니고 있으시다."
라고 외쳤으므로 강제로 궁전宮殿에 이끌고 갔다. 그리하여 군신도 만민萬民도 기뻐 날뛰며 만세를 불러 그를 왕위에 오르게 했다.

 이 동생인 신왕新王은 사민을 평등히 애무愛撫를 없애고, 오계십선五戒十善의 부처님의 도를 가르쳤으므로, 하늘은 이 나라를 지키고, 땅은 이 백성을 축복하여, 여러 나라들에서 흠모欽慕하며 따라오는 자들이 이루 헤아릴 수가 없었다. 그의 아내도 절름발이 사나이를 데리고 이 나라에 와서 구걸을 하였다.

 "나는 이 남편을 업고 기근에서 피해 왔습니다. 불구의 남편을 가진 나의 기나긴 고생을 가엾게 여겨 주십시오."

 참으로 얌전하게 얘기하였으므로, 사람들은 그 정숙함에 감동하여,

 "현부인賢婦人으로서 기록에 올리지 않으면 안 되겠다."
라고 지껄여대었다. 왕비王妃는 친히 불러들여 그 부인을 보고, 중한 은상恩賞을 내리도록 왕에게 말했다.

 상벌賞罰을 분명히 하는 국왕은, 곧 그 부인을 불러 본즉, 단번에 그 여인이 자기의 전처임을 알았다.

 그래서 국왕은,

 "나를 알고 있느냐?"
라고 물었다. 그 아내는 너무나 엄청난 사실에 놀라고 두려워 입을 열어 대답할 길이 없었다.

 국왕은 일체를 측근자들에게 말했으므로 판관判官들은,

 "사형에 처할 것이다."
라고 말했으나,

국왕은,

"제불諸佛은 불쌍히 여겨 자비를 베풂을 최상의 보배라고 가르치시고 계시다. 나는 비록 자신의 목숨을 잃을지언정, 인자仁慈의 길에 어긋나기는 싫다."

국왕은 이러한 생각으로 그녀를 용서했지만, 그러나, 왕비는 부정不貞의 아내를 좋게 생각하지 않았으므로, 사람에게 명령하여 그 나라에서 내쫓게 하여 그 뒤를 깨끗이 하였다.

국왕은 지금의 석존, 절름발이 사나이는 데바닷다, 아내는 칸슈이다.

<육도집경 제4>

원숭이와 인간

석존께서 사위국의 기원 정사에 많은 사람들을 모아놓고 설법說法하고 계셨을 때의 일이다.

어떤 깊은 산 속에 역량이라는 한 마리의 원숭이가 살고 있었다. 그 원숭이는 동년배보다 뛰어나고, 지혜롭고, 자비심이 깊었다. 항상 나무에 올라가 열매를 따서 연명하였다. 하루는 언제나와 같이 높은 나무에 올라가 있으니까 멀리 떨어져 있는 저쪽 깊은 골짜기에서, 사람 살려달라는 소리가 끊기었다가는 다시 이어지며 끊임없이 들려 왔다.

"내가 부처님이 되고 싶어하는 것도 괴로워하는 자를 구하고 싶기 때문이다. 저 소리의 사람도, 잘못하여 깊은 골짜기에 떨어진 것이겠지만, 지금 구하지 않으면 목숨을 잃을 것이다. 어떤 고난을 겪더라도 저 벼랑에 내려가 구하지 않으면 안 되겠다."

이렇게 결심한 원숭이는 목소리를 따라, 자신의 몸의 위험도 생각지 않고, 나무에 기어 올라가서는 바위를 더듬어, 골짜기에 내려갔다. 거기에는 몇 백 길이 되는 벼랑 밑으로 떨어진 한 사람이 있었다. 온 몸에 상처를 입고, 수일 동안을 아무것도 먹지 않아 숨이 곧 끊어질 듯 싶었다. 원숭이는 그 사람을 등에 업고, 풀뿌리와 바위 모서리를 더듬어 가면서 간신히 산 위의 평지에 기어 올라왔다.

"이 길을 따라가면 마을로 갑니다. 앞으로 절대로 위험한 일이나 나쁜 짓은 하지 않도록 하십시오. 그러면 여기서 작별합니다."
라고 말하고는 지친 몸을 나무 그늘에 누워 깊은 잠에 떨어졌다.

구출을 받은 사람은, 피로와 굶주림으로 걸어갈 용기도 나지 않았다. '골짜기에서 굶고, 이제 이렇게 나와서도 먹을 수가 없다. 같은 괴로움이다.' 라고 생각하는 마음속에, 나쁜 마음이 계속 일어났다.

'그렇다. 저 원숭이의 살을 먹고 목숨을 잇자. 그래, 그것이 좋다.' 라고 혼자 고개를 끄덕거리며, 돌을 주워 아무것도 모르고 잠들어 있는 원숭이의 머리를 내리쳤다. 원숭이는 피가 흘러 눈이 흐려지고 깜짝 놀라 벌떡 일어나려고 하였으나 그것도 할 수 없어 간신히 나무로 기어 올라가 그 몸을 가눴다. 그러나 원숭이는 은혜를 잊은 사람을 미워할 마음도 그 악인惡人을 나무랄 마음도 없이, 나쁜 마음을 품은 인간을 가엾게 여기고 슬퍼할 뿐이었다.

"나의 지금의 힘으로는 이러한 악인을 구할 수는 없다. 부디 미래의 세상에는 모든 부처님의 자비심으로 그 가르치심을 믿고 수행修行을 하여 깨달음을 얻어 오래오래 이런 악심을 품는 자가 없도록 해야겠다."
라고 기원하고 그는 고요히 눈을 감았다.

<육도집경 제5>

원숭이의 줄다리

석존께서 사위국의 기원 정사에서 많은 사람들을 모아놓고 설법을 하고 계셨을 때의 일이다.

어떤 곳에 오백 마리의 원숭이를 거느린 한 마리의 원숭이 왕이, 아무런 부족함 없이 산림에서 놀고 지낼 때의 일이다. 어떤 해 큰 가뭄이 와서 먹을 만한 열매가 열리지 않아, 일족一族은 굶어 죽을 수밖에 없었다. 이 나라의 왕성王城은 이 산에서 가깝고, 겨우 조그만 시내를 사이에 두고 있을 뿐이었다. 그래서 원숭이 왕은 일족을 이끌고 왕성 안에 들어가 과일을 마구 따 먹었다. 뜰의 감시인은 이 사정을 왕에게 고하고 왕은 이 보고에 의하여 살짝 원숭이들을 에워싸고 뜰에서 내보내지 말라고 명령했다. 원숭이 왕은 재빨리 이것을 알아차리고, 새파랗게 질렸다. 자기는 많은 원숭이들의 우두머리이다. 비록 이 몸을 버리더라도 그들을 구해내지 않으면 안 되겠다라고 결심하고는,

"빨리 여기를 피하지 않으면 안 된다. 각기 흩어져 등藤 덩굴들을 찾아오너라."

라고 원숭이들에게 명령했다. 원숭이들은 길들여져 있었으므로 즉시로 많은 등덩굴들을 가지고 왔다. 등덩굴은 길게 이어져 한 쪽 큰 나뭇가지에 동여매고 한 끝은 원숭이 왕의 허리에 매었다. 원숭이 왕은 나는 새와 같이 시내 저쪽 큰 나무에 뛰어올라 왕의 뜰에서 시내를 가로질러 원숭이가 사는 산에 한 줄의 다리가 놓아졌다. 그러나 줄이 짧았으므로 원숭이 왕은 양손으로 단단히 나뭇가지를 붙들고 겨우 지탱하고 있었다.

오백 마리의 원숭이가 이 다리를 다 건넜을 때에는 원숭이 왕의 팔은 이제는 더 지탱할 힘을 잃고 기절한 채 시냇가에 떨어져 버렸다. 국왕은 다음날 아침 그 뜰에 나와 본즉 큰 원숭이가 쓰러져 있었다. 자세히 보니 원숭이 왕이 기절해 있었는데 겨우 숨을 돌린 것 같았다. 이때의 원숭이 왕은 사람의 기척에 정신이 들었다. 그는 사람의 말을 알아들을 수 있었으므로 왕을 향해,

"야수野獸인 저도, 이 세상의 삶을 탐내어 임금님의 은혜를 입고 있었습니다. 그러나 금년의 가뭄으로 산에는 먹을 열매도 남지 않아 그만 뜰을 침범侵犯하여 과일을 망쳐놓아 버렸습니다. 이 죄는 모두 제게 있습니다. 다른 것들은 제 명령에 따랐을 뿐입니다. 부디 용서를 빌고 싶습니다. 저는 살은 얼마 안 됩니다만 여러분의 하루 아침의 찬거리는 될 것입니다."

죽음의 각오를 가지고, 머리를 땅에 조아리며 사과했다. 왕은 야수의 몸이면서도 그 우두머리인 그가 자신의 몸을 죽여 많은 목숨을 구하려는 것에 감복하여,

"나는 인간의 왕이면서도, 너희들 야수에게는 따르지 못한다."
라고 눈물을 흘리며 그를 위로하고 등덩굴을 풀고, 편안한 침상을 주어 간호해 주고 국내에 명하여, 자유로이 원숭이에게 먹을

것을 따 먹게 하였다.

왕궁으로 돌아온 왕은 왕비에게 자초지종을 얘기하고,

"고현古賢의 행동도 저 원숭이 왕에는 따르지 못할 것이다. 나의 은혜 따위는 이것에 비하면 실이나 머리카락 정도밖에 안 된다. 그의 행동은 곤륜산崑崙山=향취산香醉山 : 가공의 산, 아진달지阿振達池보다 더하여 위대하다."

라고 칭찬했다. 왕비도 크게 기뻐하여 왕에게 말했다.

"왕이시여! 그 좋은 원숭이에게 충분히 먹을 것을 주고 또 다른 원숭이들이 먹을 것을 따 먹는 것을 방해하지 않게 국내에 명령해 주시기 바라옵니다."

"왕비, 명령은 이미 내렸소, 그는 이제 충분히 먹을 것을 얻게 될 것이오."

원숭이 왕은 석존, 국왕은 아난다, 오백 마리의 원숭이는 지금의 수업승이다.

<육도집경 제5>

불교 설화

말의 왕 쿠야

석존께서 사위국의 기원 정사에 많은 사람들을 모아놓고 설법을 하고 계셨을 때의 일이다.

어떤 곳에 쿠야라고 하는 한 마리의 말의 왕이 있었다. 이 마왕馬王은 언제나 해변에 있어 표류해 오는 사람들을 구해 주었다. 바다의 피안彼岸에는 많은 귀녀鬼女가 살고 있어 그 나라에 오는 사람들을 보면 금세 훌륭한 성곽이나 아름다운 꽃밭을 만들어 내거나 기악妓樂이나 음식을 주거나 자신은 미인으로 둔갑하여 강제로 행인을 꾀어 들여 주색酒色을 주고 유락遊落을 권하며, 드디어는 부부의 정을 맺곤 하였다. 그리고는 일 년쯤 지나면 싫증이 나서 쇠바늘로 목을 찔러, 피를 빨고 살을 떼어 먹고, 그 뼈를 갉았다.

마왕은, 멀리 귀녀가 사람을 잡아먹는 것을 보고 눈물을 흘리며 이 가련한 사람들을 구해 주고 싶어서 바다를 뛰어 넘어 저편 기슭에 가서 높은 산에 올라가 큰 소리로 세 번 외쳤다.

"누구든 여기를 도망쳐 바다를 건너고 싶은 사람은 나오너라."

사람들은 이 소리를 듣고 항상 마왕이 표류자漂流者를 건네 주고 위험에서 구해 준다는 것을 들어 왔으므로 저 목소리야말로 마왕이 부르는 소리일 것이라고 기꺼이 모여들었다.

"제발 가엾은 우리들을 구해 주십시오."

"너희들이 이 섬에서 구출되려면 그 귀녀들은 태어난 아이들을 데리고 뒤를 쫓아와 은애恩愛의 끈으로 묶으려고 하겠지, 만일 연연戀戀한 마음을 일으켜 거기에 머무르면 내가 떠난 후, 귀녀는 반드시 너희들의 피를 빨고 살을 먹을 것이다. 본국에 돌아가고 싶거든 바르고 강한 마음으로 단단히 내 등에 타고, 내 갈기나 꼬리에 매달려 서로 떨어지지 않게 하면 반드시 안전하게 바다를 건너 고향에 돌아갈 수 있을 것이다."

이 말을 믿고 마왕에게 매달린 자는, 모두 목숨을 보존해서 돌아가 양친을 만날 수가 있었지만 귀녀에게 빠져 문란한 행동을 한 자는 모두 귀녀에게 먹혀 버렸다는 얘기이다.

마왕은 석존의 전신이다.

<육도집경 제6>

불교 설화

거북 왕과 도마뱀

석존께서 사위국의 기원 정사에서 많은 사람들을 모아놓고 설법을 하고 계셨을 때의 일이다.

어떤 깊은 산 속 두 마리의 거북 왕이 각기 부하들을 데리고 살고 있었다. 한 마리의 왕은, 같은 심산에 떼지어 사는 도마뱀이 큰 나무에 올라가서는 떨어지고, 떨어져서는 다시 기어 올라가기를 거듭하고 있어 평안한 날이 없음을 보고,

'이런 곳에 사는 것은 실로 위험한 일이다. 언제 우리들 위에도 이런 재난이 덮쳐 올는지도 모른다. 빨리 여기를 도망쳐 안정한 곳을 구하지 않으면 안 되겠다.'

고 부하의 무리들을 이끌고 이곳을 떠났다. 다른 거북 왕은 전에 거북 왕의 진정 어린 권고를 듣지 않고 고집을 부려 이 산에 머물렀다.

그로부터 열흘 뒤, 코끼리 왕이 부하들을 거느리고 이 산에 들이닥쳐 큰 나무 밑에서 피로를 풀고 있었다. 그러나 언제나와 같이 도마뱀은 큰 나무에 올라가서는 떨어졌다. 그 중의 한 마리가

코끼리 왕의 귓속으로 떨어졌으므로 왕인 큰 코끼리이지만 놀라고 괴로워 울부짖었다. 부하들은 놀라고 허둥대어 그저 장난으로 이쪽저쪽을 종횡縱橫으로 뛰어다닐 뿐이었다.

가엾은 것은 거북이들이었다. 놀라움과 노기로 뛰어다니는 코끼리 떼 때문에 모두 밟혀 죽고 말았다. 위험을 피하자고 권하는 말에 귀도 기울이지 않고 눌러앉았던 한편의 거북 왕은 죽음에 앞서 도리어 거꾸로 먼저 거북 왕에게 원한을 품었다.

"이런 일이 있을 것을 미리 알고서, 이것이라고 분명히 가르쳐 주지도 않고, 자기만이 위험에서 피해 갔다. 나는 지금 죽는다. 너는 살아남아서 속이 편하겠지만, 미래영겁未來永劫이 원한을 잊지 않고 다시 살아서 너를 만나는 대로 반드시 때려잡지 않고는 못 배길 것이다."

라고 온갖 노여움과 원한을 남긴 채 죽어 갔다. 자기의 어리석음과 고집을 깨닫지 못하고 죽어 간 것을 가엾다고밖에 할 수 없다.

거북 왕은 데바닷다의 전신이다. 위험을 미리 점친 거북 왕쪽은 석존의 전신인 보살행菩薩行의 한 단면상이다.

〈육도집경 제6〉

두 사람의 고아

석존께서 사위성舍衛城의 기고도그 장자의 집에 초대되었을 때의 일이다.

공양과 설법이 끝나고 부처님과 많은 수도자들은 장자의 집을 나오셨다. 그런데 많은 거사居士 : 집에 있는 남자로서 불문佛門에 들어 있는 사람, 원래는 집에 있는 남자의 뜻으로 인도에서는 상공업을 하는 비사족毘舍族의 부호를 말하며, 중국에서는 학덕이 높고 벼슬하지 않는 자를 말한다 들은 길가에서 부처님과 수도자들에게 식사를 대접했다. 수행자들은 이것을 받아서 자기가 먹기 전에 가난한 어린이들에게 나누어 주었다. 모처럼 공양을 받은 거사들은 이 말을 듣고 언짢게 생각하였다.

그때 수행자들은 이 일을 부처님께 아뢰었더니 부처님은,

"그것은 너희들이 나쁘다. 우선 자기가 먹고 그 나머지를 아이들에게 주어야 하느니라."

하고 타일렀다.

그때에 사위성에 두 거지의 아이가 있었다. 하나는 바라문 출

신이고, 하나는 찰제리족刹帝利族 : 바라문족의 다른 계급이며 왕족, 무인의 계급 출신이다. 어느 때 그들은 승단僧團에 가서 구걸을 했다. 바라문의 거지 아이는 사물를 분간치 못하고 수행자들이 아직 먹기 전에 가서 구걸하였다. 그러므로 수행자들은 밥을 주지 않았다. 찰제리족의 아이는 사물을 잘 분별하였으므로 수행자들이 식사를 마친 뒤에 가서 그 남은 밥을 구걸했다. 그러므로 수행자들은 기꺼이 그에게 밥을 주었다. 그는 다 먹고 나서 바라문족의 아이와 길가 나무 밑에서 만나서 물었다.

"너는 수행자들에게 음식을 얻었니?"

밥을 얻지 못한 그는 분개하여 대답했다.

"받기는 무얼 받아. 나는 높은 사람이 되면 저놈들의 목을 잘라 땅바닥에 내던져 버릴 테야."

그러자 찰제리족의 아이는 그것을 말리면서 말하였다.

"그런 말을 하면 못쓴다. 나는 만일 높은 사람이 되면 육미의 성찬을 장만하여 매일 부처님이나 수행자들에게 공양하고 싶다."

이렇게 서로 말을 주고받으면서 길가의 나무 그늘에서 둘이 다 잠이 들어 버렸다. 그런 한 거지 아이 위로 수레바퀴가 지나가 머리와 몸뚱이를 끊어 버렸다.

이 사실을 듣고 부처님은 하나의 계명을 만들어 수행자들에게 보이셨다.

마음은 업의 시초니라,
마음에 원한 있으면 보복이 있으니,
수레바퀴에 깔려 두 동강이 되니라.

아난다가 이 계명의 뜻을 묻자 부처님은 찰제리족 거지 아이의 인연을 조용히 말씀하셨다.

사위성에 한 장자가 있었는데 대를 이을 아들이 없어 갑자기 사망하였다. 친구들이 모여서 적당한 후계자를 물색하려고 숙의했다. 그들은 성 안을 거닐면서 후사가 될 한 아이를 찾고 있었다. 그들은 길가의 나무 그늘에서 자고 있는 찰제리족 거지 아이를 발견하였다.

자세히 보니 해는 서산으로 기울었는데도 나무 그늘은 언제까지나 그 아이의 머리 위를 가리워 주고 있었다. 그들은 이 거지 아이를 데리고 집으로 돌아와 이를 장자의 후계자로 정하였다. 장자의 후계자가 된 이 거지 아이는 이렇게 생각하였다.

'이거야말로 부처님의 힘이구나. 부처님과 수행자들을 초대하여 공양을 드리지 않으면 안 되겠다.'

그래서 그는 곧 부처님께 가서 부처님 발 아래 경배하고 합장하며 아뢰었다.

"세존이시여, 부디 내일 아침 저의 집에 오셔서 저의 작은 정성을 받아 주시기 바라옵니다."

부처님은 그 이튿날 아침 수행자들과 더불어 그의 집에 가서 그 공양을 받고 그를 위하여 불교의 근본 교리인 인생의 헤매임과 깨달음의 인과관계인 고苦·집集·멸滅·도道의 사체四諦의 이치를 들려 주었다. 그는 설법에 의하여 번뇌를 끊고 깨달음의 경지에 들어갈 수 있게 되었다.

그리고 부처님은 이 장자의 집을 떠나 승단으로 돌아가셔서 수행자들에게 하나의 계명을 보이셨다.

마음은 업의 시작이니라,
마음이 깨끗하면 좋은 갚음을 받을지니라.

부처님의 말씀을 들은 자는 모두 새삼스레 고마운 말씀이라고 크게 기뻐하였다는 이야기다.

<근본설일체유부비내야약사 제8>

불교 설화

원숭이의 방화

석존께서 교우샤츠라 나라의 마을들을 돌아다니고 계실 때의 일이다.

어느 바라문의 부락에 살고 있는 외도의 도사들이 부처님이 여기에 오신다는 말을 듣고 급히 마을 사람들에게 말하였다.

"오랫동안 폐를 끼쳤습니다만 우리들은 이 마을을 떠나야 되겠습니다. 모두 안녕히 계십시오."

마을 사람들은 너무나 갑자기 당하는 일이어서 놀라며,

"대체 어찌된 일이십니까? 왜 이 마을을 떠나가지 않으면 안 된다는 말씀입니까? 그 이유를 말씀해 주십시오."

그러자 도사들은,

"평화스러운 이 마을에 무서운 일이 일어날 것입니다. 우리들은 여러분들의 불행을 차마 볼 수가 없어서 이 마을을 떠나려 하는 것입니다."

마을 사람들은 더 놀래어,

"우리들이 당할 불행이란 도대체 무엇입니까?"

"여러분은 모르십니다만 중 고오타마가 천이백 명의 제자를 거느리고 밀려 오고 있기 때문입니다. 그들은 무수한 칼과 창을 휘두르며 어른이나 아이나 마구 살상할 것입니다."

마을 사람들은 무서운 나머지 몸을 떨며 말하였다.

"그것이 정말이라면 이 마을에 남아서 우리들을 도와주십시오. 우리들을 버리고 간다는 것은 너무나 몰인정한 처사가 아닙니까. 여러분이 떠나시면 이 마을은 전멸을 면치 못할 것입니다."

그러자 도사들은,

"여러분이 중 고오타마를 죽이겠다는 약속을 해 준다면 이 마을에 머물러 주겠소."

"좋습니다. 우리들은 힘을 합하여 중 고오타마를 죽일 것입니다."

그들은 각기 투구를 쓰고 칼과 활을 지니고 대오를 짜고 불타의 토벌을 위해 진군해 갔다. 그런데 석가족釋迦族의 한 노인이 이 모양을 보고 그들에게 물었다.

"당신들은 어디에 가는 거요?"

"우리들은 적을 토벌하러 가는 거요."

"그 적이라는 것이 누구란 말이오?."

"스님인 고오타마가 우리의 적이라오."

이 말을 듣고 노인은 놀래어 그들을 제지하였다.

"당치도 않은 말이오. 그 자비 깊은 부처님을 적이라 한다면 당신들은 누구란 말이오? 천부당 만부당한 잘못이오. 어서 돌아들 가시오."

그러나 그들은 노인의 말 따위에 귀를 기울이지 않았다. 들은 척도 않고 계속 전진해 갔다.

노인은 생각했다. '말만으로는 안 되겠다. 비상수단을 써야겠구나.'

노인은 마을에 들어가 사방에 불을 질렀다. 불길은 치솟아 연기가 마을을 뒤덮었다. 머물러 있던 마을 사람들은 이 사태를 보고 큰 소리를 지르며 아우성이었다. 부처님을 토벌한다고 간 마을 사람들은 가던 길에서 이 연기를 보고 아우성 소리를 듣고서 놀래 허겁지겁하였다.

"스님 고오타마를 치는 것은 뒤로 미루고 마을로 돌아가 불부터 끄자. 그들이 여기까지 오려면 아직 시간이 있을 테니까. 불은 촌각도 지체할 수 없는 일이다."

그들은 저마다 이렇게 지껄이며 마을로 달려와 소화 작업에 열중하였으나 불은 점점 퍼질 뿐이었다. 그들이 정신없이 뛰고 있을 때 부처님이 홀연히 그 자태를 나타내셨다.

"너희들은 왜 그리 당황해하고 있느냐?"

부처님이 이렇게 물으시자 그들은,

"지금 불이 나서 어찌할 바를 모르고 있습니다."

"내가 그 불을 꺼 주리라."

그래서 그들은 합장하여 부처님께 아뢰었다.

"세존이시여, 제발 소원입니다. 저희들을 위하여 불을 꺼 주십시오."

부처님의 말씀이 끝나자마자 이제까지 세차게 타고 있던 불길은 삽시간에 꺼져 버렸다. 그들은 눈앞에서 부처님의 위력을 보고 모두가 신심을 일으켰다. 그리하여 그들은 돌연 부처님이 모습을 나타내신 것을 고마워하며 경건하게 부처님께 여쭈었다.

"세존이시여, 어떻게 이렇게 빨리 이곳에 행차하시게 되었습니까?".
　그러자 부처님은,
"나는 너희들을 구하기 위하여 급히 이곳에 온 것이니라."
　그들은 부처님의 자비에 감읍하여 자기들의 폭거暴擧를 뉘우쳤다. 부처님은 그들에게 불교의 근본 교리를 알기 쉽게 설명하고 그 번뇌를 끊고 깨달음을 갖도록 타이르셨다.
　그때 많은 수행자들은 마음에 하나의 의심을 품고 부처님께 향하여,
"세존이시여, 저 석가족의 한 노인은 같은 종족의 부처님을 돕기 위하여, 즉 동족애에 빠져서 이 부락을 불태웠습니다. 그는 이 죄업罪業에 의하여 어떠한 벌을 받게 될 것입니까?"
하고 여쭈자 부처님은,
"수행자들이여, 그 노인이 동족애를 위하여 마을을 불지른 것은 이승에서만이 아니라 전생에서도 가끔 있었던 일이오."
하면서 다음과 같은 말씀을 하셨다.

"옛날 어느 마을에 오백 마리의 원숭이가 살고 있었다. 이 마을의 벼나 보리는 언제나 이 원숭이들이 먹어 치워 피해를 입곤 하였다. 어느 때 마을 사람들이 모여서 이 재해를 방지할 수단을 궁리하였다. 한 마을 사람은,
"원숭이를 모조리 죽여 버리면 되지 않겠소?"
다른 마을 사람들이 이에 대하여,
"그것도 좋지만 어찌 몽땅 죽일 수가 있단 말이오?"
그래서 그는 그 방법을 말하였다.
"감나무를 한 개만 남겨 놓고 마을 안의 나무를 모두 잘라 버린

단 말이오. 그리고서도 그 감나무 근방에 가시나무를 심어 놓는단 말야. 감이 익으면 따 먹으려고 원숭이는 틀림없이 나무 위로 오를 것이거든. 그때 몽땅 죽이면 되지 않겠소."

마을 사람들은 모두 이 의견에 찬성하고 한 그루의 감나무만을 남겨놓고 마을 안의 나무를 모두 잘라 버리고 그 감나무 근처에 찔레나무를 심어놓고 한 사람의 망보는 이로 하여금 지키게 하였다.

막 감이 익어 가고 있었다. 한 마리의 원숭이는 이것을 보고 원숭이 왕에게 보고하였다.

"감이 잘 익어서 먹음직합니다. 함께 가셔서 잡수시지 않으시렵니까?"

많은 원숭이들은 꾸역꾸역 감나무 아래로 모여들었다. 파수꾼은 이 모양을 마을에 통보했다. 마을 사람들은 손에 저마다 무기를 들고 모두 이 감나무 근처로 모여들었다. 그들은 우선 감나무를 베어 버리려고 했다. 많은 원숭이들이 이 상황을 보고 겁에 질려 가지에서 가지로 뛰어 돌고 있다. 그러나 원숭이 왕은 아무 공포심도 없이 태연히 감을 먹고 있었다. 많은 원숭이들은 이것을 보고 말하였다.

"이러한 지경에 어찌 태연스레 감을 먹고 계십니까?"
한즉 원숭이 왕은 하나의 노래를 중얼거렸다.

　　사람이 많으면 장애가 생기는 법,
　　나무가 굵으면 베기도 어려운 법,
　　서두르지 말고서 감이나 먹자꾸나.

이 원숭이 무리 중 한 마리의 작은 원숭이는 맨 먼저 사람에게 잡혀 그 집에 묶여 있었다. 그들은 동족의 원숭이들이 모두 몰살을 당할 것을 알고 수심에 잠겨 있었다. 거기에 한 원숭이가 찾아왔다. 그는 작은 원숭이의 순하게 생긴 모양을 보고 위로하며 말하였다.

"어째서 그렇게 침울한 얼굴을 하고 있니?"

"이 마을 사람들이 우리들 동족을 몰살하려고 해요. 그런데 어떻게 걱정이 안 된단 말이오."

"그렇다면 왜 그렇게 넋을 잃고 있는 거냐? 무슨 수단이라도 써야 될 거 아니냐."

"나는 묶여 있어요. 어떻게도 할 수가 없단 말이오."

"그렇다면 사슬을 풀어 주마."

사슬에서 풀린 원숭이는 마을의 사방에 불을 질렀다. 마을은 점점 타들어오고 있었다. 마을에 남아 있던 사람들은 이것을 보고 대경실색하였다. 감나무 밑에 모였던 마을 사람들은 불난 것을 보고 아우성 소리를 듣자 당황하여 말했다.

"원숭이 사냥은 뒤로 미루고 불부터 끄자. 원숭이는 지금 곧 죽이지 않아도 되지만 불은 한시도 지체할 수 없다."

마을 사람들은 불 끄기가 급해 원숭이를 놓아 둔 채 모두 사라져 갔다. 원숭이들은 겨우 위기를 모면할 수가 있었다."

부처님은 이 이야기를 마치고 수행자들에게 말씀하셨다.

"이 작은 원숭이는 지금의 이 가족의 노인이다. 그는 이승에서 동족애를 위하여 마을을 태웠을 뿐 아니라 전생에서도 동족애를 위하여 마을에 불을 질렀었느니라."

<근본설일체유부비내야약사 제9>

불교 설화

음탕한 여인의 말로

석가께서 사위국의 기원 정사에 계시던 때의 일이다. 이 나라 어느 마을에 한 아름다운 바라문 처녀가 있었다. 나이는 열여섯에 이름은 선광善光이라 하며, 자태나 용모가 일 점 흠 잡을 데 없는 보기 드문 미인이었으나 아무도 탐내는 이가 없었다. 이유인즉, 이 처녀가 탄생하자 그녀의 어머니는 점쟁이를 불러 아기의 운명을 점치게 하였는데 그 점쟁이는 이 아기의 얼굴을 물끄러미 바라보고서 가엾다는 듯한 얼굴로 그 어머니에게,

"이 아이는 자라면 500명의 남자와 정을 통할 운명을 지니고 있습니다."

하고 말하였다. 이 말은 발 없는 말이 천 리를 간다고 근방에 소문이 나서 지금은 모르는 사람이 없을 지경이다. 그래서 아무리 아름다운 처녀지만 어쩔 수가 없이 되었다.

어느 날 이 마을에 한 젊은 장사가 왔다. 그는 바다에 들어가서 많은 보배를 파내어 아무런 부자유 없이 지내는 터였다. 그는 이 처녀를 한번 보고 홀딱 그 미모에 반하여 꼭 자기의 아내로 삼으

려고 마음먹었다.

　그래서 그 이웃 사람에게,

　"저 처녀는 뉘 집 딸인가요?"

하고 물으니,

　"그 처녀는 바라문 처녀랍니다."

　"아직 시집을 안 갔나요?"

　"아직 처녀입니다."

　"내가 그 처녀에게 장가들고 싶습니다만."

하고 말을 하자 그 사람은 손을 내저으면서,

　"그만두시는 것이 좋을 겁니다. 그 여자는 보시다시피 몸매도 좋고 우아하고 아름다운 처녀입니다만 딱 한 가지 나쁜 것이 있답니다."

　"딱 한 가지 나쁜 것이라니요?"

　상인이 끝까지 캐어물으므로 그 사람은 남김없이 털어놓았다.

　"그 여자가 태어나자 곧 점쟁이는 그녀를 보고 이렇게 말했습니다. '이 아이는 커서 500명의 남자와 정을 통하리라' 고요. 딱 한 가지 걸린다는 것은 바로 이것이지요."

　상인은 이 이야기를 듣고서도 단념할 수가 없었다.

　"내게는 아무도 오는 이가 없어. 다만 수행자들이 올 뿐이야. 설마 수행자하고는 정을 통하는 일이 없겠지."

　그는 마침내 청혼을 하였다. 그 양친과 처녀도 모두 기뻐하여 곧 결혼식을 치르고 상인은 그 처녀를 데리고 자기 집으로 돌아갔다. 그리고 둘이서는 단란하게 지내고 있었다.

　결혼한 지 얼마 안 되어서 그 상인은 친구들과 더불어 또 보배를 얻기 위해 바다로 가게 되었는데, 그에게 그 선발대가 되어 달라는 청이 왔다. 그 고장의 법률에 따르면 가끔 바다에 들어갔던 자는 선발대가 되어야 하는 의무가 있었다. 만일 이런 때 이를 거부하면 국법을 위반하게 되어 있었다.

　동료 상인들은 그 집에 와서 머리를 숙이며 청하곤 하였다. 그는 부득이 위험한 애처를 뒤에 두고 항해하기로 결심하였다. 출발에 앞서 문지기 영감에게 신신 당부하였다.

　"내가 없는 동안은 결코 외간 남자를 문 안에 들여서는 안 되네. 수행자만은 무관하지만."

　그녀는 매우 음탕한 마음을 속에 간직하고 있었으므로 남편이 없는 동안 홀로 쓸쓸한 잠자리를 견딜 수 없어 매일 걸식하러 오는 수행자들을 자기 방에 끌어들여서는 몸을 감으며,

　"제 이 간절한 심사를 달래 주셔요."

하고는 떨어지지 않았다. 수행자들은 무어라 대답할 바를 모르고 여기를 빠져 나가서는 부처님께 그 사연을 말씀드렸다. 부처님은 많은 수행자들로부터 이 말을 듣고,

　"그런 집에 걸식하러 가서는 안 되느니라. 만일 걸식을 하러 가더라도 그녀와 말을 해서는 아니된다. 그런 곳에 가면 우리의 깨끗한 수행이 무너질 염려가 있다."

하시면서 수행자들에게 엄중히 타일렀으므로 그 날로부터는 한 사람의 수행자도 그녀의 집에 들르지 않게 되었다. 수행자가 오는 것으로 그나마 그 음정淫情을 누를 수 있었던 그녀는 수행자가 한 사람도 오지 않음을 알자 그 맹렬한 욕정을 누를 길 없어 번민 끝에 그날 밤에 죽어 버리고 말았다.

　집의 사람들은 그녀의 시체에 화장化粧을 시키고 아름다운 옷을 입혀 들판 시체 처리장에 버렸다. 그녀의 시체가 버려진 날 밤

500명의 도둑이 거기를 지나가다 아름다운 여인의 시체에 욕정을 일으켜 500명이 모두 시체인 그녀를 범했던 것이다.
   점쟁이의 예언은 적중하였다. 그녀는 수행자에게 부정한 행위를 강요한 죄로 축생계에 떨어지게 되었다는 이야기다.

〈비내야 제3〉

불교 설화

앵무새의 충고

카아시국에 악수惡受라는 왕이 있었다.
 정치를 잘 못하는 일이 많고 국민을 괴롭히고 잔혹한 짓을 함부로 하여 먼 나라에서 상인들이 오면 진기한 상품을 사고 결코 대금을 지불하지 않았다.
 따라서 나라 안의 보물이 결핍되고 가격은 하늘 높은 줄 모르게 뛰어올랐다. 악수 왕의 악명은 이웃 나라에 알려져 지금은 누구 한 사람도 왕이 좋다고 하는 이가 없고 왕은 국민의 원망의 표적이 되었다.
 그때 숲속에 살고 있던 앵무새 왕은 지나다니는 사람들이 저마다 왕의 나쁜 일에 대하여 이야기하는 것을 듣고 남 모르게 혼자서 생각하기를
 '나는 천한 새鳥에 지나지 않지만 역시 왕의 잘못을 알 수가 있다. 왕이 있는 곳에 가서 왕을 위해 착한 길을 이야기해 주어야겠다. 만일 왕이 나의 이야기를 귀담아 들어 준다면 말을 해야겠다. 새의 왕이지만 선과 악을 잘 구별하여 그를 위해 충고를 해야 되

겠다. 인간 세계의 왕이면서 새의 의견을 듣게끔 된 것은 어쩔 수 없지.'

앵무새 왕은 이렇게 생각하고 재빨리 날개를 펴서 공중 높이 날아 왕의 정원 안의 어느 나무 위에 앉았다. 때마침 왕비는 많은 시녀를 데리고 정원 안을 산책하고 있었다.

앵무새는 마침 잘됐다고 생각하고 날개를 치고 이렇게 말했다.

"왕의 포악무도함은 극에 달했고 죄 없는 국민을 죽이고 새 같은 짐승도 살생하고 있습니다. 게다가 가축에 대한 것도 마찬가지고 그것을 원망하는 소리는 널리 나라 안에 퍼지고 있습니다. 당신도 또한 왕과 같이 국민에게 가혹하게 하고 있습니다. 국민의 부모라고 할 수 있는 당신들은 그렇게 해도 좋습니까?"

앵무새의 웅변은 왕비의 분노를 샀다.

"무언가 모를 조그만 새가 입을 벌려 우리를 꾸짖는 것은 어쩐 일일까?"

드디어 앵무새는 왕비의 명령에 의하여 사로잡혔다.

그러나 앵무새는 조금도 놀라지 않고 또한 두려움도 없이 태연히 잡는 자의 손에 들어가 왕비로부터 일의 경위를 설명하고 왕의 앞에 잡혀 나아가게 되었다.

"앵무새야, 너는 왜 우리를 나쁘다고 꾸짖는 거냐?"

왕의 오만한 힐책에 대하여 앵무새의 대답은 매우 냉정하였다.

"저는 왕의 잘못을 말하여 서로 경계하려고 생각하는 것뿐이며 결코 오만하게 꾸짖은 것은 아닙니다."

"잘못이 뭔가?"

"일곱 가지의 잘못이 있습니다."

"여자를 탐하여 정조를 무시하는 것이 그 첫째요, 주연술자리을 베풀고 나랏일을 돌보지 않는 것이 그 둘째요, 승부勝負에 치우쳐서 예의와 교教에 대하여 무관심한 것이 그 셋째요, 유렵遊獵과 살생을 예사로 하여 자비심이 없는 것이 그 넷째요, 다른 사람을 쓸데없이 즐겨 꾸짖고 착한 말을 하지 않는 것은 그 다섯째요, 부역처벌賦役處罰을 보통 법보다 배로 무섭게 한 것은 그 여섯째요, 백성의 재물을 뺏는 것은 그 일곱째요. 이상 일곱 가지 일은 왕의 스스로의 안위에 관계되는 것입니다. 다시 3개 조항이 있어서 왕의 국운이 기울어지게 하는 것이라고 생각합니다."

"그 3개 조항은 뭔가?"

"마음이 비뚤어진 사람에게 아첨하는 나쁜 사람과 친하는 것이 그 첫째요, 현인이나 성인을 멀리하고 충언忠言에 귀를 기울이지 않는 것이 그 둘째요, 즐겨 다른 나라에 쳐들어가 민력의 함양을 잊어버리는 것이 그 셋째요. 이상 세 가지를 제거하지 아니하면 왕의 국가의 운명은 바람 앞의 등불과 같습니다. 무릇 왕이란 분은 나라의 구석구석에 이르기까지 다리와 같이 만민을 구제해야 하고 왕은 저울처럼 친한 사람도 소원한 사람도 모두 평등한 것이다. 왕은 길과 같이 현인이나 성인의 발자취를 따라 나가야 하고, 왕은 해와 같이 남김없이 세상을 비추어야 하고, 왕은 달과 같이 만물에 서늘함을 주어야 하고, 왕은 부모와 같이 만민을 어루만져야 하고, 왕은 하늘과 같이 모든 것을 덜어 주어야 하고, 왕은 땅과 같이 만물을 받쳐 주어야 하고, 왕은 불과 같이 만민을 위해서 나쁜 것을 태워 버려야 하고, 왕은 물과 같이 사방을 적셔 주어야 한다. 저 전륜성 왕轉輪聖王이 십선도十善道를 가지고 인류를 교화敎化시킨 바와 같이 하지 않으면 안 됩니다."

왕은 앵무새의 정성 어린 충고에 깊이 깨닫고 방약무인으로 잘못을 저지르던 것을 부끄럽게 여기고 앵무새의 가르침에 따라 그를 받들어 스승으로 섬기고 바른 길을 닦아서 공명한 정치를 행하게 되었다.

따라서 나라 안에 좋은 풍습과 교화가 크게 일어나 왕의 악명은 자연히 사라지고 왕비도 신하도 모두 충성과 의리를 다하고 왕을 공경하며 왕을 보좌하고 백성도 또한 즐거워서 나라가 크게 부흥했다는 것이다.

이 이야기에 나오는 앵무새는 석존釋尊을 말함이다.

<잡보장경 제7>

지옥에서도 돈이면 제일이라고 하지만

어떤 곳에 일찍이 아버지를 여의고 어머니와 단 둘이서 살고 있는 아이가 있었다. 매일 아침 부처님 사당에 기원하는 것을 게을리하지 않고, 조금도 나쁜 일을 행하지 아니하며 진실한 길을 구하고, 스님을 공경해서 경문을 논하고, 옛날의 현명했던 사람을 따르고, 효행을 다하는 것이 마치 굶주린 자가 꿈에도 먹을 것을 잊지 않는 것과 같았다.

그런데 그 나라의 왕은 무도한 군주였다. 재물을 약탈하고, 여색에 빠지며 착한 신하를 멀리하고 백성들을 괴롭혔다. 그러나 왕도 해마다 늘어나는 이마의 주름에는 어쩔 수 없어 무상천멸의 비애를 생각해 내서, '나는 내 스스로를 생각해 보아도 너무 좋은 일만을 해왔다고는 생각하지 않는다. 그렇다면 죽은 다음에는 지옥으로 떨어질 것이 분명한 일이지만, 지금 이때에 많은 금을 모아서 염라 대왕한테 재물을 보내어 고통을 면하게 하도록 하지 않으면 안 되겠다'고 생각을 하고는, 즉시 나라 안에 엄중한 명령을 내려서 금이라는 금은 전부 바치도록 했다.

"조그마한 금전이라도 감추는 자는 사형에 처한다."

이러한 왕명이 내려져서 3년 동안에 백성이 가지고 있던 금이라는 금은 모두 빼앗고 말았다.

왕은 그래도 아직 감추어진 것이 있을 것이라고 다시 명령을 내리고,

"이 이상 조그만 금전이라도 왕한테 바치는 자가 있으면, 그 공적에 의해서 왕이 가장 사랑하고 있는 막내딸을 그 자의 처로 줄 것이며, 작위를 수여하겠다."

이렇게 거짓 명령을 내렸다. 동자는 이 명령을 듣고,

"나는 전에 아버지가 운명했을 때, 염라 대왕에게 보내기 위해서 금전 한 닢을 아버지의 입 속에 넣고 묻은 일을 기억하고 있습니다. 지금도 반드시 거기에 있을 것이 틀림없으므로 그 돈을 빼내서 왕에게 헌상하려고 생각합니다."

이렇게 말하면서 어머니와 상의를 했다. 원래가 정직한 아들의 일이므로,

"좋은 생각이 들었구나. 즉시 그렇게 하도록 하거라."

이와 같은 어머니의 허락을 얻고, 동자는 그 돈을 왕에게 헌납했다. 왕은 동자를 포도청으로 불러내서 엄중히 그 돈의 출처를 조사했다.

"아버지가 운명했을 때, 이 돈을 입 안에 넣어서 염라 대왕에게 보내려고 했지만, 이번에 대왕이 작위까지 주면서 금을 구하신다는 소리를 듣고 아버지의 묘를 파서 관을 열고 돈을 끄집어 내서 헌상한 것입니다."

"아버지가 죽은 지 몇 년이 되는가?"

"예, 11년이 됩니다."

"너의 아버지는 어째서 그 돈을 염라 대왕에게 보내지 아니했는가?"

"대왕이시여, 많은 가르침 중에서도 부처님의 가르침만이 진실한 것입니다. 부처님의 가르침을 따르고 좋은 일을 하면 행복이 찾아오고, 나쁜 일을 하면 화근이 온다고 말합니다. 그 행복이라는 것과 화근이라는 것은 필경 그림자와 같은 것입니다. 아무리 그림자를 피하려고 해도, 울림 소리를 듣지 않으려고 산을 가로막아도 그것을 할 수 없는 것입니다."

왕은 그 아이의 가르침을 듣고, 크게 탄식하면서 다음과 같이 말했다.

"안 된단 말이지?"

"그렇습니다. 안 되는 것입니다. 사람의 신체는 땅·물·불·바람의 4가지로 만들어져 있습니다. 목숨이 다해서 영혼에서 이러한 네 가지가 뿔뿔이 떨어져 나가면, 원래의 땅·물·불·바람으로 돌아가 버리는 것입니다. 그때 가서 선물이 무슨 소용이 있습니까. 대왕은 전생에 인덕을 베풀었기 때문에, 이 세상의 대왕으로 태어나신 겁니다. 만일에 세상에서 인애仁愛의 마음을 가지고 모든 것을 베풀면 설사 깨달음의 위치에는 오르지 못한다 하더라도, 다음 세상에 왕으로 태어나시는 것은 의심할 여지가 없습니다."

이와 같은 아이의 설법에 마음으로부터 기뻐한 왕은 나라 안에 대사령大赦令을 내려서 죄수를 풀어 주고, 지금까지 빼앗았던 금전을 전부 백성들에게 나누어 주었다는 것이다. 이것은 석존이 전생에 있어서 동자로서의 보살행이다.

〈육도집경 제4〉

원숭이의 설법

 카아시국의 만면 왕滿面王 시대에 이웃 나라인 히다이케 국에 용모가 아름다운 한 음탕한 여자가 있었다.
 그 당시 이 두 나라는 서로 사이가 나빠서 자칫하면 전쟁도 불사할 상태에 있었다.
 카아시국의 말을 잘하고 마음씨가 좋지 않은 신하가,
 "히다이케 나라에 한 사람의 음탕한 여자가 있습니다. 그녀는 용모가 굉장히 아름다워서 세상에서 그녀와 비길 자가 없는 미인입니다."
하고 만면 왕에게 말했다.
 왕은 말을 잘하고 마음씨가 좋지 않는 이 신하의 말을 듣고 아직 본 적도 없는 이웃 나라의 음탕한 여자에 대하여 욕심을 품고 일부러 사신을 이웃 나라에 보내서 그녀를 맞이하려고 했다.
 그렇지만 히다이케 나라에서는 쉽게 그녀를 주지 않았다. 그래서 만면 왕은 사오 일간이면 된다고 하는 조건으로 다시 그녀를 맞이하기 위해 사신을 보냈다.

그때에 히다이케 국왕은 쌓인 분노와 원한을 씻는 것은 이때라고 생각하여 만면 왕의 요구에 응하지 않는 그녀를 달래어,
"너의 자태와 기능에 카아시국 왕의 마음이 흔들린 것이므로 얼마 동안 가 있는 것이 좋을 것이다."
고 권유하여 그녀는 카아시국에 가게 되었다.

그로부터 사오 일 지나서 히다이케 국왕은 큰 행사가 있다는 구실로 그녀의 본국인 히다이케로 데려왔다.

그러나 행사가 지나도 그녀를 다시 카아시국에 보낼 생각이 없었다. 그녀를 사랑하는 만면 왕은 마음속으로 하루하루 보내 주기를 기다리다 못해 사신을 파견해서 그녀의 입국을 요청했다.

그래서 히다이케 나라에서는,
"내일이면 보내드리겠습니다."
하는 회신은 몇 번 반복했으나 카아시국 왕성에서는 요염한 그녀의 모습을 다시 볼 수가 없었다.

만면 왕은 불타는 욕정欲情으로 마음이 흔들리어 괴로워하며 측근 몇 사람만 데리고 히다이케 나라에 가고 싶다는 애절한 마음을 드러냈다. 측근자들은 크게 놀라서 강력히 이를 만류했으나 사랑에 사로잡힌 왕의 귀에는 마이동풍과 같았다.

그 당시 선산仙山 속에 원숭이 왕猿王이 있었다. 태어날 때부터 총명하고 기상이 높고 박학하여 풍부한 지식을 갖고 있었다.

그 원숭이 왕의 처가 죽어서 한 마리의 암컷 원숭이를 아내로 맞아들였다. 그런데 그 암컷 원숭이는 지금까지 원숭이들이 공유共有한 원숭이였다. 다른 원숭이들은 왕의 횡포에 대하여 분노의 불길을 태우고 그 불법을 꾸짖었다.

형세가 불리함을 알아차린 원숭이 왕은 할 수 없이 새 아내를

데리고 카아시국으로 몰래 달아나서 몸을 만면 왕의 성 중으로 피하였다.

그런데도 원숭이들의 분노는 조금도 멎지 않고 그들이 도주한 것을 알자 곧 무리를 이루어 그 뒤를 쫓아 만면 왕의 성 중에 들어가 담을 파괴하고 집을 헐고 닥치는 대로 난폭하게 굴었다.

만면 왕은 일의 경위를 듣고 원숭이 왕에게 새 아내를 원숭이들의 요구에 따라 돌려주도록 권고했다.

"국왕님, 나의 처가 사망한 뒤에는 처가 없습니다. 따라서 이 암컷의 원숭이를 놓아줄 수가 없습니다."

"우리 국내의 평화를 유지하는 데 곤란하기 때문에 내가 말하는 것을 들어 주기 바란다."

"도대체 암컷의 원숭이를 후처로 맞이한 것이 좋지 않은 것입니까?"

"물론 좋지 않는 것이다."

이와 같은 문답이 몇 번 계속됐으나 만면 왕은 자기 생각을 고집하여 움직이지 않았다. 여기에서 원숭이 왕은 소리를 높여서 다음과 같이 만면왕에게 말했다.

"왕의 궁중에는 꽃과 같은 팔만사천 명의 부인이 있는데도 왕은 그들을 사랑하지 않고 히다이케국의 천하고 음탕한 계집의 엉덩이를 쫓아 헤매고 있는 것이 아닙니까. 저는 단 한 처를 사별한 것이므로 할 수 없이 이 원숭이를 후처로 맞이한 것인데 왕은 그것을 좋지 않다고 말씀하십니다. 원래 모든 국민은 왕을 위하여 열심히 생업에 종사하고 있는데도 불구하고 왕은 한 음탕한 여자 때문에 정신을 잃고 모든 국민을 버리려고 하고 있습니다. 대왕님, 음탕한 일은 즐거움이 적고 괴로움이 많은 것입니다. 그것은 마치 바람이 불어오는 쪽을 향해서 불을 피우고 있는 것과 같은 것입니다. 어리석은 자는 그 불을 놓을 줄을 모르기 때문에 드디어는 자기 몸까지 타버리고 마는 것입니다. 욕망은 깨끗하지 못하며 똥과 오줌 같은 것입니다. 또한 욕망은 목마른 사람이 소금물을 마시고 점점 갈증을 더해 주는 것과 같습니다. 또한 욕망은 생선과 짐승의 고기를 탐내어 그칠 줄 모르고 지나치게 먹어서 드디어는 죽고 마는 것과 같이 그 근심은 매우 큰 것입니다."

　이 이야기에 있는 원숭이 왕은 현재의 석가모니이며 만면 왕은 난타難陀, 음탕한 여자는 손타리孫陀利이다.

<잡보장경 제8>

욕심이 적으면 복이 많다

　사위국의 오백 명의 상인들이 히샤캬라고 하는 상주商主에 이끌려 순풍에 돛을 달고 바다 한가운데 있는 보물을 얻으러 갔다.
　드디어 목적지에 도착해서 많은 보물을 채취해서 배에 쌓았다.
　보물도 한없이 많으나 욕심도 한없이 많아서 점점 쌓아올리는 동안에 보물의 무게 때문에 배는 위험하게 되었다.
　그래서 히샤캬는,
　"욕심에도 정도가 있기 때문에 적절히 가감加減 하지 않으면 보물과 같이 물에 빠지게 된다."
하고 일행에게 만류했으나 욕심에 눈이 어두워진 사람들은 보물에만 마음에 쏠려 히샤캬의 말을 듣지 않고 점점 보물을 넣었다. 몸에 위험을 느끼게 된 그는 할 수 없이 보물을 바닷속에 던져 넣어 항해하는 데 차질이 없을 정도로 무게를 줄여서 일행의 안전을 도모했다.
　그때 바다의 신은 히샤캬가 진귀한 보물을 던져서 일행의 안전을 꾀한 영단英斷에 감탄하여 그가 바다에 던져 버린 보물을 주워 모아서 히샤캬가 상륙함과 더불어 그에게 주었다.

아무것도 모르는 상인들이 히샤캬가 바닷속에 던져 버린 보물을 아까워하고 어리석게 뉘우쳐 괴로워하는 것을 히샤캬는 가련한 생각이 들어 해신海神이 준 진귀한 보물을 일동에게 나누어 주었다.

그 뒤 히샤캬는 불도佛道를 믿고 도를 닦아서 신통神通한 힘을 얻을 수가 있었다. 오백 명의 상인들은 이것을 보고 비로소 탐욕에 치우쳐서는 안 된다는 것을 알고 진정한 보물은 도道에 있다는 것을 깨달아 법에 따라 수행하여 드디어 신통한 힘을 얻을 수가 있었다고 한다.

히샤캬란 현재의 석가釋迦이며 오백 명의 상인들은 오백 명의 외도外道들이다.

<잡보장경 제8>

여자의 본능

석존께서 사위국의 기원 정사에 계실 때의 일이다.
왕비에 대해 시끄러운 왕이 있었다.
그 왕의 큰왕비가 어느 날 태자에게 말했다.
"저는 태어난 이후 아직까지 나라 안을 돌아본 일이 없습니다. 한번 밖에 나가 보고 싶습니다. 임금님께 말씀드려 주십시오."
이러한 요구를 세 번이나 하였기 때문에 태자는 할 수 없이 왕에게 소원하여 허락을 얻었다.
그랬더니 여러 신하들은 왕비를 전송하기 위해 거리 모퉁이에 쏟아져 나왔다. 그런데 왕비는 손수 장막을 열고 여러 신하들에게 그 아름다운 손을 내밀었다.
이것을 본 태자는 배가 아프다고 말하고 급히 돌아와 버렸다. 그리고 나서 생각하기를 우리 어머니가 저러할진대 다른 부인들은 미루어 알 만하다.
이렇게 생각함과 동시에 밤중에 나라를 버리고 산중으로 들어갔다. 마을에서 떨어진 산 속의 오솔길가에 나무가 있고 그 나무 아래 샘물이 있었다.

　태자는 그 나무 위에 올라가자 뜻밖에도 한 사람의 바라문이 나무 아래 샘물 속으로 들어왔다. 거기서 목욕이 끝나자 식사를 하고 이어서 주문呪文을 외우더니 한 개의 병을 토해냈다.

　그런데 그 병 속에서 여인이 나타났다.

　이어서 또 주문으로 집을 만들고 바라문은 잠을 잤다.

　그러자 이번에는 여인이 주문을 외우더니 한 개의 병을 토해내더니 그 병 안에서 나이 젊은 미남자가 나타났다.

　여인은 이 미남자와 함께 누워 얼마 동안 있다가 그 사나이를 아까와 같이 넣어 병을 마셔 버렸다. 조금 있다가 바라문이 일어나서 여인을 병 안에 넣고 마셔 버렸다.

　그 후 언제인가 모르게 가 버렸다.

　그래서 태자는 귀국해서 왕에게 이 이야기를 하고 세 사람이 함께 가서 그곳에서 바라문이 오기를 기다렸다.

　그것을 모르고 바라문이 왔다.

　태자는 세 사람분의 식사를 내놓았다.

　"저는 혼자입니다."

　"부인을 불러서 함께 드십시오."

　이렇게 지적하자 할 수 없이 바라문은 부인을 불렀다. 그런데 태자가 부인을 향해서,

　"아름다운 소년이 나오게 해서 함께 드십시오."

하고 말하자 처음에는 말을 듣지 아니하나 태자가 세 번이나 같은 말로 되풀하자 할 수 없이 아름다운 소년이 나오게 해서 함께 먹고 돌아갔다.

　이것을 처음부터 보고 있던 왕은 괴이하게 생각하고 태자에게

물었다.

"태자는 어떻게 해서 이러한 것을 알고 있는가?"

그래서 태자는 어머니의 일을 말씀드리고 여인의 다욕多欲함이 싫어서 산에 들어간 일로부터 바라문의 이야기에까지 미치고 여인의 성욕은 아무리 애써도 그것을 끊을 수가 없기 때문에 궁중의 여인들에게 자유롭게 행동하도록 허락하여 주는 편이 좋다고 말씀드렸다.

왕은 태자의 이야기에 공명하여 궁중의 여인들은 어떤 일이든지 뜻에 따라 자유에 맡긴다고 명령하였다는 이야기이다.

<구잡비유경 상>

불교 설화

호랑이 입의 가시

어떤 곳에 한 마리의 호랑이가 짐승을 잡아 뼈까지 먹어 치웠기 때문에 뼈가 이 사이에 끼어서 아무리 애써도 빠지지 않았다. 호랑이는 그것이 원인이 되어 이가 아파서 사나운 호랑이지만 별수 없이 약해지고 말았다.

같은 산에 한 마리의 참새가 살고 있었다. 자비심이 깊어서 남의 고통을 보면 자기 일처럼 슬퍼하며, 가르침에 따르는 자를 보고는 자기 일처럼 기뻐하고 타인을 애호하는 일을 자기의 상처를 돌보는 것처럼 마음을 썼다. 지금 호랑이의 고통을 보고는 대단히 불쌍히 여겨,

"부처님은 입이 화근의 문이라고 가르치셨는데 정말로 그렇구나."

이렇게 말하면서 호랑이의 입에 들어가 뼈를 쪼아 주었다. 매일매일 조금씩 쪼았지만, 나중에는 참새의 입도 상처를 입어 몸은 차츰 쇠약해졌다. 그러나 이 사이의 뼈는 빠져서 호랑이는 소생할 수가 있었다.

참새는 나무 위에 날아 올라가서는 부처님의 가르침을 설법했다.

"살생은 대악이다. 만일 자기가 죽음을 당했다면 기쁘다고 생각할 것인가. 자기 자신을 꼬집어서 타인의 아픔을 알아 은혜를 베푸는 마음은 자연스럽게 일어나는 것이다. 어진 자에게는 반드시 행복과 보답이 온다. 악인에게는 화근이 그림자처럼 따른다. 나의 말은 틀림이 없다."

호랑이는 참새의 훈계에 갑자기 화내면서,

"조그마한 참새 놈, 내 입에서 떠났다고 생각해서 건방진 소리를 하는구나."

이렇게 외쳤다.

참새는 이 가르침을 받아들이지 않는 것을 슬퍼하면서 쓸쓸히 날아가 버렸다는 이야기이다.

참새는 석존, 호랑이는 데바닷다의 전신이다.

<육도집경 제5>

덧없는 세상

　부처님이 어느 날 제석천帝釋天에 태어났다. 언제나 이 세상은 무상한 것이며, 괴로운 것이며, 무아한 것이라고 깨닫고, 정좌해서는 염원하고 교화敎化를 행하는 일을 게을리하지 않았다.

　전생에 있을 때의 한 친구가 부인으로 태어나서 부호의 처가 되어 재물이나 색욕에 빠져 내 몸의 무정함에 눈 뜨지 못하고, 화려한 옷을 걸치고, 거리를 지나가는 것을 본 제석천은 한 사람의 상인으로 둔갑을 해서 앞에다 팔 물건을 펴 놓았다.

　부인은 아름다운 물건에 반해서 자기 아들을 급히 집으로 돌려보내서, 평상을 가져오게 해서 앉으려고 했다. 상인은 부인의 얼굴을 가만히 바라보면서 웃음을 띠었다. 부인은 불쾌하게 생각하고 있던 참에 아들이 평상을 가지고 온 것이 늦었다고 때려 줄 때였다.

　상인은 다시 웃었다. 한편, 그 곁에서는 한 어린아이가 작은 북을 두드리면서 춤을 추며 놀고 있었다. 상인은 이것을 보고 또 웃었다.

 또 아버지가 병에 걸렸다고 하면서 그 아들이 소를 죽여서 귀신한테 빌고 있는 자가 있었다. 상인은 이것을 보고 또 웃었다.

 한 사람의 부인이 아들을 안고 지나갔다. 그 아들이 보채면서 어머니의 뺨을 할퀴어서 피를 냈다. 상인은 또 웃었다.

 부인은 상인이 웃는 것이 마음에 꺼려서 다음과 같이 말했다.

 "당신은 내 앞에서 자꾸만 웃고 있는데, 내 아들을 때린 것은 아들이 나빴기 때문입니다. 왜 그렇게 웃는 것입니까?"

 "당신은 대단히 마음에 걸리는 것 같지만, 당신은 옛날 나하고 아주 친한 친구 사이였는데, 나를 잊었습니까?"

 이런 말을 들은 부인은 이상한 남자라고 생각을 하면서, 눈살을 찌푸리면서 더 한층 마음이 언짢았다.

 상인은 말했다.

 "당신이 아들을 때리는 것을 보고 내가 웃은 것은 전생에서는 그 아들이 당신의 아버지였기 때문입니다. 이 세상에서는 아버지와 아들이 흔히 반대로 되어서 서로 모르고 있는 것입니다. 다만, 한 세상뿐인데도 그렇습니다. 오랜 생사가 계속되는 사이에 일어나는 일은 더욱 모르는 것입니다. 북을 두드리고 있는 아들은 전생에서는 소였지만 소가 죽어서 그 영혼은 주인이었던 당신의 아들로 태어난 것입니다. 그 소의 가죽으로 만든 북을 자기의 몸인지도 모르고 두드리고 있는 것을 보고 웃는 것입니다. 또 저 소를 죽여서 신을 모셔, 아버지의 병을 낫게 하려고 하는 것은 살리기 위해서 죽이는 것입니다. 독한 독을 마시고 병을 고치려 하는 것입니다. 이 무슨 모순됨이 아니겠습니까?

 저 아이가 죽으면 반드시 소로 다시 태어날 것입니다. 그래서 몇 번이고 죽음을 당한 소는 다시 사람으로 태어나서, 고뇌로부터 벗어날 수가 있을 것입니다. 이러한 사정이기 때문에 웃지 않고는 못 견디게 된 것입니다. 또 자기의 어머니 얼굴을 할퀴어서 상처를 입힌 아들은 전생에서는 어떤 사람의 첩이었고, 그의 모친은 전처였던 것입니다. 여자란 원래 질투심이 강해서 전처는 항상 첩을 미워해서 싸늘하게 대하였고, 첩은 이것을 대단히 원망스럽게 생각해서 목숨이 다한 다음 이 세상에 전처의 아들로 다시 태어나 보채기도 하고, 얼굴에 상처를 입히기도 해서 한을 풀었지만 돌아가는 응보應報라고 생각을 해서, 원망스럽게 생각지 않는 것입니다. 정말로 웃을 일이 아니겠습니까.

도대체 많은 사람들의 마음은 변하기 쉬운 것입니다. 옛날에는 서로 미워하던 것이 지금 사랑을 하고 있으나, 정상적인 길이 아닙니다. 한 세상뿐인데도 그렇습니다. 하물며 몇 대로 흘러가는 사이에는 웃지 않을 수 없는 일 뿐일 것입니다. 그렇게 되는 것은 무상천멸無常遷滅의 이치를 알지 못하고 부처님의 올바른 가르침을 듣지 아니하고늘 쓸데없이 등불과 같은 이 세상의 영화에만 본심을 빼앗기고, 있기 때문입니다. 저는 이제 여기서 작별하겠습니다. 훗날 반드시 당신의 문전에 나타나겠습니다. 안녕히 계십시오."

이렇게 말을 끝내더니, 상인은 이미 보이지 않았다. 부인은 너무나 갑작스런 일에 망연茫然해지고 마음에 상처를 느끼면서 쓸쓸히 집으로 돌아왔다.

그로부터 며칠이 지난 어느 날, 부인의 집 문전에 떨어진 옷에 더러운 몸을 감싼 한 사람의 거지가 나타났다.

"문지기여, 이 집의 안주인은 내 친구였습니다. 만나 보고 싶으니 주선해 주시기 바랍니다."

쫓아 버리려고 해도 쉽게 움직이지 않으므로 문지기는 할 수 없이 주선을 해 주었다. 부인은 밖으로 나왔지만 조금도 안면이 없으므로,

"나는 당신과 같은 친구를 가지고 있지 않습니다."

이렇게 쏘아붙였다. 그런데 거지는 웃기 시작했다.

"조금만 모습을 달리하고 의복을 바꿔 입었는데도 몰라본다고 말하는구나. 이것은 세상이 바뀌고 삶이 틀린다면 알 까닭이 없지. 나는 옛날 친구의 우정으로, 마음으로부터 부처님의 올바른 길을 권합니다. 이 목숨은 한순간의 호흡에 불과합니다. 현생의 유혹에 빠져서 영원한 길을 잊어서는 안 됩니다."

조용히 떠나는 제석천의 모습을, 부인은 예배를 하면서, 배웅했다. 나라 안의 모든 사람들도 이 이야기를 듣고 모두가 감탄의 소리를 아끼지 않았다는 것이다.

부처님은 이 인연을 설법하면서 사리불舍利佛에게 다음과 같이 말했다.

"부인은 마로쿠이고 나는 그 당시의 제석천이었다."

<육도집경 제5>

불교 설화

입과 마음

마츠라국에 부모의 허가를 얻어 우바기꾸타 성자 곁에서 출가한 한 사람의 제자가 있어, 성자로부터 선법을 받아서 열심히 수업하고 있었다.

그런데 그 수행자에게는 출가 전에 이미 귀여운 처가 있었고, 그녀는 몹시 아름다운 미인이었기 때문에 좌선坐禪을 할 때마다 그녀의 얼굴이 언제나 떠올라서 어쩔 도리가 없었다.

그런 일 때문에 그 수행도 정진되지 않는다는 것을 잘 아는 스승인 성자는 어느 날, 신통력을 가지고 그녀를 만들어 전보다도 한층 더 아름다운 모습으로 수행자의 앞에 내세웠다.

수행자는 몹시 놀라면서,

"네가 어째서 여기에 왔느냐?"

"당신이 불러서 왔습니다."

"무어라고? 내가 불렀다고. 나는 지금 이 시각까지 좌선을 하고 있었으며, 무언의 수행을 하고 있었다. 그런 몸으로 너를 부를 까닭이 없지 않느냐?"

"소리를 내서 입으로 나를 불렀다고 하는 것이 아닙니다. 당신의 마음이 저를 불렀습니다."

"……."

"입으로 부르는 것보다도 마음으로 부르는 쪽이 얼마나 힘세고 든든합니까. 그렇지만 한번 출가한 당신의 신상에 이러한 일은 정말로 부끄러운 일입니다."

"……."

"당신은 입으로 나를 부르면, 그것은 부끄러움이 되지만, 마음으로 부르는 것은 부끄러운 일이 아니라고 생각하십니까. 그것은 오히려 마음의 생각으로 부르는 쪽이 출가한 몸으로서는 무엇보다도 더욱 부끄러운 일이 아니겠습니까"

그녀는 이렇게 말하면서 남편을 격려하고, 다시 게문偈文으로 설법을 했다.

"입과 마음의 수치 중, 마음의 수치가 더한 것이다. 생각이 없으면 말도 없느니라."

그녀의 게문이 끝나자 스승인 성자는 신력을 거두어들이고 그 본신으로 돌아와서 수행자의 앞에 섰다.

"눈으로 보고 피부를 만지려고 원하지 않으면 생각도 없는 것이다. 한 번 욕심을 버리고 떠나 다시 생각을 하게 되면 마치 토한 것을 먹는 것과 같니라."

스승의 교화를 받고 수행자는 겨우 깨달음을 얻을 수 있었기에,

"성자는 나를 교화하고 나는 성자를 존경하여 드디어 성자의 길을 얻었도다."

이렇게 스승인 성자에게 깊이 감사의 말을 했다. 이리하여 수행자는 아라한의 위치를 얻었다고 한다.   <아육왕경>

불교 설화

복업의 힘

　석존께서 사위국의 기원 정사에 계시면서 많은 사람들을 모아놓고 설법하실 때의 일이다.
　보시의 수행을 하면 천계의 훌륭한 과보를 얻고, 후생은 인간 중에도 이름 있는 왕족으로 태어나며 모습은 온건하며 재보財寶는 무량할 것이요, 비록 악연을 만나도 그 악연 때문에 파탄되는 일이 없는 것이다.
　이때, 어느 곳에 한 공주가 있었다. 그 일족들과 어울려 궁중을 나와 어느 아름다운 공원으로 가서 잠시 쉬고 있었다. 그리고 나서 그녀는 그때 자신의 몸에 지니고 있던 훌륭한 보석과 패물들을 수건에 싸서 하녀에게 맡기고 석존께서 계시는 곳으로 가서 설법을 들었다. 그 동안에 하나의 사건이 일어난 것이다.
　그녀가 석존의 설법을 듣고 궁중으로 돌아가 보니, 이게 웬일일까 하녀에게 신신 부탁하며 맡겨 두었던 보물과 패물을 몽땅 잃어버리고 온 궁중이 발칵 뒤집혀 큰 소동이 일어났던 것이다.
　공주는 이 말을 듣자 마음이 언짢았다. 곧 부왕에게 그 전말을 보고했다. 그러자 왕비가 부왕에게 말하는 것이었다.
 "이것은 반드시 있을 것입니다. 비록 이것을 보는 자가 있다손 치더라도 이것을 자기가 취하지는 못할 것입니다. 저는 과거의 세상에서 오늘날까지 물건에 대해서 조금도 욕심을 일으킨 적이 없습니다. 만약 탐욕하는 마음을 일으키면 일체 중생의 재물을 취하려들게 될 터인데 여러 부처님을 배알한다든가 일체 중생들에게 뜻대로 과보를 얻게 할 수 없습니다."

 한편, 석존이 계시는 곳에서는 아난다 존자阿難尊者가 이 보석을 발견하고, 다음날 아침 일찍이 궁중으로 가지고 가서 왕에게 바쳤다.
 왕은 이것을 보고 기뻐하며 웃으면서 말했다.
 "오, 이 보석을 아난다 존자가 발견하였으니까 망정이지, 만약 딴 사람이 발견했더라면 벌써 없어졌을 것이다."
라고 하자, 왕비가 고개를 저으며 말했다.
 "대왕께서는 어이 그리 불신자不信者이십니까? 제가 이 패물을 아무리 번화한 네거리에 던져 두고 복력을 시험하기로서니 누가 감히 이것을 얻는 자가 있겠습니까? 그렇게 함부로 버려 둔다 할지라도 지나가는 사람들은 모두 이것에 대한 견해가 각각 틀리는 것입니다. 어떤 자는 부정하다고 보고, 또 어떤 자는 독사로 보며, 누구나 모두 지나쳐 버리는 것입니다."
 이렇게 왕비가 말해도 왕은 아직도 그것을 의아하게 생각했다. 왕은 그것을 진실인가 시험해 보고 싶었다. 왕비가 깊이 잠든 틈을 타서 그 반지를 강물 속에 던져 버렸다.
 왕비는 잠에서 깨어나자 곧 왕에게 말했다.

"누가 제 반지를 가져갔군요."

"그대의 복력이 지켜 줄 것이 아닌가. 누가 감히 그것을 가져갔겠소?"

"아아, 그렇습니다. 하오니 반드시 이 다음에 나올 것입니다." 하면서 무엇인가를 그녀는 굳게 믿고 있는 모양이었다.

그녀는 다음날 시장에 사람을 보내어 생선을 한 마리 사 오게 했다. 그리하여 그 생선을 스스로 몸소 요리하려고 칼로 배를 갈랐다. 그러자 칼 끝에 짤랑하고 날카로운 금속성을 내며 닿는 게 있었다. 그것을 꺼내 보았더니 과연 그것은 어제 왕이 강물에 던진 자신의 반지였다. 이것을 본 일동은 모두 그 신기함에 놀라 감탄했다.

왕은 이것을 보자 찬탄해서 말했다.

"좋도다, 나의 왕비여. 그대 말함이 모두 다 바르고 맞구나. 마치 사자후獅子吼 : 악마 등이 무서워서 굴복했다는 부처님의 설법을 말함로다."

그 뒤에 아난다 존자가 또 왕에게로 왔으므로 그는 점점 신심을 일으켜 이렇게 읊었다.

"복력의 진실함이여, 이와 같구나. 이 몸도 반드시 닦으리라, 큰 복업을."

<복개정행소집경 제7>

매보다 강한 작은 새

석존께서 사바티국의 기원 정사에서 많은 사람들을 모아 놓고 설법하고 계셨을 때의 일이다.

매가 한 마리의 작은 새를 잡아채 가지고 하늘을 날고 있었다. 작은 새는 매에게 잡히면서 울며울며 한탄을 했다.

"어미가 있는 집을 떠나 다른 곳에서 놀고 있었기 때문에 이런 봉변을 당하는 것이다. 어떻게 하면 좋단 말이냐!"

매는 날아가면서 새를 보고,

"너의 집은 어디에 있느냐?"

"논두렁 속에 우리 집이 있습니다. 그곳에만 있으면 아무도 어떻게 할 수가 없습니다."

매는 이 말을 듣더니,

"좋다! 그러면 너를 그리로 돌아가게 해 주지."

작은 새는 매의 발톱에서 벗어나 논두렁 속으로 돌아왔다. 일단 논두렁 속에 숨었던 작은 새는 다시 논두렁 위에 있는 언덕진 곳에 나타나서 태도를 돌변하여,

● 불교 설화 ●

"자! 덤빌 테면 덤벼라!"
하고 반대로 매에게 도전했다. 매는 이것을 보고 분통을 참지 못하여 날개를 활짝 펴고 온몸의 힘을 다하여 질풍같이 새를 향하여 돌진했다. 작은 새는 재빨리 언덕진 곳의 뒤로 숨었다. 급속도로 하늘에서 돌진해 온 매는 단단한 땅에 가슴을 부딪쳐 그 자리에서 죽어 버렸다.

작은 새는 논두렁 언덕진 곳에서 노래하며 말하였다.

매는 힘으로 습격해 온다.
나는 자기 집에서 이를 막는다.
화가 날 대로 난 매는
몸을 부딪쳐서 죽었다.
나는 지리 사정을 잘 안다.
우리 집을 방패로
적을 멸망시켰다.
백천의 용이나 코끼리도
나의 지혜에는 못 당할 것이다.
나의 지혜로
매는 죽어 버렸다.

〈잡아함경 제24〉

몸과 마음을 다스려라

석존께서 라자가하성의 죽림 정사竹林精舍에서 많은 사람들을 모아놓고 설법하고 계셨을 때의 일이다.

한 사람의 수행자가 밤이 으슥해서 토우프강에서 목욕을 하고 강가로 올라와서 몸을 말리고 있었다. 그때 한 사람의 천인이 몸에서 광명을 발사하며 그 강기슭을 대낮같이 비추면서 수행자의 곁으로 다가와서 수행자의 몸을 손으로 가리키며 말하기를,

"수행자여, 내 말을 들으시오! 이곳은 언덕진 무덤입니다. 밤이 되면 연기가 나고, 낮이 되면 불이 활활 타는 무덤입니다. 어떤 바라문은 이 무덤을 보고 말했습니다. '이 무덤을 부셔라. 그리고 그 안을 파 보아라' 라고. 이것을 들은 어떤 지혜 있는 사람이 바라문이 말한 대로 칼로 무덤을 부수고 그 속을 파 보았습니다. 그러니까 그 속에서 큰 거북이가 나타났습니다. 이것을 본 바라문은 또 말했습니다. '그 거북이를 제거하고 더 파 보아라' 라고. 지혜 있는 사람은 시키는 대로 거북이를 제거하고 칼로 더 파헤쳤습니다. 이번에는 한 마리의 살무사가 나왔습니다. 바라문은 이

것을 보고 말했습니다. '그 살무사를 없애고 더 파 들어가라' 고,
　지혜 있는 사람은 또 칼을 휘둘러 살무사를 처치하고 파 들어 가니까 이번에는 고깃덩어리가 나타났습니다. 바라문은 다시 또 말했습니다. '그 고깃덩어리를 비켜 놓고 더 깊이 파라' 라고, 지혜 있는 사람은 또 칼로 고깃덩어리를 제거하고 땅을 팠습니다. 그러자 도살장이 나타났습니다. 바라문은 또 말했습니다. '그 도살장을 부수고 더 파라' 라고, 지혜 있는 사람은 다시 칼을 들고 도살장을 파괴하고 더 파 내려가니까 료오키라는 가시가 달린 독충이 나왔습니다. 바라문이, '그 독충을 없애고 더 파라' 하므로 지혜 있는 사람은 또 칼로 그 독충을 죽이고 땅을 더 파냈습니다. 그러니까 그 밑에 두 길이 있었습니다. '그 두 개의 길을 없애라.' 하고 바라문은 말했습니다. 지혜 있는 사람은 칼로 이 두 길을 없애니까 이번에는 거기에 문이 있었습니다. '그 문을 부셔라.' 하고 바라문이 말했습니다. 지혜 있는 사람이 그 문을 부수니까 그 안에서 큰 용이 나타났습니다. 그러니까 바라문이 하는 말이, '그 큰 용을 제거하면 안 된다. 제거하기는커녕 공경하지 않으면 안 된다.' 하고 말했습니다."
　천인은 여기까지 이야기를 하더니 다시 수행자에게 말하기를,
　"수행자여, 내가 지금 이야기한 것의 의미를 세존님게 물어 보시오. 이 이야기의 의미는 세존님 아니고서는 아무도 모릅니다. 세존님으로부터 이 이야기의 의미를 듣고 자기도 다스리고 사람들에게도 풀이해 들려 주십시오."
　천인은 이렇게 말하고 자취를 감추었다.
　그래서 그 수행자는 즉시 석존을 찾아 뵈옵고 천인으로부터 들은 이야기를 상세히 말씀드리고 여쭈어 보았다.

"세존님, 언덕진 무덤이란 무엇을 말하는 것입니까? 밤이 되면 연기가 나고 낮이 되면 불이 활활 탄다는 것은 무엇을 뜻하는 것입니까? 그 바라문은 누구를 가리키는 것입니까? 파내는 것은 무엇을 뜻하는 것입니까? 지혜 있는 사람이란 누구를 말하는 것입니까? 큰 거북이란 대체 무엇입니까? 한 마리의 살무사는 무엇을 말하는 것입니까? 고깃덩어리란 무엇입니까? 도살장이란 무엇을 의미하는 것입니까? 료오키라는 독충은 무엇입니까? 두 개의 길이란 무슨 뜻입니까? 문은 무엇을 뜻하는 것입니까? 큰 용이란 무엇을 가르키는 것입니까?"

석존께서는 조용한 어조로 그 이야기를 설명하시기 시작하였다.

"언덕진 무덤이란 인간의 육체를 가리키는 것이다. 우리들의 육체는 부모의 정기精氣를 받아서 땅·물·불·바람의 네 가지 원소로써 만들어진 것이다. 그리고 이 육체는 음식을 섭취하고 옷을 입고 목욕을 해서 때를 떨어뜨리고 더러움을 씻어 가며 성장해 간다. 그래서 이 육체는 시시각각으로 변화해 간다. 그리고 최후에는 없어지고 마는 것이다. 밤이 되면 연기가 난다는 것은 인간은 밤이 되면 스스로 혼자 마음에 망상을 그리고 악업惡業을 계책하는 것을 말하는 것이다. 낮이 되면 불탄다는 것은 낮이 되면 밤에 마음먹었던 것을 입으로 말하고 몸으로 행동하는 것이다. 바라문은 부처님을 말하는 것이다. 발굴한다는 것은 우리들의 마음을 가라앉혀서 전념으로 수행하는 것을 뜻한다. 지혜로운 사람이란 불제자佛弟子를 가리킨다. 칼은 지혜라는 것을 의미한다. 큰 거북이란 우리들의 마음을 덮개같이 덮어서 수행을 방해하는 욕심과·노여움과·수안睡眼과·경솔輕率과·근심 걱정·고뇌苦惱·의혹疑惑 등의 잡념雜念을 말하는 것이다. 살무사란 노여욺과 원망을 뜻하는 것이고 고깃덩어리는 인색한 것을 말한다. 도살장이란 오욕五慾의 번뇌를 말하는 것이다. 료오키란 독충은 무명無明을 말하는 것이고 두 개의 길이란 의혹을 뜻한다. 문은 인내를 가리킨다. 마지막으로 큰 용이란 번뇌를 끊어 버린 아라한을 두고 하는 말이다. 그 천인은 그대를 인도하기 위하여 이와 같은 비유로 이야기를 해 준 것이다. 이 비유와 같이 부처님의 가르침을 따르고 지혜의 칼을 휘둘러 고깃덩어리를 자르고 번뇌를 끊어 버린다면 반드시 아라한의 경지에 도달할 것이다. 노천·산속·빈집·숲·암굴 등 어떠한 곳에서든지 나뭇잎, 풀잎으로 자리를 정하고 일심으로 이 비유와 같이 생각하고 염원하지 않으면 안 된다."

말씀을 마치신 석존께서는 다음과 같은 가르침을 읊으셨다.

나의 몸은 언덕진 무덤 같아서
밤과 같이 어두운 가슴 속
낮에는 불길 치솟는 몸과 입
깨달음을 얻는 바라문이 있어서

부처님을 찾는 사람을 향하여
지혜의 칼을 휘둘러
이 무덤을 파헤치라고 권한다.
거북이의 잔등이 같이 오개五蓋는 덮이고

노여움과 원망의 살무사는 도사리고
인색의 고깃덩어리는 가로놓이고

오욕의 도살장은 즐비하고
무명의 독충은 숨어 있으며

의혹의 실은 두 갈래로 갈라지고
인내의 문은 굳게 닫힌 그 안에
열반의 경지인 아라한은 깃들다.
이 비유를 능히 풀 줄 아는 이는
오로지 부처님뿐이로다.

<잡아함경 제39>

불교 설화

여우와 거북이

석존께서 사바티국의 서쪽에 있는 쿠셴미국의 쿠시라원園에서 많은 사람들을 모아놓고 설법하고 계셨을 때의 일이다.

석존께서는 다음과 같은 비유로 수행자들에게 설법하시었다.

"어느 강가의 풀숲에 한 마리의 거북이가 살고 있었는데 먹이를 찾아 나선 여우가 이 거북이를 보고 잡아먹으려고 거북이에게로 다가왔다. 그러니까 거북이는 재빨리 머리와 꼬리와 네 발을 귀갑龜甲 속으로 움츠려 들이고 말았다. 여우는 머리나 발을 내놓으면 달려들어 먹어 치우려고 거북이 옆에 앉아서 기회를 노리고 있었다. 그러나 아무리 기다려도 거북이는 머리도 발도 내놓지 않았다. 배가 고파서 참을 수 없게 된 여우는 마침내 화를 내면서 다른 곳으로 가 버렸다고 한다."

석존께서는 이야기를 마치시고 다시 수행자들에게 소상하게 설법하시었다.

"그대들도 여우가 엿보고 있는 거북이의 처지와 똑같은 것이다. 악마는 항상 그대들을 항상 노리고 있다. 그대들의 눈이 색色

을 보고 있지는 않은가? 그대들의 귀가 소리를 듣고 있지는 않은가? 그대들의 코가 냄새를 맡고 있지는 않은가? 혀가 무슨 맛을 보고 있지는 않은가? 피부가 촉각을 느끼고 있지는 않은가? 마음에 무슨 생각을 품고 있지는 않은가?

 그대들이 이 여섯 가지의 외적 사항에 빠져서 애착심을 일으킨다면 그때를 틈타서 그들을 정복하려고 악마는 늘 호시탐탐 노리고 있는 것이다. 마치 거북이가 머리와 꼬리와 네 발의 여섯 가지를 귀갑 속에 움츠려 넣고 여우의 습격을 피하는 경우와 같지 않은가! 그러므로 언제나 계율戒을 지키고 육근六根을 봉쇄하고 외계의 유혹을 물리쳐서 악마의 습격에 대비하지 않으면 안 되는 것이다."

<잡아함경 제43>

불교 설화

참새의 복수

석존께서 사바티국의 기원 정사에서 많은 사람들을 모아 놓고 설법하고 계셨을 때의 일이다.

사자 왕獅子王이 광야에서 코끼리 왕과 싸워서 마침내 코끼리를 죽이고 그 고기를 먹어 버렸다. 그러나 코끼리의 넓적다리뼈가 목구멍에 걸려서 숨이 막혀서 한참 동안 가사 상태가 되었지만 간신히 정신을 차렸다. 그때 나무 위에서 참새 한 마리가 벌레를 잡아먹고 있었다. 밑에 있던 사자 왕은 참새에게 부탁하였다.

"내 목구멍에 걸려 있는 뼈다귀를 꺼내 다오. 그 대신 이번에 먹을 것이 생기면 네게도 줄 테니까."

참새는 나무에서 내려와 사자 왕의 입 속으로 들어가서 온 힘을 다하여 그 뼈를 뽑아 주었다. 사자 왕은 덕분에 온전한 몸이 되었다. 그로부터 몇 일 지난 후의 일이다. 사자 왕이 짐승의 무리를 습격하여 많은 먹이를 얻은 것을 알게 된 참새는 먼저의 약속대로 사자 왕한테 가서 먹을 것을 조금만 나누어 달라고 했다. 그런데 사자 왕은 앞서 약속한 것과 목숨을 살려 준 것을 까맣게 잊은 듯이 참새를 비웃으며 이렇게 말했다.

나는 사자 왕이다.
어느 놈이건 죽여서
고기를 먹는 것이
내가 하는 일이다.

너는 건방진 놈이다.
내 입에 들어왔다가
목숨이 붙어 있는 것만도
고맙다고 생각하라.

참새는 이렇게 말했다.

나는 작은 새에 지나지 않지만,
죽는 것이 두렵지는 않다.
다만 왕이 은혜를 잊지 않고 약속을 지켜서
조금이라도 나누어 주면
죽을 때까지 원망하지도 않고
왕을 나쁘다고 욕도 안하겠다.

그러나 사자 왕은 결국 한 조각의 살점도 참새에게 주지 않고 마음껏 먹고 어디론지 가 버리고 말았다.
"나는 저 사자 왕의 목숨을 살려 주고도 오히려 경멸을 당하고 조롱을 받은 것이다. 이 분함을 풀지 않고서는 죽을래야 죽을 수 없다."
　참새는 이렇게 결심을 하고 줄곧 사자 왕의 뒤를 따라서 날고 있었다. 그러던 어느 날, 사자 왕은 또 짐승을 습격하여 그것을 잡아먹고 실컷 배가 불러서 나무 밑에 곤히 잠이 들고 말았다. 나무 위에서 기회를 노리고 있던 참새는 사자 왕의 이마에 날아 앉아서 힘껏 사자 왕의 한쪽 눈을 쪼았다. 사자 왕의 한쪽 눈은 결단이 나고 말았다. 놀라서 잠을 깬 사자 왕은 몸을 치떨며 일어나서 사방을 훑어보았지만 아무것도 없었다. 다만, 한 마리의 참새가 나무 위에 앉아 있을 뿐이었다. 사자 왕은 참새를 보고 울부짖었다.
　"네놈은 어째서 내 눈을 이 지경을 만들었느냐?"
　그러자 참새는 나무 위에서 재잘거렸다.

　　생명의 은혜를 갚기는커녕
　　오히려 나를 원수로 대하는 너
　　한쪽 눈만은 남겨 놓았으니
　　이 은혜를 잊지 말아라.

　　짐승의 왕이라고 뽐내면서
　　은공을 모르는 너 따위에게
　　더 이상 왈가왈부할 필요는 없다.
　　자, 이젠 이것으로 작별이다.

　이렇게 말한 참새는 어디로인지 날아가 버렸다.
　　　　　　　　　　　　　　　　　　〈보살영락경 제11〉

자신의 그림자에 빠져 죽은 사람

　석존께서 사바티국의 기원 정사에서 많은 사람들을 모아 놓고 설법하고 계셨을 때의 일이다.
　어느 곳에 한 어리석은 사나이가 있었다. 어느 날 이 사나이는 큰 연못가에 서서 우두커니 연못을 들여다보고 있었는데, 연못에 거꾸로 비친 자기의 그림자를 보고 깜짝 놀라며 양손을 번쩍 쳐들고,
　"살려 주시오."
하고 외치며 달리기 시작하였다. 이 사람의 황급한 소리를 들은 여러 사람들은 연못가로 달려와서,
　"웬일이야, 무슨 일이 생겼어?"
하고 제각기 물었더니 그 사나이는,
　"여러분 나는 지금 연못 속으로 거꾸로 떨어져서 죽으려고 하고 있습니다."
　이 말을 들은 사람은 깜짝 놀랐다.
　"네가 연못에 빠졌다고? 너는 지금 여기에 이렇게 버젓이 서 있

지 않느냐?"

그 사나이는 사람들을 향하여 외쳤다.

"당신들은 아무것도 모르고 있는 것이다. 나를 따라오시오. 내가 지금 연못에 빠져서 죽고 있는 것을 보여 주지요."

"뭐라고? 죽고 있는 것을 보여 준다고? 그래 어디 구경 좀 하자."

사람들은 그의 뒤를 따라 갔다. 연못가에서 서서 물 속을 들여다본 그는 물 속을 보며 양손을 들고 사람들에게 외쳤다.

"그것 보시오. 당신들은 내가 연못에 빠져서 죽어 있는 것을 보았지요!"

사람들은 그 사람에게 말했다.

"너는 정말 바보로구나! 저것은 너의 그림자가 아니냐, 너는 지금 연못에 서 있지 않느냐? 너뿐만이 아니다. 우리들의 그림자도 이렇게 물 속에 비치고 있지 않느냐 말이다."

이 말을 들은 그 사나이는 또 소리를 질렀다.

"당신들이야말로 큰 바보다. 나 혼자만의 재난이 아니다. 당신들은 모두 연못 속에 빠져 있는 것이다."

그는 자기의 가슴을 치며 큰 소리로 외치며 마을 쪽으로 뛰어가면서 만나는 사람마다 붙잡고 말했다.

"나하고 많은 사람들이 지금 연못에 빠져서 죽으려고 하고 있습니다. 빨리 가서 구해 주십시오. 우리들은 당신의 은혜를 죽을 때까지 잊지 않겠습니다."

마을 사람들은 이상하게 생각하였다.

"너는 물 속에서 죽어 가고 있는 것이 아니다. 현재 이렇게 땅에 서 있으니 말이다."

그 사나이는 답답하다는 듯이 이렇게 말했다.

"참 당신네들은 딱한 사람들이다. 나와 함께 갑시다. 실제 현장을 보면 알 것입니다."

마을 사람들은 생각하였다.

"이 사람이 아주 돌았는걸. 그러나 이 사람 말대로 연못으로 가서 그가 말하는 실제 현장을 구경해 보자."

하고 마을 사람들은 그 사나이를 따라서 연못가로 갔다. 연못가에서는 여러 사람이 모여서 이 사나이의 어리석음을 비웃고 있었다. 마을 사람들은 그에게 말했다.

"아무도 물에 빠진 사람이 없지 않느냐?"

그 사나이는 연못가의 사람들을 한번 보고 물 속의 그림자를 손가락으로 가리키며 마을 사람들에게 말했다.

"당신들은 참 바보로군요. 이것 보시오. 이렇게 물에 빠져 있지 않소!"

"너야말로 바보다. 저것은 그림자다. 실제의 몸이 아니다. 어째서 그것을 모르느냔 말이다!"

그러나 그 사나이는 어디까지나 자기가 물에 빠져 있다고 믿었기 때문에 마침내 절명하고 말았다고 한다. 세상에는 참으로 가엾고 어리석은 사람도 있는가 보다.

<대위덕다라니경 제4>

가난한 여인의 한 등불

 석존께서 왕사성의 영취산에서 많은 사람들을 모아놓고 설법하고 계실 때의 일이다.

 어느 날, 마갈타국 왕은 석가모니를 초대하여 음식 공양을 바치었다. 석가모니께서는 이것을 받으시고 영취산으로 돌아가셨다.

 그 뒤에 왕은 지바카 대신에게 의논하였다.

 "오늘 석존을 초대하여 음식을 공양했는데, 다음에는 무엇을 공양하는 것이 좋을까?"

 "다음에는 등불 공양을 바치는 것이 어떨까 생각합니다."

 왕은 지바카의 말대로 곧 백 섬의 삼기름을 마련하여 그것을 수레에 싣고 석존의 산방山房으로 보내었다.

 이때, 왕사성에 한 가난한 노파가 살고 있었다. 석존께 공양을 바치고 싶다고 늘 바라고 있었으나, 외롭고 가난한 몸으로서는 어찌할 도리가 없었다. 이 노파가 길에서 왕이 석존께 드리는 삼기름을 실은 수레를 보자 크게 감격하여 등불 공양의 뜻을 세웠다. 이에 노파는 길 가는 사람에게 빌어서 겨우 50원을 얻어, 그것을 가지고 기름집으로 가서 삼기름을 찾았다.
 기름집 주인은 이 노파의 모습을 바라보고,
 "매우 가난한 모양 같은데, 왜 이 돈으로 먹을 것을 사지 않고, 기름으로써는 목숨을 이어갈 수가 없지 않습니까?"
 그러자 노파는,
 "백 겁 동안에 단 한 번밖에 부처님을 만나지 못한다는 말을 나는 들어 알고 있습니다. 그런데, 지금 다행하게도 나는 부처님 세상에 태어나 살고 있습니다. 이 만나기 어려운 부처님을 만나고서도 지금까지 가난하기 때문에 공양을 바치지 못하였던 것입니다. 그런데, 오늘 왕께서 백 섬의 삼기름을 마련하여, 등불 공양을 하신다는 말을 듣고 나는 가만히 있을 수가 없었습니다. 정성 어린 등 하나를 바쳐, 미래 삼계三界에 생사의 괴로운 세계에서 벗어나, 깨달음의 길을 향하는 양식으로 하고 싶습니다."
 이 말을 들은 기름집 주인은 이 노파의 지성에 감동하여 두 홉 값인데도 불구하고 세 홉을 더하여 다섯 홉을 주었다. 노파는 기뻐하며 그 기름을 들고 석가모니께로 가서 이것으로 등불을 켰다. 그리고 마음에 생각하기를,
 '이 기름만으로는 하룻밤 중 반밖에 못 켤 것이다. 그러나 만일 내가 미래 삼계에 생사의 괴로운 세계에서 벗어나 깨달음의 길로 향할 수가 있다면 이 등불은 밤새 타오를 것이다.'
 노파는 석가모니께 절하고 돌아갔다.
 왕이 켜 놓은 등불은 바람에 꺼지고 혹은 기름이 다 되어 꺼졌으나, 노파가 켜 놓은 등불은 바람에서 꺼지지 않고, 기름도 마르지 않고, 반짝반짝 밤새도록 타고 있었다.
 이튿날 아침 새벽에 노파는 다시 부처 앞에 참배할 때 이 광경

을 보고, 마음속 깊이 기쁨을 느끼면서 공손히 석가모니 발에 이마를 대어 절하고 나서, 물러나 합장하고 석가모니께로 향하여 앉았다.

그때, 석가모니께서는 목건련을 향하여,

"날이 이미 밝았도다. 모든 등을 꺼라."

목건련은 석가모니의 분부를 받고 일어나서 하나하나 등불을 껐다. 다른 등불은 남김없이 다 꺼졌으나, 이 노파의 등만은 세 번 껐지마는 꺼지지 아니하였다. 다시 가사를 들어 우러러보았으나 등불은 더욱더 밝아졌다.

다시 신통력으로써 남풍신맹풍迅猛風 : 맹렬하게 부는 바람을 끌어다가 등불을 끄려 했으나, 도리어 그 때문에 더욱더 타올라서 그 빛은 위로는 범천을 비추고, 옆으로는 삼천 세계를 비추고, 온 우주가 이 한 등의 빛으로 다 비추고, 법계法界 : 진리의 세계의 모두가 이 한 등의 빛에 눈을 돌렸다. 석가모니께서는,

"그만두라, 그만두라. 이것은 미래불의 광명의 공덕으로써, 네 신통력으로써는 끌 수 없는 빛이다. 이 노파는 과거에 백팔십 억의 부처를 공양하여 옛 부처로부터 성불成佛의 예언을 받고 있다. 그러나 다만 사람들에게 경법經法을 해설하여 가르쳐 인도하기만 하고 아직 보시의 수행을 할 겨를이 없었으므로 금생에는 가난하게 태어나 재물을 못 가진 것이다. 그런데, 이제 정성 어린 한 등을 바쳐 보시의 수행을 만족하게 하였다. 이제부터 30겁 후에는 모든 공덕을 완전히 채우고 부처가 될 것이다. 이름을 수미등광여래須彌燈光如來라 하고, 그 부처의 세계에는 해와 달이 없으며, 그 세계의 사람들의 몸 안에는 스스로 대 광명을 갖추고, 그 궁실을 장식하는 갖가지 보석의 빛은 서로 마주 비추어 마치

도리천상, 제석궁帝釋宮의 구슬 그물이 서로 뒤섞이어 반짝이는 것 같을 것이다."

　노파는 석가모니로부터 이 예언을 듣고, 크게 기뻐하여 성큼성큼 뛰어 공중에 올라가길 백팔십 길, 다시 땅 위에 내려와 석가모니 발에 이마를 대어 절하고 사라졌다. 왕은 이 소리를 듣고 지바카에게 말하였다.

　"나는 불도를 공경하고 오늘까지 부처에게 공양을 바쳤음에도 불구하고, 부처는 나에게는 예언을 해 주지 않으시고, 도리어 이 가난한 한 노파가 바친 하찮은 한 등의 공덕에 대하여 친절히 예언을 해 주셨다. 이것은 도대체 어찌된 셈일까?"

　그러자, 지바카는 그 자리에서 말하였다.

　"왕께서 하신 일은 푸짐하기는 하오나 마음이 그것을 따르지 못하고 있습니다. 저 노파의 공양은 약소하기는 하오나, 부처님에게 쏟은 정성스런 마음은 도저히 왕의 것과는 비교할 수가 없습니다."

　왕은 지바카의 이 말에 크게 감동하여, 다시 부처에게 공양의 정성을 바치려고 왕궁에 석존을 초대하였다. 왕은 부처를 공양하기 위하여 석존께서 놀러 오시기 전날 밤, 여러 원정園丁들에게 내일 아침 일찍 가장 잘 핀 꽃을 잘라서 궁성에 가지고 오라고 명령하였다. 석가모니께서는 이른 아침 산방을 나와 도중에서 사람들에게 설법을 하시면서 조용히 왕성을 향하여 발걸음을 옮기시었다. 아침 해가 나무들의 녹음을 상쾌하게 비출 무렵에 석가모니 일행은 성문에 닿았다.

　원정 한 사람이 꽃을 안고 화원을 나가자, 왕성의 아침 한길을 유유히 행진해 오는 석가모니 일행을 만났다. 또한 그는 석가모니께서 설법하시는 낭랑한 부처의 설법을 들었다. 그는 기쁨에 넘쳐 모든 것을 잊어버리고, 가지고 있던 꽃을 모조리 석가모니 위에 뿌렸다. 뿌려진 꽃은 공중에 머물러 석가모니의 머리 위를 덮었다.

석가모니께서는 이 사나이에게 말하였다.

"너는 과거에 9십 억의 부처를 공양하였다. 이제부터 140겁 후에 그 공덕으로 말미암아 부처가 되어 그 이름을 각화여래覺華如來라 할 것이다."

그는 이 말을 듣고 크게 기뻐하여 몸을 날리어 공중으로 올라갔다가 다시 땅 위에 내려와 부처 발에 이마에 대어 절하였다. 그는 부처를 예배하고 나서 제정신을 차리고 그리고 생각하였다.

'왕은 성미가 급하고 잔인하다. 나는 이 왕으로부터 어젯밤 '부처에게 바칠 꽃을 목욕재계하고 가지고 오너라' 하는 명령을 받았다. 그런데, 그 꽃을 모조리 부처께 바치고 말았다. 나는 왕명을 어겼다. 목숨이 없어질 것을 각오하지 않으면 안 된다.'

그는 길을 가로질러 집으로 돌아와 빈 꽃바구니를 문 밖에 놓고 집 안으로 들어가 아내를 보고,

"나는 아직 아침밥을 먹지 않았소. 나는 지금부터 왕에게 죽으러 가오. 어서 빨리 조반 준비를 해 주오."

아내는 이 느닷없는 말에 깜짝 놀랐다.

"무슨 일로 당신은 왕에게 죽음을 당하지 않으면 안 됩니까?"

그는 일의 전말을 아내에게 이야기하였다. 그녀는 눈물을 흘리면서 부엌으로 나가 사랑하는 남편을 위하여 최후의 아침밥을 지었다. 제석천은 도리천에서 땅 위에 내려와 그의 아내가 부엌에 들어가기 전에 문 밖에 있는 빈 꽃바구니에 하늘의 꽃을 가득 넣

어 두고 갔다. 그녀가 아침 밥상을 들고 문 밖에 보니 이제까지 비어 있던 꽃바구니에, 그 빛깔이며 광택이며 지상의 것으로는 보이지 않는 아름다운 꽃이 가득 담겨져 있다. 그녀는 그것을 보고 놀라움을 금하지 못하면서 남편을 불렀다.

그는 문 밖으로 나와 이 광경을 보고,

"밥 따위는 아무래도 좋다."

하고는 이 꽃을 안고 기뻐 날뛰면서 왕궁으로 달려갔다. 그 도중에서 그는 석가모니를 마중하기 위하여 왕궁을 나온 왕과 길에서 서로 맞부딪쳤는데 왕은 일찍이 본 일이 없는 이 아름다운 꽃을 보고 원정에게 따졌다.

"이 화원에 이렇게도 아름다운 꽃이 피는데, 너는 어찌하여 지금까지 그것을 나에게 바치지 아니하였는고? 이 꽃을 지금까지 나에게 숨긴 죄로 너는 사형이다."

원정은 공손히 왕에게 대답하였다.

"대왕님, 이 꽃은 대왕의 화원에 핀 꽃이 아닙니다. 원컨대, 이 꽃의 유래를 들어 주십시오. 제가 아침 일찍 왕명에 의하여 화원의 꽃을 잘라 가지고 왕궁으로 가는 도중에 부처님을 만났습니다. 저는 부처를 보고, 부처의 목소리와 예언을 들은 기쁨에 못 이겨 모든 것을 잊어버리고 그 꽃을 부처께 공양하였습니다. 부처는 제 공양의 보답으로 성불의 예언을 주시었습니다. 저는 제가 한 일이 죽어 마땅하므로 아침밥을 먹기 위하여 집으로 돌아갔습니다. 아침밥 준비를 하고 있는 동안에 문 밖을 보니, 지금까지 비었던 꽃바구니에 이 꽃이 가득히 담겨 있었습니다. 이 꽃은 하늘의 꽃입니다. 이 화원에서 핀 꽃이 아닙니다. 저는 가난한 집에 태어나 원정이 되어 왕궁의 법에 얽매이어 상사의 지시에 따를 뿐으로써, 아직도 도를 닦을 수가 없었습니다마는 오늘 아침에 뜻밖에도 부처님의 예언을 받았습니다. 예언을 받은 이상 저에게 죽음은 아무것도 아닙니다. 도리어 기쁨입니다. 죽은 뒤에는 반드시 하늘에 태어나 시방 불전에서 아무런 속박도 없이 마음껏 도를 닦을 수가 있습니다. 지금 당장 대왕께서 저를 죽이셔도 결코 원망하지 않겠습니다."

그는 태연히 왕 앞에 앉았다. 왕은 원정의 말을 듣고, 부끄러움과 무서움에 소름이 끼치었다. 왕은 그 자리에서 미래의 부처인 이 원정에게 절하고 그 앞에 무릎을 꿇고 자기의 죄를 참회하였다. 이러는 동안에 석가모니께서는 왕궁에 도착하시어 왕의 환대를 받으시고 기도하고 돌아가셨다.

석가모니께서 돌아가신 뒤에, 왕은 지바카에게 말하였다.

"전에 부처를 공양했을 때는 지바카가 예언을 받았다. 오늘 부처를 초대하여 또 원정이 예언을 받았다. 그런데, 도리어 초대하여 공양한 주인인 나는 아무런 소득도 없다. 나는 몹시 불쾌하다. 도대체 어떻게 하면 좋겠느냐?"

이에 지바카는 대답하였다.

"왕께서는 매일 부처를 공양하시기는 하지만 그것은 나라의 재산을 쓰고 백성의 힘을 이용한 공양입니다. 더욱이, 그 공양에 대하여 자부심이 포함되어 있으며 혹은 초대에 즈음하여 성난 소리를 내시기도 하셨습니다. 그런 공양을 아무리 계속한들 부처는 결코 예언을 주시지 않을 것입니다. 이번에는 자신의 소지물 중에서, 구슬 목걸이라든지 칠보 팔찌라든지 하는 것을 풀어 부인과 태자와 힘을 모아서 손수 보석꽃을 만들어, 정성을 들여 부처께 바치시면, 부처는 왕의 지성을 갸륵하게 생각하시어 반드시 예언을 주실 줄로 믿습니다."

　이에, 왕은 음식을 줄이고, 밤낮으로 목욕 재계하고, 몸에 지닌 갖가지 보석을 풀어, 많은 기공을 모아서, 그의 지휘에 따라 부인과 태자와 함께 손수 그것을 가지고 꽃을 만드는 일에 종사하였다. 일심 전력, 90여 일이 걸려서 겨우 보석꽃이 완성되었다. 곧, 부처에게 이 꽃을 바치기 위하여 수레를 준비시켰다. 그런데, 옆에 있던 대신 한 사람이 아뢰었다.

　"듣는 바에 의하면 부처는 전에 쿠이나카국에 가시어 거기에서 열반하셨다는 이야기입니다."

　왕은 이 말을 듣고 슬퍼하며 눈물을 흘리면서 말하였다.

　"나는 정성을 다하여 손수 이 꽃을 만들었다. 부처로서 이미 열반하시었다면 나는 영취산에 참배하여 부처님 자리에 이 꽃을 바쳐 정성의 표시로 삼고 싶다."

　지바카는 왕을 위로하여 말하였다.

　"부처란 육체가 없는 것이며, 따라서 죽어 없어지지도 않는 것입니다. 부주불멸不住不滅의 영체靈體로써, 지극한 마음을 가진 사람만이 부처를 볼 수 있습니다. 비록 부처께서 세상에 계실 때라 할지라도 지성이 없는 자는 부처를 우러러뵐 수 없는 것입니다. 지금 대왕께 이 지성이 있는 이상 부처가 열반하시었다 하여도 반드시 그 거룩하신 모습을 우러러 볼 수가 있을 것입니다."

　왕은 수레를 갖추어 영취산에 갔는데, 지바카가 말한 대로 석가모니께서는 그 거룩하신 모습을 왕 앞에 나타내시었다. 왕은 부처를 우러러보고 슬퍼하고 또 기뻐하여, 눈물을 흘리면서 부처 앞으로 나아가 발에 이마를 대어 절하고 칠보의 꽃을 부처님 머리 위에 뿌렸다. 공중에 던져진 꽃은 변하여 칠보의 개蓋가 되어 부처님 위를 덮었다. 석가모니께서는 왕을 향하여 예언의 말씀을 주시었다.

"이제부터 8만 겁 뒤에 왕은 부처가 될 것이다. 그 부처의 이름은 정기소부여래淨其所部如來라 하여, 그 부처의 세계를 화왕 세계華王世界라 일컬으며, 겁劫의 이름을 희관喜觀이라 하고, 그 백성의 목숨은 4십 소겁小劫일 것이다."

왕의 태자는 그때 여덟 살이었는데, 아버지가 예언을 받는 것을 보고 크게 기뻐하며 몸에 지니고 있던 갖가지 보물을 풀어 부처님 위에 뿌리고 말하였다.

"원컨대, 정기소부여래가 부처가 되실 때, 저는 금륜성 왕金輪聖王이 되어 그 부처를 공양하게 해 주십시오. 또한 그 부처가 열반하신 뒤, 저는 그 뒤를 이어 부처가 되고 싶습니다."

태자가 뿌린 보석은 구슬 장막이 되어 부처님 머리 위를 덮었다. 석가모니께서는 또 태자를 향하여 예언의 말씀을 주시었다.

"그대의 소원대로 왕이 부처가 될 때에 그대는 금륜성 왕이 되고, 목숨이 다하고는 도솔천兜率天에 태어나고 또 목숨이 다하여 다시 내려와 부처가 될 것이다. 그 부처의 이름은 전단여래라 하고, 백성의 목숨, 국토의 소유, 모두 정기소부여래와 같을 것이다."

예언을 다 받고 나서 왕과 태자는 나아가서 석가모니 발에 이마를 대어 절하고, 그것이 끝나고 머리를 들어 보니, 부처의 모습은 거기에는 이미 없었다고 한다.

<아자세왕수결경>

참회의 공덕

　석존께서 왕사성의 영취산에서 많은 사람들을 모아놓고 설법하실 때의 일이다.

　당시에 선나다라는 스님이 있었다. 그는 언제나 산림의 조용한 곳에 앉아서 수행에 정진하고 있었다. 사람들은 이 스님의 굳센 구도에 동정하여 매일매일 음식을 보내 주었다.

　그러나 그것은 오직 처음뿐이지 얼마 아니하여 사람들은 이 스님을 까맣게 잊어버리고 말았다. 그 사람들 가운데 오직 한 여인만은 시종 변함없이 나날이 스님에게 음식을 날라다 주었다.

　선나다에 대한 여인의 마음은 점점 변해갔다. 그도 여인의 마음을 느끼고 남몰래 생각에 잠기게 되었다. 그러나 부처님의 계율을 생각하고 이 망녕된 생각을 물리치려고 더욱 정진하였다. 도를 닦으려는 마음과 사랑에 끌리는 마음과의 괴로운 시련이 며칠 계속되었다.

　여인은 매일 숲을 찾아 그를 유혹했다. 그는 마침내 여자의 유혹을 이겨내지 못하고, 육체의 충동에 몸을 맡기어, 여자와 서로 끌어안고 부처님의 계율인 여자를 범하는 죄를 저지르고 말았다. 부정한 짓을 한 그는 크게 놀라고 깨달아, 범한 죄를 뉘우치는 나머지 미친 사람같이 되어 버렸다.

그는 벗어 버렸던 가사만을 어깨에 걸치고 알몸으로,

"도둑이야, 도둑이야."

하고 외치면서, 쫓기듯이 여인의 손에서 벗어나 숲을 빠져 나와 마을을 뛰어 돌아다녔다.

마을 사람들은 이 꼴을 보고 크게 놀라,

"어떻게 된 일이냐? 도둑에게 무엇을 빼앗겼느냐?"

하고 물으니 그는 슬피 울면서,

"번뇌의 도둑에게 나는 지금까지의 수행을 몽땅 빼앗겨 버렸다."

고 말하였다.

그는 스님으로서의 자기에게 앞서 음식을 보내어 준 사람들과 자기와 동행인 스님들에게 숨김없이 자기가 저지른 죄를 자백하였다. 사람들은 이 가엾은 스님을 동정하였다. 그리고 스님 한 사람이 말하였다.

"하사 성자는 계율에 밝은 분이다. 그 성자한테 가 보게, 자네가 범한 죄를 씻어 주실 것일세."

이에, 그는 하사 성자를 찾아가 뵙고 그 죄를 자백하고, 어떻게 하면 이 죄업을 소멸시킬 수가 있겠는가 물었다. 성자는 다 듣고 나서,

"네가 참으로 죄를 씻기를 원한다면, 내가 하라는 대로 하겠는가?"

"이 죄가 소멸된다면 어떤 일이든지 분부대로 하겠습니다."

이에, 성자는 큰 구덩이를 파고, 그 속에 장작을 쌓고 불을 질렀다. 불길은 맹렬하게 구덩이 전체에 퍼져, 보기에도 무서운 불구덩이가 되어 버렸다. 성자는 그를 데리고 불구덩이 옆에 왔다.

"저지른 죄를 소멸시키고 싶거든 이 속에 뛰어들어야 한다."

성자는 엄숙한 얼굴로 그에게 선고하였다.

다만, 성자는 넌지시 불구덩이를 둘러싸고 있는 다른 중들에게 미리 말해 둔 것이 있었다.

"이 중이 아무런 망설임도 없이 곧장 불구덩이 속으로 뛰어 들려거든 붙잡아라."

하고. 그런데, 그는 성자의 선언을 받자마자 아무런 망설임도 없이 다짜고짜 불구덩이로 뛰어들려고 하였다. 성자의 분부대로 다른 스님들은 불구덩이로 뛰어들려는 그를 붙잡고 놓지 않았다.

성자는 빙그레 웃으며 그에게 말하였다.

"너의 죄는 이제 말끔히 씻기었다. 너의 죄는 이미 소멸되었다. 다시 번뇌에 사로잡히지 말라. 어서 가서 수행길에 오르라."

이리하여, 그 스님은 진심으로 성자의 발에 이마를 대어 절하였다. 그리고 죄에서 해방되어 몸도 마음도 가볍게 다시 본디의 길로 돌아갔다. 그 뒤에 그는 정진에 정진을 거듭하여 수행을 쌓아 아라한의 지위를 얻었다고 한다.

<비니모경 제3>

왕과 독사

　석존께서 사위국의 기원 정사에서 많은 사람을 모아놓고 설법을 하고 계셨을 때의 일이다.
　바라나시성에 시나와 아퀴라고 하는 두 사람의 대신이 있었다. 시나는 일상의 행동이 모두 법에 맞으며 일의전심一意專心: 한마음으로 오직, 재상宰相으로서의 책무에 충실하였다. 이와는 반대로 아퀴는 항상 나쁜 짓을 하고 이상스런 말이나 계략計略을 가지고 자기 행위를 얼버무리고 있었다.
　따라서, 이 두 대신은 사사건건이 반목하여 서로 받아들이지 않았다. 한번은 아퀴는 시나를 모함하려고 왕에게 참소讒訴하여 시나가 반역을 꾀하고 있으니까 일을 미연에 막아 주시기 바란다고 근엄한 얼굴로 말했다. 왕은 아퀴의 참소를 듣고 즉시로 시나를 가둬 버렸다.
　이때에 제천선신諸天善神은 허공 속에서 큰 소리를 내어 왕에게 경고했다.
　"시나는 현인이다. 아무런 죄도 없는데 가둬 둔다는 것은 불법이다."

　용신도 또한 제천선신과 한 가지로 왕에게 계고하고 국내의 군신과 민중도 또 시나의 충성을 칭찬하고 억울한 죄로 유폐幽閉 될 이유가 없음을 국왕에게 호소했다. 그래서 국왕도 비로소 사건의 진상을 알고 시나는 자유로운 몸이 될 수가 있었고 아퀴의 나쁜 꾀는 보기 좋게 실패로 돌아갔다.

　제1의 계략이 실패로 돌아간 아퀴는, 이번에는 방법을 바꿔 제2의 계략에 착수했다. 그는 시나를 함정에 집어넣으려고 왕의 창고에서 금은을 훔쳐 내어 시나의 집에 갖다 두고 교묘하게 시나의 짓인 양 꾸며 놓았다.

　그러나 왕은 이것을 믿지 않았을 뿐 아니라, 도리어 아퀴의 뱃속까지 훑어볼 수 있었으므로 이렇게 말했다.

　"너는 시나를 미워하는 나머지 어거지로 이러한 나쁜 것을 꾸며 놓은 것이 아니냐?"

　왕은 아퀴의 처분을 시나에게 일임一任하였다.

　시나는 여러 차례의 모함으로 괴로움을 받았음에도 불구하고 조금도 아퀴를 미워하지 않고 간곡히 그를 타이르고 왕에게 그 죄를 참회하라고 권했다. 이에 그는 겉으로는 마음을 고쳐먹은 듯이 보이고 하나의 상자를 만들어 상자 안에 두 마리의 독사를 넣고, 예쁘게 장식을 하여 국왕에게 바쳤다. 그리고는 국왕과 시나 두 사람이 이것을 보고 결코 다른 사람에게는 보이지 않도록 당부해 놓았다.

　왕은 호기심에 사로잡혀 이 상자를 받자마자 시나를 불러 같이 열어 보자고 했으나 시나는 왕에게,

　"멀리에서 온 것은 임금님 스스로 보시는 것이 아닙니다. 먼 데

서 전해 온 과일은 잡수시면 안 되십니다. 악인이 하는 짓에는 주의하시는 것이 가장 현명한 일이옵니다."
라고 세 번까지 왕에게 충고했으나 왕은 아무리 말해도 시나의 말에 귀를 기울이지 않았다.

"신의 말씀을 들어 주시지 않으신다면 왕이여, 스스로 열어 보십시오. 임금님과 함께 본다는 것은 저로서는 할 수 없습니다."

그래서 왕은 할 수 없이 몸소 상자를 열어 보았다. 그러자 왕의 양눈은 단번에 소경이 되어 아무것도 볼 수 없게 되었다.

충의로운 시나는 이 모습을 몹시 슬퍼하고 고민한 나머지 한때는 죽으려고까지 결심할 정도였다. 그는 곧 사람을 사방으로 보내 여러 나라를 이곳저곳 돌아다니게 하여 좋은 약을 구해서 치료에 정성을 다한 나머지 시나의 충성은 왕의 두 눈을 다시 회복하였던 것이다.

이 왕이라 함은 현재의 사리불, 시나는 석존, 아퀴는 데바닷다이다.

<잡보장경 제3>

거북과 상인

석존께서 사위국의 기원 정사에서 많은 사람들을 모아놓고 설법을 하고 계셨을 때의 일이다.

바라나시국에 푸시키온이라고 하는 한 사람의 큰 상인大商人이 있었다.

어떤 때 오백 명의 상인과 함께 바닷속에 들어가 보물을 가지고 다시 돌아오는 길에 깊은 못에 다다른즉, 그곳에 한 마리의 식인귀食人鬼가 나와 갑자기 배를 붙잡았다.

이것 때문에 뱃속의 사람들은 극도의 공포에 떨며 그저 "저것 봐, 저것 봐." 하면서 당황하여 어쩔 줄을 모르고 있었다. 이윽고 그들은 천신天神 · 지신地神 · 일월 제신日月諸神의 자비를 구하며 그 구원을 빌고 있었다.

그때에 큰 거북이 한 마리가 홀연히 물 위에 나타났다. 거북이 등의 넓이가 약 팔십 미터나 되므로 처음에는 육지가 아닌가 하고 의심할 정도였다.

이 큰 거북이는 자비심이 두터웠으므로 상인들의 위급함을 구해 주려고 결심하고 곧 식인귀의 손에 붙잡혀 자유를 잃은 배에 다가가 거침없이 모든 상인들을 등에 싣고 무사히 항해를 계속했다. 그렇지만 큰 거북이도 너무나 피로한 나머지 그만 잠이 들어 버렸다.

그러므로 등 위에 탄 상인의 대장 푸시키온은 난폭하게도 큰 돌을 가지고 거북이의 머리를 때려 죽이려고 했다.

오백 명의 상인은 그의 난폭한 행위에 분개해서 푸시키온에게 말했다.

"우리들은 이 큰 거북이 덕택으로 구사일생으로 삶을 얻었으니 거북이는 대 은인이다. 이 큰 은혜가 있는 목숨을 죽이려고 하는 놈은 배은망덕背恩忘德함도 이만 저만이 아니다."

"나는 굉장히 배가 고프다. 은혜가 있고 없고는 문제가 아니다."

이리하여 푸시키온은 무참히도 큰 거북을 죽여 그 살을 먹어 치웠다.

푸시키온을 비롯하여 모든 상인들이 코끼리 떼의 습격을 받아 밟혀 죽은 것은 그날 밤의 일이었다.

이 큰 거북이라 함은 현재의 석존, 푸시키온은 데바닷다, 오백 명의 상인은 오백 명의 바라문이다.

<잡보장경 제3>

이무기와 상인

　석존께서 사위국의 기원 정사에서 많은 사람들을 모아놓고 설법을 하고 계셨을 때의 일이다.
　어느 날, 상인의 무리가 바닷속의 보물을 따라 가서 돌아오는 길에 대 광야大曠野 속에서 한 마리의 이무기를 만났다. 그 몸길이는 약 팔 미터나 되었다.
　상인의 일행은 이 큰 이무기에게 둘러싸여서 삽시간에 나가지도 물러서지도 못하게 되었다. 상인들의 공포는 극도에 달해서 큰 소리를 지르며 천지天地의 신神들에게 절하고 그 자비심으로 이 위기를 모면케 해 달라고 간절히 빌었다.
　그때에 상당히 큰 흰 코끼리가 사자와 함께 왔다. 사자가 몸을 날려 이무기에게 달려들자마자 이무기의 머리는 박살이 나고 말았다. 이렇게 이무기의 기세가 꺾이는 틈에 상인들은 위험한 장소에서 벗어날 수가 있었다.
　그러나 이무기는 앞에서도 말했듯이 약 팔 미터나 되는 큰 놈이어서 머리가 박살이 나는 동시에 입 안에서 독기毒氣를 뿜어 사자와 흰 코끼리에게 해를 입혔다. 그리하여 사자는 죽게 되었다.
 이렇게 구출된 상인들은 가엾은 사자의 비명을 듣고 이렇게 물었다.
 "너희들은 자기의 목숨을 버리고 우리들을 위험에서 구해 준 대 은인이다. 무엇이든 사례를 하고 싶은데 너희들의 소원은 없느냐?"
 "하나의 소원이 있습니다. 그 소원이란 것은 부처님이 되어서 모든 사람들을 제도濟度하고 싶습니다."
 "너희가 만일 부처가 되면 우선 맨 먼저 우리들을 위하여 법法을 가르치고 불도佛道를 얻게 해 다오."
 이윽고 사자와 흰 코끼리는, 얼마 후에 숨을 거두고 말았다. 상인들은 눈물을 흘리면서 그 유해遺骸를 태우고, 뼈를 추려 탑을 세우고 길이길이 그들의 보리를 추모하였다는 것이다.

 이 이야기의 사자는 현재의 석존, 흰 코끼리는 사리불, 상주는 쿄오치뇨이다.

<잡보장경 제8>

옷 안의 보주

석존께서 사바티국의 기원 정사에서 많은 사람들을 모아 놓고 설법을 하고 계셨을 때의 일이다.

매우 가난한 사람이 있었다. 어느 날, 그는 친구를 방문하였는데, 극진한 대접을 받아 술이 만취가 되어 몸을 가누지도 못하고 그 자리에서 잠이 들고 말았다. 때마침 그의 친구는 공무가 있어 출타하지 않으면 안 되었는데 그 친구는 세상 모르고 잠이 들어 있는 가난한 친구의 옷 안쪽에 대단히 값진 보주寶珠를 매어 주고 그대로 외출했다. 물론 가난한 그 사람은 술이 취하여 깊이 잠들고 있었기 때문에 그런 일은 전연 몰랐던 것이다.

얼마 후 그는 술이 깨어서 일어나 보니 친구도 안 보이므로 그냥 그 집을 나와서 또 타향으로 돈벌이를 갔다. 그는 이곳저곳 품팔이를 하며 떠돌아다니며 근근이 입에 풀칠을 하고 있었는데, 그의 고생이야 말할 것도 없었지만 그래도 그는 그 생활에 만족할 수밖에 다른 도리가 없었다. 그러나 자기의 옷 안쪽에 값비싼 보주가 있을 줄은 꿈에도 생각하지 못했다.

그 후, 우연히 친구를 만나게 되었는데 그 친구는 그의 남루한 행색을 보고,

"자네, 참 딱도 하네. 먹고 살기 위해서 이렇게 고생을 하다니, 나는 자네가 편히 살아갈 수 있도록 또 마음대로 다섯 가지 욕심을 즐길 수 있게 하기 위해서 자네가 우리 집에 왔을 때, 대단히 값비싼 보주를 자네의 옷 안쪽에 매달아 주었네. 만약 자네가 그것을 팔아서 무엇에 다 써버렸다면 몰라도, 만일 그것을 아직도 모르고 사용하지 않았다면 지금도 거기에 있을 것이네. 그런데 자네는 그런 줄도 모르고 여지껏 고생을 하고 있다면 가소롭지 않은가! 여보게, 그 보주를 팔아서 필요한 물건을 장만하게나. 자네는 고생이 다 뭔가? 일약 큰 부자가 된단 말일세."

부처님도 이와 마찬가지다. 그 옛날 중생들에게 일체지一切智를 주셨는데, 사람들은 어느 사이에 큰 가치가 있는 일체지라는 보주를 까맣게 잊어버리고 기껏 아라한阿羅漢의 자리를 얻고서 참된 열반에 도달하였다고 생각하고 있다. 수행修行을 하느라고 단맛·신맛·모진 고생을 하고 조그마한 이득을 가지고 만족의 웃음을 띄고 있다. 그러기 때문에 부처님은 아라한에 만족하는 사람을 채찍질하여 전에 심어 준 일체지의 선한 일에 눈을 뜨게 하시는 것이다.

<법화경 제4>

보배

석존께서 사바티국의 기원 정사에 계시면서 많은 사람을 모아놓고 설법하고 계셨을 때의 일이다. 어느 곳에 날품팔이를 하고 있는 여자가 있었다. 그녀의 집에는 황금이 감추어져 있는 곳이 있었지만 집사람 중에서 누구 하나 그 사실을 알고 있는 사람이 없었다. 그런데 어느 날 처음 보는 낯선 남자가 찾아와서 그 가난한 여자에게 하는 말이,

"내가 당신을 채용을 할 테니 우리 집에 와서 청소하는 일을 하지 않겠소?"

"그것은 못합니다. 그러나 당신이 우리 아이들에게 보고寶庫를 보여 주면 아무 일이나 하겠습니다."

"그렇다면 당신의 집 안에 있는 보고를 보여 줄까?"

"우리 집 안에 있는 보고라고요? 우리 집에 그런 것은 없습니다. 만약 그런 것이 있다 하여도 우리 식구가 아무도 모르는데 타인인 당신이 알고 있다는 것이 말이 됩니까?"

"아니지, 나는 모든 것을 알고 있다."

"그렇다면 나도 보고 싶으니 그 보고라는 것을 어디 보여 주시오."

이상한 사나이는 그녀의 집으로 들어와서 당장에 보고를 파내었다. 그녀와 그녀의 가족들은 기뻐하는 한편 의아하게도 생각했지만 여하튼 보고를 발견하였으므로 그 이상한 사나이를 극진히 대접하였다.

사람에게는 모두 불성佛性 : 부처가 될 수 있는 성품이 있는데도 번뇌라는 것에 덮여 있어서 보통 사람은 이것을 알지 못한다. 마치 그 여자가 자기의 집에 보고가 있는 것을 모르고 있는 것과 같은 것이다. 그러나 부처님으로 인하여 사람에게는 불성이 있다는 것이 일깨워지고 또 사실 그 불성을 볼 수 있게 되면 사람들은 비로소 희열을 느끼고 여래에게 귀의歸依하게 되는 것이다.

그 여자는 중생을, 이상한 사나이는 부처님을, 보고는 불성에 비유한 것이다. 그리고 이 불성이라는 것은 곧 자신인 것이다.

어느 곳에 젖먹이 아기가 있었는데 이 아기가 병에 걸려서 어머니는 걱정을 하며 곧 명의에게 왕진을 청했다.

명의가 와서 식초와 우유와 석밀石蜜 : 꿀 가운데서 제일 좋다는 꿀을 섞어서 약을 지은 다음 아기에게 먹이게 하고,

"아기가 약을 먹으면 한참 동안은 젖을 주지 마시오. 상당한 시간이 지난 뒤에 젖을 먹이십시오."

하고 어머니에게 주의를 주었다. 그러나 아기가 엄마 젖을 찾으므로 어머니는 쓴 것을 젖꼭지에 바르고 아기에게 말했다.

"아가야, 어머니의 젖에는 독을 발랐으니까 건드리면 안 된다."

아기는 어머니의 젖이 먹고 싶었지만 독이란 말을 듣고 어머니

곁에서 떨어져 갔다. 그런데 약을 먹은 지 상당한 시간이 지나서 어머니는 젖꼭지를 씻고 아기에게 젖을 물리려고 했지만 독이라는 말을 들은 아기는 배가 고프고 목이 말라서 젖을 먹고 싶은 마음은 태산 같았으나 어머니가 아무리 먹이려고 해도 어머니에게 가까이 오지를 않았다. 그래서 어머니는 젖꼭지에다 독을 바른 이유를 여러 번 자세히 알아듣도록 타일렀으므로 병든 아기는 반신반의하면서 가까스로 젖꼭지를 물더라는 것이다.

부처님은 사람들의 그릇된 생각을 시정하여 주시기 위하여 무아無我라고 가르치신다. 그것은 어머니가 쓴맛이 있는 것을 젖꼭지에 바르는 것과 같은 것이다.

<대반열반경 제8>

불교 설화

보통 사람의 사랑

석존께서 사바티국의 기원 정사에서 많은 사람들을 모아 놓고 설법하고 계셨을 때의 일이다.

국왕이 거둥할 때에는 반드시 대신들이나 시종들이 뒤따르는 것과 같이 사랑이 있는 곳에는 반드시 번뇌가 뒤따르는 법이다. 물기가 있는 땅에서 초목은 눈이 잘 트이는데 사랑이라는 것은 모든 번뇌의 싹을 잘 틔게 하는 것이다.

보살菩薩이 소위 세상의 사랑이라는 것을 깊이 관찰해 볼 때, 범부의 사랑은 아홉 가지로 나눌 수가 있다.

1. 채무를 다 청산하지 못한 것과 같다.
2. 나찰녀羅刹女와 같다.
3. 묘화妙華 줄기에 독사가 감기는 것과 같다.
4. 나쁜 음식을 억지로 먹는 것과 같다.
5. 음란한 여자와 같다.
6. 떡갈나무와 같다.

7. 상처 속에 생긴 혹과 같다.
8. 폭풍과 같다.
9. 혜성慧星과 같다.

이상 아홉 가지를 풀이해 보면,
1. 사랑이 채무가 남은 것과 같다는 것은 가령 가난한 사람이 돈을 꾸어서 빚에 몰려 고생을 하다가 열심히 돈을 벌어서 억지로 원금만을 갚고 이자는 자꾸 밀려서 언제까지나 고통을 받고 있는 것과 같은 것이다. 사람도 사랑을 버리라는 말을 듣고 한 번은 버려 보지만 사랑의 달콤함을 끝내 못 잊어 이것이 항상 붙어 다녀서 방해를 한다. 이리하여 '깨달음'의 길로 들어갈 수가 없는 것이다.
2. 사랑이 나찰녀와 같다는 것은 사람이 나찰녀를 아내로 삼으면 나찰녀는 자기가 낳은 아기를 잡아먹는다. 자식을 모두 잡아먹은 다음에는 남편을 잡아먹는다. 사랑의 나찰녀도 이와 마찬가지다. 사람이 선근善根이라는 자식을 낳으면 옆에서 그것을 잡아먹는다. 잡아먹을 선근이 없어지면 그 사람을 잡아먹고 지옥·아귀·축생으로 떨어지는 것이다.
3. 사랑이 묘화 줄기에 독사가 감기는 것과 같다는 것은 천성화天性花를 사랑하는 사람은 그 꽃이 피는 초목의 뿌리 근처에 독사가 있어도 그것을 별로 상관하지 않는다. 그래서 꽃을 꺾으려다가 독사에게 물려 목숨을 잃게 된다. 보통 사람 역시 마찬가지다. 다섯 가지 욕심의 꽃을 함부로 탐내서 거기에 무서운 사랑의 독사가 도사리고 있는 것을 깨닫지 못하는 것이다. 그 결과 사랑의 독사에 물려서 지옥·아귀·축생에 빠진다.

4. 사랑은 나쁜 음식을 억지로 먹는 것과 같다는 것은 사람이 썩은 음식을 무리하게 먹은 까닭에 복통을 일으켜 설사를 하고 마침내는 죽는 것과 같은 것이다. 사랑의 음식도 또한 마찬가지이다. 이것에 애착을 느끼면 지옥·아귀·축생으로 떨어지는 것이다.

5. 사랑은 마치 음녀 같다는 것은 어리석은 사람이 음탕한 여자와 놀아나서 그녀의 수단에 말려들어 교태와 아양에 홀려서 제 정신을 못 차리고 결국은 패가망신을 하여 무일푼이 되어 여자에게도 버림을 받는다. 보통 사람이 사랑의 포로가 되면 모든 선법善法을 빼앗기는 나머지 지옥·아귀·축생의 지옥으로 떨어지는 것이다.

6. 사랑은 떡갈나무 같다고 하는 것은 떡갈나무란 등나무藤의 일종으로 먹이와 함께 새의 뱃속으로 들어가 새똥에 섞여서 나무 밑에 씨앗이 떨어진다. 또는 바람에 날려서 나무 밑에 씨앗이 떨어져 거기서 생장하여 큰 나무에 엉겨붙어서 큰 나무의 성장을 방해하여 마침내는 나무를 시들어 죽게 하는 것이다. 사랑의 떡갈나무도 역시 이와 같은 것이다. 보통 사람의 모든 선법에 엉겨붙어서 죽음을 당하게 한다. 그 결과 지옥·아귀·축생에 빠지고 마는 것이다.

7. 사랑은 상처 속에 생긴 혹과 같은 군더더기 살 같다고 하는 것은 상처가 생기면 그 속에 혹과 같은 살이 생기는데 이것을 치료하려고 많은 애를 쓰게 된다.

만약 환자가 그 혹살의 치료를 게을리하면 그 속에 구더기가 생겨서 생명이 위태롭게 된다. 범부의 몸과 마음은 상처인 것이다. 사랑도 역시 이와 같다. 사람이 사랑이라는 혹살의 치료를 그르치면 지옥·아귀·축생으로 빠져 버리는 것이다.

8. 사랑은 폭풍 같다고 하는 것은 폭풍은 때로는 산을 무너뜨리고 나무의 뿌리를 송두리째 뽑아 버린다. 애욕이란 폭풍도 역시 그러하다. 부모에게 악심을 품고 보살의 근본을 날려보낸다.

9. 사랑은 혜성 같다고 함은 혜성이 나타나면 백성들은 반드시 굶주림이나 질병 때문에 고통을 받는다. 사랑이란 혜성도 마찬가지이다. 모든 선근의 뿌리를 끊어 버려서 사람에게 고독·기근·번뇌라는 병을 안겨다 주고 생사의 바다에서 표류하는 고통을 가져다준다.

보통 사람의 사랑이란 참으로 이러한 것이다.

<대반열반경 제12>

불교 설화

욕심이 많은 장자

 석존께서 사바티국의 기원 정사에서 많은 사람들을 모아 놓고 설법하고 계셨을 때의 일이다.

 어느 곳에 한 사람의 장자가 있었다. 그의 재산은 거의 무진장이어서 그의 창고에는 헤아릴 수 없을 만큼의 보배가 가득 차 있었고, 가정도 원만하여서 부족한 것이라곤 하나도 없었다.

 그런데 그의 장남이 먼 나라로 여행을 하고 있는 동안에 장자는 뜻하지 않는 병으로 중태에 빠졌다. 명의도 이젠 가망이 없다고 포기를 하였고, 병자도 수명이 다 되었음을 짐작하고 세상을 단념하고 임종만을 기다리게 되었지만, 먼 나라에 가 있는 장남에게 기별할 방법도 없었으므로 단 한 가지 걱정은 막대한 재산을 어떻게 할 것인가가 임종을 목전에 둔 장자의 근심거리였다.

 그는 생각다 못해 친구인 장자를 머리맡에 불러놓고 자기의 장남이 귀국할 때까지 자기의 재산을 관리해 주도록 신신 부탁을 하였다.

 "나의 장남은 지금 먼 나라에 여행 중이므로 나의 임종시까지는 못 돌아오리라고 단념을 하고 있네. 그러므로 장남이 귀국할 때까지 나의 전 재산을 보관해 주길 바라네. 폐를 끼쳐서 미안하지만 친구지간의 정의로 부탁을 하는 것일세. 그리고 장남이 돌아오면 재산을 축내지 않도록 잘 타이르고 전 재산을 장남에게 돌려주기 바라네, 꼭 부탁하네."

부탁을 받은 장자는 병든 친구의 마지막 중대한 간청을 기꺼이 승낙하였다.

그 후, 얼마 안 돼서 병자는 죽었고 그러는 동안에 장남도 돌아왔다. 그러나 유산 관리의 의탁을 받은 장자는 장남이 아버지가 남긴 재산에 대하여 물어 보아도 자기는 모른다고 딱 잡아떼면서 결국에는 그의 전 재산을 횡령하고 말았다.

석존께서는 이와 같은 예를 들고 아난다에게 물어 보시었다.
"유산이 되돌아가지 않은 것은 누구의 죄인가?"
"물론 부탁을 받은 장자의 죄입니다."
"아난다, 대 부호인 장자는 여래如來를, 임종은 부처님의 임종을, 장남은 미래 세상의 선남 선녀를, 무한한 재보는 무상無上의 대법大法을 그리고 의탁을 받은 장자는 그대를 위시하여 수도자, 혼자서 깨달음을 구하는 자, 보살의 대중大衆을 비유한 것이다."

<대비경 제4>

불교설화

병든 노인과 진기한 보배

석존께서 라사가하성의 엉취산에 계시면서 많은 사람들을 모아놓고 설법하고 계셨을 때의 일이다.

어느 곳에 백스무 살이나 되는 노인이 오랜 동안 병상에 누워 있어서 자기 몸을 가눌 수도 없을 만큼 쇠약해져 있었다.

어느 날, 막대한 재산을 가지고 있는 부자가 자기의 재산을 전부 가지고 병상의 노인을 찾아왔다.

"노인장, 오랜 동안 병환으로 얼마나 고생이 많으십니까? 제가 오늘 찾아온 것은 다름이 아니라 이번에 사업상 외국에 가게 되었는데, 십 년이 걸릴지 이십 년이 걸릴지 모르겠습니다. 그래서 제가 가지고 있는 진보珍寶를 가지고 왔는데 폐가 되겠지만 제가 돌아올 때까지 이 보물을 맡아 주실 수는 없겠습니까?"

이렇게 의뢰를 했다. 어려운 부탁을 받은 병든 노인은,

"나는 병든 몸, 언제 죽을지도 모르는 늙은 나에게 그런 귀중한 보물을 맡기시는 것은 저에게는 힘에 겨운 일입니다."

라고 일단은 사양했다. 그러나 장자의 참뜻은 자기의 보물을 병든 노인에게 베풀어 주어 그의 중병을 위로하기 위함이었다. 그래서 장자는 그 보물을 병자의 머리맡에 두고 돌아가 버렸다.

그런데 병든 노인은 자리에 누워서 값비싼 보물을 지켜보고 있었는데, 그에게는 자식도 없었으며, 천하에 고독한 몸이었다. 장자가 가고 난 며칠 후, 병든 노인은 마침내 그 진귀한 보물을 남겨 둔 채 죽고 말았다. 그가 죽은 뒤 맡았던 보물은 형태도 없어져서 몇 년이 지난 후에 장자가 돌아왔을 때에는 그림자도 찾아볼 수 없었다.

성문이라는 개인주의의 사람들은 마치 병든 노인과 같다. 지혜는 천박하고 수행修行은 짧고 반려伴侶도 없으므로 이 세상에 머무는 것도 짧아서 이들에게 정법正法인 귀중한 보물을 주어도 잠깐 동안에 정법을 흩트려서 잃고 마는 것이다.

<대보적경 제88>

불교설화

돼지와 호랑이의 싸움

석존께서 사바티국의 기원 정사에서 많은 사람을 모아놓고 설법하고 계셨을 때의 일이다.

어느 산 중에 오백 마리의 돼지의 왕 돼지가 부하 돼지를 거느리고 험한 산길로 접어들고 있었다. 그때 저편에서 한 마리의 호랑이가 어슬렁어슬렁 오고 있었다.

왕 돼지는 호랑이를 보고 겁이 나면서도 생각하기를, '내가 호랑이와 싸우면 나보다 힘이 센 호랑이는 나를 잡아먹을 것이다. 그렇다고 무서워서 달아나면, 부하 돼지들이 나를 겁쟁이라고 업신여길 것이다. 위험을 면할 무슨 좋은 방법이 없을까?' 하고 궁리를 하다가 마침내 호랑이와 맞부딪친 왕 돼지는 허세를 부리며 말했다.

"여보게, 자네가 나와 싸우고 싶다면 어디 사생결단을 내보세. 그렇지 않다면, 나를 그대로 지나가게 해 주게."

호랑이는 건방진 돼지 녀석이라고 생각하여,

"잘 만났다. 어디 한 번 싸워 보자. 절대로 그냥 가도록 내버려 두지는 않겠다."

돼지는 이거 큰일났다고 생각했지만,

"여보게, 정 그렇다면 조금만 기다려 주게. 싸우려면 내가 대대로 물려받은 갑옷으로 무장을 해야 하니까 갑옷을 입고 정정당당히 싸우자."

호랑이는 의젓하게,

"네 마음대로 하려무나."

하고 돼지의 말을 들어 주었다.

왕 돼지는 돼지들의 변소로 가서 똥 속에 몸을 뒹굴어 온몸에 똥칠을 하고 이제는 됐다고 호랑이한테로 돌아와서,

"준비는 다 됐다. 자 싸우려면 싸우자. 그러나 싸우기가 싫다면 길을 비켜라."

하고 소리를 질렀다.

호랑이는 돼지의 꼴을 보고 속으로 생각하였다. '정말 더럽고 냄새가 나는 놈이다. 내가 늘 작은 동물을 잡아먹지 않은 것은 나의 소중한 이빨을 아끼는 까닭이다. 그런데 어떻게 이렇게 더러운 돼지를 먹는단 말인가!'

이렇게 생각한 호랑이는 돼지에게,

"자! 길을 터 줄 테다. 너와 싸우기 싫다."

돼지는 가까스로 위험을 모면하여 그 길을 지나온 다음에 호랑이를 뒤돌아보며,

"너도 네 발 나도 네 발 오너라. 싸워 줄 테다. 너는 어째서 무서워 피하느냐?"

하고 말했다.

호랑이는 하도 어이가 없어서 괘씸한 돼지를 향하여,

"너의 털은 곤두섰고 짐승 중에서도 최하급이다. 빨리 꺼져라. 똥 냄새가 너무나 더럽구나."

하고 상대를 하지 않았다.

여러 가지 많은 악을 행하는 자는 누구나 상대를 하지 않는다는 영험靈驗있는 이야기인 것이다.

<중아함경 제16>

소라고둥 소리

석존께서 사바티국의 기원 정사에서 많은 사람들을 모아 놓고 설법하고 계셨을 때의 일이다.

어느 곳에 소라고둥法螺貝을 잘 부는 사람이 있었다. 그 나라 사람들은 소라고둥 소리를 들어 본 일도 없었고 소라 그 자체를 본 적도 없었다. 그는 이 나라로 와서 야음을 타서 높은 산봉우리로 올라가 힘껏 소라고둥을 불었다. 이 나라 사람들은 처음으로 소라의 소리를 듣고 무슨 소리인가 하고 이상하게 생각하여 서로,

"참으로 묘한 소리다. 실로 마음을 파고드는 소리로구나. 저 소리가 무슨 소리인지 알아 보세."

그들은 한데 몰려서 소리가 나는 곳을 찾아 돌아다녔다. 드디어 산꼭대기에 있는 그를 발견하고,

"이 산 위에서 이상하고 묘한 소리가 들려 왔습니다. 그것은 대체 무슨 소리입니까?"

라고 물어 보았다.

그는 손에 쥐고 있던 소라고둥을 땅 위로 내던지며,

"아아, 그것은 이 소라고둥의 소리입니다."
사람들은 하도 신기해서 소라고둥을 바라보면서,
"소라야, 소리를 내라, 소리를 내라."
하고 외쳤다. 그러나 소라고둥은 저절로 소리를 낼 리가 없었다.
그것을 보고 소라고둥을 부는 사나이는 흙투성이가 된 소라고둥을 땅에서 주워서 물로 잘 씻은 다음 입에 대고 힘주어 불었다. 낭랑한 음률은 소라고둥에서 흘러나왔다. 사람들은 이것을 보고,
"신기한 것도 다 보겠다. 손과 물과 입으로 바람을 불어넣으니 이렇게 묘한 소리가 난다."
이렇게 서로 감탄하였다고 한다.

<중아함경 제16>

장님과 색깔

　석존께서 사바티국의 기원 정사에서 많은 사람들을 모아 놓고 설법하고 계셨을 때의 일이다.
　어느 날, 존자尊者, 구마라카샤파鳩摩羅迦葉는 비시 왕에게 이렇게 말했다.
　"하늘에 태어나서 안락을 누린 다음 돌아와서 이에 대한 이야기를 하는 자가 없다고 해서 천상의 낙樂을 믿지 않은 것은 마치 장님이, '검거나 흰 색깔은 없는 것이다. 나는 본 일이 없으니까?' 하는 것과 똑같은 것이다. 장님의 말이 진실이라고는 말할 수 없겠지요. 설사 장님에게는 보이지 않지만 실제로 검은색, 흰 색 등 여러 가지 색깔이 있는 것이 아닙니까? 당신이 내생을 믿지 않고, 착한 일을 함으로써 하늘나라의 낙을 얻을 수 있다는 사실을 믿지 않는다는 것은 장님과 조금도 다를 바 없는 어리석은 생각입니다."
　실로 이치에 맞는 영험靈驗 있는 이야기인 것이다.

<중아함경 제16>

불교 설화

거북과 물개

　석존께서 사바티국의 기원 정사에서 많은 사람을 모아놓고 설법하고 계셨을 때의 일이다.
　한 사람의 수도자가 강가에 있는 나무 밑에서 12년 동안이나 수행修行을 하고 있었다. 그는 그렇게 오랜 동안 수행을 하고 있었지만 아직도 탐욕을 버리지 못하고 마음은 산란하고 어지러워 오직 육근六根 : 눈·귀·코·혀舌·몸身·마음意의 여섯 가지 근의 욕심을 좇고 있었다.
　어느 날, 석존께서는 이 수도자를 구제할 시기가 도래하였다고 생각하시고 한 사람의 스님으로 변신하시어 그 강가로 가셔서 수도자와 함께 나무 밑에 머무르셨다. 그것은 밝은 달밤의 일이었다. 강물 속에서 거북이가 한 마리 기어 나왔다. 그런데 굶주린 물개水狗 : 수달이라고도 함 한 마리가 먹을 것을 찾아서 역시 그곳으로 왔다. 물개는 이게 웬 떡이냐 하고 사정없이 거북이에게 덤벼들었으므로 거북이는 놀라서 금방 머리도 꼬리도 네 발로 등껍데기 속으로 들어가고 말았다. 물개는 모처럼 발견한 먹이를 눈

앞에 두고도 먹을 수가 없었다. 단념한 물개가 다른 곳으로 가 버리자 거북이는 안심을 하고 머리를 내놓고 네 발로 기기 시작했다. 이렇게 해서 거북이는 위기를 모면한 것이다.

　이 광경을 보고 있던 수도자는 스님에게 말을 걸었다.

　"거북이에게는 자기의 생명을 지키는 갑옷이 있기 때문에 물개도 어쩔 수가 없군요."

　"그렇습니다. 인간은 저 거북이만도 못하지 않습니까! 사람들은 세상이 무상無常함을 미처 모르고 쓸데없이 여섯 가지 기관의 욕정에 사로잡혀 있습니다. 그렇기 때문에 악마는 그 기회를 타서 사람의 몸을 파괴하고 정신을 빼앗아 가서 생사의 끝이 없도록 어두움 속을 헤매고 있는 것입니다. 모든 고뇌는 모두가 자기의 마음 탓이므로 스스로 정진하여 불도를 구해야 하는 것입니다."

　수도자는 이 스님의 가르침을 듣고 즉시 욕정을 끊어 버리고 아라한의 '깨달음'을 얻었다고 한다.

〈법구비유경 제1〉

불교 설화

독신을 추방한 마음씨 착한 며느리

　석존께서 사바티국의 기원 정사에서 많은 사람들을 모아 놓고 설법하고 계셨을 때의 일이다.
　어느 곳에 독약으로 사람을 죽이는 것을 가업家業으로 하며 유복하게 살고 있는 사람이 있었다.
　사람들은 그 악한 행동을 미워하여 누구 한 사람 그와 교제하는 사람도 없었고 해독이 두려워서 접근하는 사람조차 없었다.
　그러는 동안에 세월이 흘러서 이 집에도 사랑하는 아들이 성년이 되어서 식구들은 그에게 아름다운 신부를 맞이해 주려고 사방으로 물색을 했다. 그러나 자기의 귀여운 딸을 며느리로 주려는 사람은 있을 리가 없었다.
　'강도가 사람을 죽이는 것은 힘으로 하는 것이므로, 이쪽이 더 강하면 죽지 않는다. 저 집에서는 독약으로 사람을 죽인다. 아무리 힘이 장사라도 죽음을 면할 수는 없다. 저 집이야말로 악한 것 중에서 최고로 악한 것이다. 결코 상대를 해서는 안 된다.'
　아들은 이 때문에 대단히 고민하고 괴로워하였다. 늙은 부모는 차마 보고 있을 수가 없어서 만 리나 떨어진 먼 나라에 사람을 보내서 며느리감을 구했다.

그 보람이 있었던지 어쨌든 큰 부자가 며느리를 구한다고 하므로 아주 가난한 집의 딸이었지만 아름답고 마음씨가 착한 처녀가 며느리로 들어오게 되었다. 이윽고 부자인 신랑 집에서는 많은 혼숫감을 신부 집으로 보내고 성대한 잔치를 베풀어 신부를 맞아들여서 집안은 기쁨이 넘쳤고 부부의 금실도 좋아서 행복한 나날을 보내게 되었다.

그런데 화복(禍福)이란 언제 어떻게 되는 것인지 알 수가 없는 것으로 며느리가 들어온 다음부터는 일마다 모두 꼬여서 하루하루 손재수가 겹쳐서 재산이 자꾸 축이 나는 것이었다. 그래서 하루는 시부모는 서로 귓엣말로 의논을 했다.

"이렇게 재난이 계속된다면 애써 모아 놓은 재산이 없어지는 것은 고사하고 멀지 않아 온 식구가 굶어 죽게 되겠다. 그렇게 되기 전에 변통을 해야겠는데 다행히 지금 며느리는 사람들이 잘 모르고 있으므로, 며느리에게 일러서 돈 많은 나그네를 독살하도록 합시다."

시부모는 며느리를 불러놓고 엄하게 말했다.

"이것이 오래 전부터 우리 집 가업인 것이다."

며느리는 비로소 시집이 무서운 줄을 처음 알게 되어 공포에 떨며 원망과 비통의 눈물을 흘리는 것이었다.

"저의 친정은 부모를 위시하여 모두가 인자하여 사람을 해치는 일은 한 번도 해본 적이 없습니다. 그렇게 무시무시한 일은 못하겠으니 제발 용서하여 주십시오. 제가 죽으면 죽었지 사람을 독살할 수는 없습니다."

시부모는 며느리를 타일러 보기도 하고 심지어는 위협을 하고 욕도 해 보았지만 끝끝내 말을 듣지 않으므로 자기 집을 수호하는 독신毒神에게 부탁하여 며느리를 못 살게 굴었다.

독신은 독사로 변신하여 며느리에게 공포감을 주었다. 일어나면 천정에 나타나고, 앉으면 방바닥에 나타나고 밥그릇 속에도, 화장도구 속에도, 손에 잡는 물건에도 며느리가 가는 곳마다 나타나서,

"사람을 독살하기 전까지는 나의 무서운 저주에서 벗어날 수 없다."

하고 그림자처럼 따라다니며 며느리를 들볶았다. 며느리도 이제는 절체절명 기진맥진하여 음식도 넘어가지 않아서 하루하루 몸이 야위고 죽고만 싶은 심정이었다.

그런데 때마침 다행히 본국에서 아는 사람이 와서 그녀의 가엾은 모습을 보고 걱정을 하여 묻자 며느리는 그간의 사정을 모두 털어놓고 은밀히 데려가 주도록 부탁하였다. 그 사람은 급히 돌아가서 사태의 위급함을 친정 부모에게 낱낱이 이야기하였다.

친정 부모는 오싹 소름이 끼쳐서 비탄에 젖었지만 울고만 있을 때가 아님을 깨닫자 아버지는 황급히 마차를 몰아 딸을 데리러 왔다.

"딸의 어미가 너무나 오랫동안 보지 못하였으므로 적적해서 밤낮 울고만 있습니다. 한 번 딸을 데리고 가서 만나게 해 주면 다시 기운을 차릴 것입니다. 잠깐 동안이니 친정으로 가게 해 주십시오. 며칠 후에는 돌려보내겠습니다."

그럴싸하게 그들을 속이고 딸을 데리고 집으로 돌아온 다음 사람을 시켜서 이렇게 전갈을 했다.

"당신들 집에서는 독약을 쓰는 것을 가업으로 삼고 있다는데 나의 딸을 그런 무서운 집에 둘 수 없으므로 데리고 온 것이다. 만약 싸울 의지가 있으면 나라에 법도 있으니 정정당당히 싸워도 좋지만 그러면 당신의 집은 멸망하게 될 것이다. 그러나 내외 간의 정이 좋은 것을 이혼시키는 것은 딸에게도 못할 노릇이므로 만약 독약을 사용하는 것을 맹세하고 중지한다면 다시 딸을 돌려보내겠다."

사위 집에서는 아들은 자기 아내를 극진히 사랑하고 있었으므로 헤어지는 것을 극력 반대하였고 그의 부모도 며느리가 얌전하고, 착하고, 아름다운 것을 생각해서 차마 이혼시킬 수는 없었다. 생각하던 끝에 시부모는 독약을 버리기로 일대 결심을 하였다.

"이후로는 절대로 독약을 사용하지 않겠습니다. 저의 집의 독신도 오늘 추방하겠습니다."

이렇게 맹세를 하고 며느리를 다시 맞이하였으므로 그 집은 비로소 화기애애한 행복하고 평화스러운 집안이 되었다.

이것은 사람의 선심을 해치는 탐욕, 진에노여움과 근심, 어리석음의 세 가지 어리석음과 수행修行의 방해가 되는 번뇌·오음五陰·천天·사死의 네 가지魔를 버리고 선법善法을 얻는 것에 비유한 '불설독유경佛說毒喻經'에 있는 이야기다.

<생경제4>

불교 설화

사나운 말이 명마가 되다

　석존께서 사바티국의 기원 정사에서 많은 사람을 모아놓고 설법하고 계셨을 때의 일이다.
　어느 곳에 한 사람의 장자가 한 마리의 명마를 가지고 있었다.
　그 말은 처음부터 명마는 아니었다. 전에는 성질이 사나워서 가까이 가면 물어 뜯고, 사람이 타려고 하면 앞발을 들거나 뒷발질을 해서 길들일 수가 없었다. 그리고 일단 뛰기 시작하면 길은 제쳐놓고 미친 듯이 달려서 논·밭·늪으로 뛰어들고 벽이나 담에 부딪치는 처치 곤란한 사나운 말이었던 것이다.
　주인인 장자도 이제는 미운 마음이 들었다. 힘껏 채찍질을 하고 먹이와 물도 안 주어서 자책하는 마음을 일으키도록 하였는데 말은 이렇게 많은 벌을 주는 것이 무슨 이유인지를 몰라서 그저 고통과 굶주림과 목마름에 발버둥을 칠 뿐이었다. 몸과 마음이 다 지쳐서 정신없이 잠이 들었을 때 어디서인지 하늘 한쪽에서 소리가 들려 왔다.
　"주인에게 순종만 하면 괴로움을 당할 까닭이 없다."

이 소리를 듣고 비로소 마음의 눈이 뜬 말은, 다음날 갑자기 타려고 하자 전과 다르게 얌전해져서 순순히 안장을 얹고 주인이 말고삐를 잡는 대로 동서남북으로 달리고, 말을 잘 들으므로 주인은 맛있는 먹이와 물을 주어서 금방 기운을 회복하여 몸이 튼튼해져서 천하의 명마가 되었다.

이 말은 그 후, 두 마리의 새끼를 낳았다. 그런데 이 망아지도 성장함에 따라 성질이 거칠었다. 제멋대로 뛰고 뒹굴고 고삐를 끊고 하여서 주인은 또 채찍으로 때렸지만 자기의 행동을 고치지 않으므로 장자는 먹이를 안 주어 허기가 지게 하고 겨우 썩은 풀과 흙탕물을 조금 주었다. 망아지는 주인이 자기들은 괴롭히는 것을 야속하게 생각하고 원망하였다. 그래서 어느 날 밤, 살며시 어미말에게로 가서 하소연을 했다.

"주인은 어째서 우리들을 미워하는지 모르겠습니다. 먹을 것도 마실 것도 안 주고 굶기면서 간혹 준다는 것이 냄새 나는 썩은 풀과 입에 댈 수도 없는 흙탕물뿐입니다. 게다가 뼈가 부러지는 듯한 매질을 당하는 아픔은 더 이상 견딜 수가 없습니다. 그런데 어머니는 혼자서 편안히 보고만 계시니 너무 매정하지 않습니까? 저희들의 이 괴로움을 살펴 주십시오."

자식말들의 원망 어린 말에 어미말은 그들의 무지를 불쌍히 여기며 타일러 주었다.

"그것은 모두 너희가 잘못을 저질렀기 때문이다. 누구를 원망할 것도 없는 것이다. 주인님이 고삐를 잡고 안장을 얹어 주시면 조용히 타시는 것을 기다렸다가 명령대로 움직이면 반드시 너희들을 귀여워해 주실 것이다. 이렇게 하는 것은 지극히 쉬운 것인데도 너희들은 조금도 순종하지 않기 때문에 그런 괴로움을 당하는 것이다. 이제부터는 꼭 어머니 말대로 해 보아라."
 망아지들은 다음날부터 어미말의 충고대로 얌전해져서 주인의 뜻대로 움직였으므로 장자는 대단히 기뻐하여 어미말과 똑같이 충분한 음식과 안락을 주었다. 이렇게 하여 어미말과 새끼말은 지극히 만족한 날을 보내게 되었다.

 말은 중생衆生이고 장자는 부처님이다. 중생인 말은 마음먹은 대로 뜻하는 대로, 욕심나는 대로 움직여서 자기 자신을 제어할 줄 모르므로 장자인 부처님은 여러 가지로 법法을 설교하셔서 오계십선五戒十善 : 집에서 불도를 닦는 신도가 지켜야 할 다섯가지 계율의 채찍을 드시어 지옥·아귀·축생의 고통을 주셔서 눈을 뜨게 하시고 깨닫게 하신다.
 자각을 갖는 사람도 또한 이 명마가 되는 과정을 밟아서 생겨나는 것이다.

<생경 제4>

까마귀와 공작

석존께서 사바티국의 기원 정사에서 많은 사람들을 모아 놓고 설법하고 계셨을 때의 일이다.

북쪽 찌겐이라는 나라로부터 하샬리란 나라로 까마귀를 가지고 왔다. 이 나라에는 까마귀라는 것이 없었으므로 이 나라 사람들은 진기한 새라고 크게 기뻐하여 여러 가지 먹이와 나무열매, 풀 이삭을 주면서 대단히 귀여워했다. 이렇게 되자, 다른 까마귀들도 모두 이 나라로 모여들어서 그 수는 헤아릴 수 없이 많아졌다.

그 후, 한 사람의 상인이 다른 나라에서 세 마리의 공작새를 가지고 돌아왔다. 사람들은 공작새의 아름다운 털, 의젓하고 점잖은 행동, 미묘한 모습을 보고 감탄하는 동시에 지금까지 진기하다고 생각한 까마귀와 비교하여 큰 차이가 있음에 거듭 놀랐고 더구나 그 아름다운 음성을 듣고 까마귀의 추악한 울음 소리는 듣기조차 싫증이 나버렸다.

그래서 그때까지 까마귀에게 품었던 사람들의 애정은 하루아침에 모두 공작새에게 쏠려서 이제는 누구 한 사람 까마귀에게 먹이를 주는 사람도 없어졌으므로, 그렇게 많았던 까마귀의 모습은 어느 사이엔가 이 나라에서 자취를 감추고 말았다.

그때 제천諸天은 노래했다.

햇빛이 나타나기 전의 촛불
공작새가 없는 나라의 까마귀
음식열매, 풀 이삭의 공양을 먹고
스스로 거만하여 존경을 잃었도다.

현자賢者, 아난다가 이것을 듣고 다시 노래로 답하기를,

부처님 아직 안 오시고
도사導師도 아직 세상에 없을 때
외도外道의 중이나 바라문도
모두 백성들의 공양을 받았다.
이제 부처님의 목소리는
명확히 불법을 가르쳐 주심이니,
외도와 그 밖의 이단자異端者들은
지금까지의 공양을 영원히 잃었도다.

<생경 제5>

한 조각의 고기와 양 한 마리

석존께서 사바티국의 기원 정사에서 많은 사람들을 모아 놓고 설법하고 계셨을 때의 일이다.

어느 곳에서 수도승이 한 사람의 바라문과 함께 숲속에서 하안거夏安居 : 여름 장마 때 중들이 방 안에 모여서 수도하는 일를 하고 있었다. 그 수도승은 가끔 바라문한테 갔다 왔다 하였지만 과히 친하게 하거나 그렇다고 멀리하지도 않고 적당히 사귀고 있었다. 그것은 너무 친하게 굴면 그에게 교만심을 심어 주고 또 멀리하면 증오심을 일으킬 것 같아서 그랬던 것이다.

수도승은 마음속으로,

해가 중천에 떴을 때 단장을 세우면
가로나 세로에 그림자가 없다.
만약 단장을 벽에 기대면
그림자는 길게 생긴다.

그에 대하여도 마찬가지다.
멀고 가까움을 적당히 해서
적당한 시기를 기다렸다가
후에 올바른 설법을 하리라.

이렇게 생각하고 조용히 때가 오기를 기다리고 있었다. 그러는 동안에 두 사람은 차차 더 친해져서 이제는 서로 말을 친히 주고 받게 되었다.

어느 날 수도승은 바라문에게 물었다.

"자네는 매일 양손을 번쩍 쳐든 채로 오랫동안 태양을 바라보거나, 재灰 위에 벌거벗고 누워서 풀잎을 뜯어 먹거나, 또는 하루 종일 한 발을 쳐들고 서 있고는 하는데 그런 고통스러운 수행을 해서 대체 무엇이 되려는가?"

바라문은 수도승의 말을 듣고 매우 득의에 찬 낯으로 대답하였다.

"나는 국왕으로 태어나고 싶습니다."

이러한 문답이 오고 간 지 여러 날 후에 바라문이 병에 걸렸다. 그는 의사에게 가서 진찰을 받은 결과 의사는 그에게 육식을 해서 몸을 보호하라고 일렀다.

바라문은 돌아와서 수도승에게,

"실은 오늘 의사에게 진단을 받았는데 의사의 말이 육식을 해서 영양을 섭취하지 않으면 안 된다고 합니다. 그래서 당신에겐 좀 미안하지만 당신의 단가檀家 : 절에 시주하는 사람이 있는 집에 가서 고기를 조금만 얻어다 줄 수 없겠습니까? 부탁합니다."

하고 간청했다.

바라문의 청을 듣고 수도승은 마음속으로 이렇게 생각하였다.

'그를 교화시키는 것은 바로 이때다.'

그래서 한 마리의 큰 양을 환상적으로 만들어 근처에 잡아 매어 놓고,

"다녀 왔네, 부탁한 것을 얻어 왔으니 많이 먹고 충분히 기운을 차리게."

"그 고기는 어디에 있습니까?"

"저기 있네. 저기 매어 둔 양이 고기지 뭔가?"

바라문은 수도승의 말을 듣고 대단히 화를 내며 소리를 질렀다.

"당신은 양을 죽여서 그 고기를 먹으란 말입니까? 아무리 내가 병이 났다지만 살생까지 해 가면서 고기를 먹고 싶지는 않습니다."

수도승은 바라문의 이와 같은 말을 듣고 그를 구제하는 것은 바로 지금이라고 생각하며 조용히 다음과 같이 설법을 하였다.

"그대는 지금 한 마리의 양을 불쌍히 생각하여 감히 양을 죽이려고 하지 않는다. 만약 장차 국왕이 되어 그대가 왕좌에 앉으면 소다 양이다 돼지다 닭이다 개다 하고 그 밖의 짐승을 수없이 죽여서 이것을 밥상 위에 올리게 할 것이다. 만약 국왕인 그대가 한 번 화가 나면 금방 저놈의 목을 잘라라, 저놈의 손발을 베어라, 저놈의 눈알을 도려내라, 할 것이다. 그대가 지금은 한 마리의 양을 불쌍히 여기면서 장차는 살생의 왕이 되고 싶다고 한다. 그대에게 참다운 자비심이 있다면 마땅히 국왕이 되고 싶은 마음을 버릴지어다."

바라문은 수도승의 설법을 듣고 잠시 묵묵히 아무 말도 못하다

가 이어 조용히 고개를 들고,

"참으로 자비하시고 신통한 방법으로 저를 올바른 길로 이끌어 주셨습니다. 저는 가르치심을 따라 왕위 같은 속세의 영광을 바라는 마음을 버리고 올바른 해탈解脫의 도를 닦으려고 결심을 하였습니다."

하며 수도승에게 감사하는 마음으로 머리를 숙였다고 한다.

<대장엄론경 제2>

사자와 바보 개

석존께서 사바티국의 기원 정사에서 많은 사람들을 모아 놓고 설법하고 계셨을 때의 일이다.

어느 곳에 비구니比丘尼 : 여승女僧가 한 사람 있었다. 언젠가 샤칼라국에 갔을 때의 일인데 그때 이 나라에 한 사람의 바라문이 있어서 그는 오열五熱로 몸을 지져서 이마에는 구슬 같은 땀이 비 오듯 흐르고 가슴과 겨드랑이에서는 폭포수 같은 땀이 흐르고 있었고, 목구멍은 타고 입술과 혀는 말라붙어서 침도 안 나올 정도로 사방에 불을 지펴서 마치 금덩어리를 녹이는 것 같았다.

그리고 때는 마침 복중伏中인지라 그 정경은 차마 눈 뜨고 볼 수가 없었다. 그의 몸은 검게 그슬러서 떡을 구워 놓은 것 같았다. 그는 넝마 옷을 입고 몸을 지지고 있었기 때문에 사람들은 그를 누갈적褸褐炙이라고 부르고 있었다.

비구니는 바라문의 이 같은 모양을 보고 그에게 말했다.

"당신은 지질 것은 지지지 않고 공연히 지지지 않을 것을 지지고 있다."

이 말을 들을 바라문은 대단히 노하여,
"이 나쁜 까까중아, 그렇다면 무엇을 지져야 한단 말이냐?"
하고 대들었다.

비구니는 교묘하게 그의 마음을 찌르면서,
"불에 지져야 할 것은 당신의 그 노여운 마음입니다. 당신이 만약 당신의 그 마음을 지진다면, 그것이야말로 참다운 적炙 : 고기를 굽는다는 뜻입니다. 소가 수레를 끄는데 수레가 앞으로 안 구르면 소를 채찍질해야지 수레를 때려서 무슨 소용이 있습니까? 몸은 수레이고 마음은 소 같은 것이므로 당신은 마땅히 마음을 채찍질하고 마음을 지져야지 몸을 괴롭혀서는 안 됩니다."

　　마음은 성주와 같다.
　　성주가 노여움에 차 있으면
　　성을 구한다 한들
　　무슨 이익이 있겠는가
　　이를테면 사자가 있는데
　　사람이 활로 쏘고
　　기왓장이나 돌로 치면
　　사자는 곧 그 사람을 쫓아온다.
　　그런데
　　가령 사람이 치견痴犬 : 못난 바보 개을
　　기왓장이나 돌로 때리면
　　그 개는 기왓장이나 돌을 쫓고
　　사람은 쫓지 않는다.
　　사자는 지혜로운 사람 같음이니

항상 그 근본을 캐고
치견은 외도外道와 같음이니
헛되이 몸을 지지고 마음을 찾지 않는다.

하고 타일러 가르쳤다. 이 말을 들은 바라문은 그제야 가르침의 참뜻을 깨닫고 부처님의 도道에 정진하였다고 한다.

<대장엄론경 제4>

사람은 제각기 다르다

　석존께서 사바티국의 기원 정사에서 많은 사람들을 모아 놓고 설법하고 계셨을 때의 일이다.
　어느 나라의 국왕이 죽었는데 왕위를 계승할 태자가 없었다. 그래서 선왕의 혈통으로 전부터 입산수도를 하면서 신통력神通力을 얻고자 수행을 하고 있는 사람을 억지로 모셔다가 왕으로 받들었다.
　그는 왕이 되었지만 궁중의 일은 아무것도 몰랐다. 어느 날, 금침을 까는 일을 맡고 있는 신하가 왔는데 왕은,
　"옷을 가지고 오너라!"
하고 명령했다.
　금침을 까는 신하는 공손히,
　"저는 금침을 까는 임무를 맡고 있으므로 의복에 대한 것은 모릅니다."
하고 아뢰었다.
　왕은,

"그러면 식사를 가지고 오너라."
하고 명령했다.
　그러나 대답은 같았다.
"저는 식사일을 모르겠습니다."
　왕궁 내에는 각각 맡은 바 직책이 따로 있어서 금침을 까는 자, 식사를 돌보는 자, 의복을 맡아 보는 사람이 각각 맡은 일이 있어서 다른 사람의 직책을 범할 수가 없었던 것이다.

<대장엄론경 제15>

불교 설화

지혜는 굵은 밧줄과 같다

석존께서 사바티국의 기원 정사에서 많은 사람들을 모아 놓고 설법하고 계셨을 때의 일이다.

어느 나라에서 세계 최고의 석탑을 세우려고 한 사람의 명장名匠 : 이름난 기술자에게 일을 시켰다.

그는 정성을 다하여 훌륭한 석탑을 만들었는데 오늘은 석탑이 준공되는 날이었다.

그런데 이상하게도 왕은 이 명장을 그 높은 탑꼭대기에 홀로 남겨 둔 채 사다리도, 밧줄도, 물건을 끌어 올리고 내리고 하는 도르래도 모두 치워 버렸다. 그것은 만약 이 명장을 살려 두면 다른 나라에서도 이 명장을 시켜서 이보다 더 높은 탑을 만들지도 모른다고 생각한 때문이었다.

왕이 이런 생각을 하고 있는 줄은 꿈에도 짐작 못한 명장은 발붙일 곳조차 없는 높은 석탑 꼭대기에서 어떻게 할 줄 모르고 다만 운명을 하늘에 맡기고 있었다.

그런데 이런 일을 전해 들은 명장의 가족들은 걱정이 되는 나머지 어떻게 해서든지 그를 구해내려고 그 날 밤에 탑 밑으로 갔다. 그리고 조그만 목소리로 탑 위에 있는 그에게,

"어떻게 내려올 방법은 없을까?"

하고 물었다. 그는 원래가 지혜가 많은 사람이었다. 그는 자기가 입고 있는 옷을 벗어서 그것을 가늘게 갈기갈기 찢어서 끈으로 꼬아서 밑으로 내려보냈다. 그리고 밑에 있는 가족들에게 일러서 우선 자기가 내려뜨린 가는 끈 끝에 다른 가는 끈을 잡아매도록 했다. 그리고 그는 그 잇댄 긴 끈을 끌어 올렸다.

그는 그것을 꼬아서 조금 더 굵은 끈으로 하여 다시 밑으로 내려보내서 이번에는 아까보다 더 굵은 끈은 잡아매도록 하여 또 끌어 올렸다. 이렇게 몇 번 되풀이하자 나중에는 아주 굵은 밧줄이 되었다. 그는 그것을 탑 꼭대기에 단단히 묶은 다음 그 밧줄을 타고 아래로 내려올 수가 있었다.

그래서 그는 다음과 같이 노래를 불렀다.

> 믿는 마음은 남루한 가는 끈이른가
> 다문多聞과 지계持戒는 굵은 끈,
> 계율 선정戒律禪定은 가는 밧줄,
> 지혜는 굵은 밧줄이로다.
> 이를 의지하여 생사의 탑에서 내려오다.

<대장엄론경 제15>

불교 설화

애욕의 고삐

석존께서 사바티국의 기원 정사에서 많은 사람들을 모아 놓고 설법하고 계셨을 때의 일이다.

어느 곳에 장자가 한 사람 있었는데, 그의 아들이 성년이 되었으므로 장가를 보냈다. 그의 아내는 한 점의 티도 없는 절세미인이어서 아들은 자기 아내를 극진히 사랑하여 한시도 잊지 않고 잠시도 못 보면 죽을 지경이었다.

그런데 마침 이 나라의 도로가 파괴되어서 교통이 두절되어 이 나라로 들어올 수가 없게 되었고, 12년간이나 타국과의 교통이 두절되어 국내는 극도의 곤란을 겪게 되었다. 12년째 되는 해에 많은 장사꾼들이 이웃 나라까지 와서 쉬고 있는데 국내로는 안 온다는 말을 들은 아버지는 아들에게,

"외국의 상인들이 이웃 나라에 와 있다니 네가 빨리 이웃 나라의 시장에 가서 여러 가지 필요한 물건을 사 오너라."
고 말했다.

아버지의 말을 들은 아들은 사랑하는 아내와 잠시라도 떨어져

야 하는 슬픔과 안타까움에 극도로 비관하고 말았다. 그는 생각 끝에 다정한 친구를 찾아가서,

"여보게, 우리 아버지는 아내의 사랑을 몰라 주시네. 나보고 이웃 나라의 시장에 가서 물건을 사 오라고 하신단 말일세. 내 가슴은 찢어질 듯하다네. 아내와 잠시라도 떨어져 있기보다는 오히려 강에 몸을 던지거나 높은 산에서 골짜기로 떨어지는 편이 나을 걸세."

하고 아내에 대한 애정을 털어놓고 의논했다.

> 젊은 나이에 여색女色에 빠져
> 애욕의 정은 불길같이 타오른다.
> 아버지의 명을 받고 가려고 하나
> 이별의 슬픔은 간장을 녹인다.
>
> 어떻게 아내와 떨어진단 말인가
> 가슴이 터질 듯 오히려 죽느니만 못하다.
> 애욕의 인연에 고삐는
> 큰 코끼리를 잡아매는 굵은 밧줄 같구나.

친구는 그의 말을 듣고,

"그것은 자네가 너무 지각이 없는 말일세. 자식을 낳는 것은 가문을 빛내고 재산을 이루어 부모를 공양하기 위함이다. 아무 일도 안하고 놀고 먹는 생활 태도는 나쁜 것이다. 그런 사고방식으론 설사 천상에 태어난다 하여도 편안치 않을 것이다. 하물며 인간이 다만 여자에게만 모든 정력을 바친다는 것은 자신을 망치는

것일세."
하고 간곡히 충고를 하였다. 그는 하는 수 없이 집을 나서서 팔짱을 끼고 생각에 골몰하면서 힘없는 발길을 이웃 나라로 옮겨 놓았다.

어딜 가든지 아내의 일이 한 시도 머리에서 떠나지 않는 그는 물건을 사는 것도 대강대강으로 끝마치고 서둘러 집으로 돌아왔다. 집으로 들어서자마자,

"아내는 어디 있나?"
하는 것이 그의 첫 마디였다.

아내는 남편과 헤어져서 외롭고 슬픈 나머지 병석에 눕게 되어 온몸에 송기가 생겨서 피고름이 흐르고 분둥이같이 되어서, 보기에도 딱할 정도로 파리 떼가 모여들어 피고름을 빨고 있었다. 하녀는 눈물을 흘리면서 그간의 사정 이야기를 하고,

"아씨께서는 거처를 옮기시어 헛간에서 풀을 베개 삼고 혼자 누워 계십니다."
하므로 그는 황급히 헛간으로 뛰어가 보았더니 피골은 상접하고 피부 색깔은 변해서 통통 부풀어 올랐고 얼굴은 추악하게 변모하여 차마 눈 뜨고 볼 수가 없어서 이제까지의 애정, 욕정이 삽시간에 사라져 버리고 말았다.

수행자修行者는 이와 같이 애욕을 기피하지 않으면 안 된다.

<수행도지경 제5>

지혜가 많은 외도

석존께서 사바티국의 기원 정사에서 많은 사람들을 모아 놓고 설법하고 계셨을 때의 일이다.

어느 곳에 점성술占星術과 다른 재주가 뛰어난 것을 자랑하고 있는 한 사람의 외도가 있었다.

자기를 과신하는 그는 자기의 고덕함을 과시하려고 다른 나라로 가서 자기의 어린 아기를 가슴에 안고 슬프게 울었다. 사람들이 사연을 물었더니 외도는 자못 애통한 표정을 지으며,

"이 아기는 앞으로 열흘 안에 죽을 운명을 타고났습니다. 나는 하도 가여워서 이렇게 울고 있습니다."

이 말을 들은 사람들은 의아하게 생각하면서도 그를 위로하였다.

"사람의 목숨을 어떻게 예측한단 말입니까? 열흘 안에 죽는다고 하지만 어떻게 그것을 믿고 슬퍼합니까?"

그러자 외도는 한층 더 가라앉은 목소리로 자신 있게 말하는 것이었다.

"해와 달이 빛을 잃고 별이 떨어지는 한이 있어도 나의 예언에

는 틀림이 없는 것입니다."

이리하여 어리석은 외도는 그의 보잘것없는 명리名利 때문에 칠 일째 되는 날, 자기의 자식을 죽여서 자기의 예언이 적중한다는 것을 입증했다.

그런 줄도 모르는 세상 사람들은 외도의 예언이 신통하게도 들어맞았다고 전해 듣고, 참으로 지혜와 덕이 있는 사람이라고 탄복하였다고 한다.

세상에는 이와 같은 어리석은 행위에 현혹되어 그것을 믿는 일이 뜻밖에 많은 것이다.

<백유경 제1>

산적과 국왕

　석존께서 사바티국의 기원 정사에서 많은 사람들을 모아 놓고 설법하고 계셨을 때의 일이다.

　산적이 국왕의 창고에 침입하여 많은 재물을 훔쳐 가지고 도망 갔다. 국왕은 전국에 방문을 붙이고 포졸을 풀어 드디어 그 산적을 체포하였다.

　그리고 국왕은 친히 도둑을 심문하게 되었는데 산적이 많은 의류를 가지고 있는 것을 보고 그 출처를 물었더니 산적은 끝내,

　"이 옷들은 저의 조상한테서 물려받은 것입니다."
하고 주장하므로 국왕은 이렇게 말했다.

　"그렇다면 그 옷을 입어 보아라."

　산적은 두려움에 떠는 손으로 국왕의 옷을 입으려고 하였지만 원래 한 번도 본 일이 없는 훌륭한 국왕의 옷이었으므로 입는 방법을 알 리가 없었다. 손을 끼는 곳에 발을 넣고 허리에 감는 것을 머리에 쓰기도 하였다.

　국왕은 이 모양을 지켜보고 있다가,

"만약 그 옷이 네 말대로 조상한테서 물려받은 것이라면 입는 방법을 알고 있었을 것이다. 그럼에도 너는 입는 법을 모를 뿐 아니라, 위에 입는 것을 아래에 입고, 손발이 들어갈 곳도 모르면서 오히려 태연하니 무슨 까닭이냐? 짐작컨대 그 옷들은 훔친 것임에 틀림이 없다."

이렇게 해서 산적의 어리석은 속임수는 금방 탄로가 나고 말았다.

<백유경 제1>

어리석은 사나이의 지혜

석존께서 사바티국의 기원 정사에서 많은 사람들을 모아 놓고 설법하고 계셨을 때의 일이다.

어느 곳에 용모 단정하고 현명한 재산가가 있었다.

세상 사람들은 모두 이 사람을 칭찬하고 존경하였다. 그런데 단 한 사람의 어리석은 사나이가 그 사람을 가리켜 '형님이다' 라고 부르고 있었는데, 얼마가 지난 다음에는 실은 형이 아니다라고 하였다. 다른 사람이 이상하게 생각하고 그 이유를 물어 보자, 그 어리석은 사나이는 태연한 얼굴로,

"그가 큰 부자이기 때문에 형님이라고 했지만, 그 돈을 아주 자기 것으로 했기 때문에 이제는 형이라고 안한다."

사람들은 모두 그 못난 사나이를 조롱하였다고 한다.

<백유경 제1>

어리석은 장사꾼

석존께서 사바티국의 기원 정사에서 많은 사람들을 모아놓고 설법하고 계셨을 때의 일이다.

어느 곳에 한 사람의 장사꾼이 있었다. 그는 어떤 사람에게 물건을 팔았는데 그 물건 값을 청산하지 않으므로 받으러 가기로 하였다. 그런데 받을 액수가 얼마되지 않아서 강을 건너는 뱃삯을 치르고 나면 조금 남을 정도였다.

그런데도 그는 선금을 물고 큰 강을 건너가서 재촉을 했지만 주지 않으므로 역시 뱃삯을 치르고 돌아왔다. 도둑에게 한 푼 더 보태 주는 격이니 왕복하는 데 시간을 소비하고 피로하고 배도 고파서 얻기는커녕 잃은 것이 많았다.

<백유경 제1>

이루어질 수 없는 사랑

　석존께서 사바티국의 기원 정사에서 많은 사람들을 모아 놓고 설법하고 계셨을 때의 일이다.

　어느 곳에 어리석은 농사꾼이 있었다. 그는 어느 날 성 안으로 갔다가 대단히 아름다운 공주를 담 너머로 보았다. 그 후부터는 공주의 아름다운 모습을 잊을 수가 없어 밤낮으로 연모의 정에 몸을 태우며 말이라도 몇 번 건네 봤으면 하고 이루어질 수 없는 짝사랑을 하고 있었다. 그러는 동안에 그의 얼굴은 여위고 수척해져서 상사병으로 자리에 누워 앓게 되었다. 가족들은 멀쩡하던 그가 어째서 이렇게 중병을 앓게 되었는가 걱정이 되어 넌지시 물어 보았다.

　"실은 얼마 전에 공주님의 모습을 보고 그 아름다움에 마음이 끌려 사모하게 되었는데 가까이 갈 수조차 없어서 애를 태우고 있습니다. 만약 공주님으로부터 좋은 소식이 없으면 저는 죽을 것입니다."

하고 눈물을 흘리며 고백하였다. 가족들은 병의 원인을 알게 되어 안심은 되었지만 상대가 임금님의 따님이어서 너무나 신분의 차이가 엄청나서 감히 어떻게 할 수가 없었다.

"정 그렇다면 내가 어떤 수단을 써서 너의 마음을 공주님께 전할 터이니 과히 걱정하지 말아라."

하고 임기응변으로 그를 위로할 수밖에 없었다. 그로부터 며칠이 지났다. 집안 식구는 그에게 이렇게 말했다.

"공주님께 말씀드렸더니 공주님은 네가 싫다더라."

그러자 그는 결과는 어떻든지 자기의 마음이 일단은 공주에게 통하였다고 대단히 기뻐했다는 것이다.

<백유경 제4>

충실한 고용인

　석존께서 사바티국의 기원 정사에서 많은 사람들을 모아 놓고 설법하고 계셨을 때의 일이다.
　어느 곳에 장자_{長者}가 있었다. 그는 망고열매가 먹고 싶어서 고용인에게 과수원에 가서 될 수 있는 대로 맛있는 것으로 골라 사오라고 시켰다. 충실한 고용인은 곧 과수원으로 갔다.
　과수원 주인은 친절히 손님을 맞이하며,
　"저희 집에 있는 망고의 열매는 모두 맛있습니다. 나쁜 것은 하나도 없습니다. 맛을 보시고 사십시오."
　"그렇다면 하나하나 핥아 보고 사겠습니다."
　고용인은 일일이 핥아 보고 망고의 열매를 많이 사가지고 돌아왔다. 그는 그것을 장자 앞에 내놓으며,
　"이것은 절대로 보증할 수 있습니다. 제가 하나하나 핥아 보고 사 왔으니까요."
　장자는 불쾌한 표정을 지으며 한 개도 먹지 않았다.

<백유경 제4>

새댁의 의심

식존께서 사바티국의 기원 정사에서 많은 사람들을 모아 놓고 설법하고 계셨을 때의 일이다.

북인도에서 남인도로 이주해 와서 결혼하여 살고 있는 사나이가 있었다. 새색시가 식사 준비를 하고 있자 그는 황급히 뜨거운 것도 아랑곳없이 삼켜 버리고 말았다. 아내는 놀라서,

"어째서 그렇게 급히 드십니까?"

"응, 좀 이유가 있어. 그렇지만 지금은 말할 수가 없는데."

하는 남편에게 아내는,

"무슨 까닭인지 말씀해 주세요. 저는 당신의 아내가 아닙니까?"

남편은 잠시 동안 생각하다가 이렇게 대답하였다.

"우리 집은 조상 때부터 무엇이든지 빨리 먹는 것이 가풍이라오. 나도 그대로 한 것뿐이오."

라고 의젓이 말했다.

<백유경 제4>

어리석은 사나이의 원한

 석존께서 사바티국의 기원 정사에서 많은 사람들을 모아 놓고 설법하고 계셨을 때의 일이다.
 어느 곳에 어리석은 사나이가 있었는데 그는 어떤 사람과 몹시 다투어 욕을 얻어먹고 분함을 이기지 못하여 어떻게 하면 앙갚음을 할 수 있을까 하고 노심초사하였다. 그런데 어떤 사람이 그를 동정하여 이렇게 말했다.
 "그것은 저주詛呪하여 사람을 죽일 수 있는 비다라 나무에게 비는 것이다. 그러나 한 가지 곤란한 것은 상대를 해치기 전에 자기가 먼저 죽을 위험이 있다는 것이다."
 그는 이 말을 듣고 대단히 기뻐하여 자기는 죽어도 좋으니까 그 방법을 가르쳐 달라고 자꾸만 졸랐다고 한다.

<백유경 제4>

불교 설화

보시 아닌 보시

　석존께서 라자가하성의 영취산에서 많은 사람들을 모아 놓고 설법하고 계셨을 때의 일이다.
　어느 곳에 만 명의 스님이 살고 있었다. 그 중 5천여 명은 이미 아라한에 올라서 육신통六神通 : 수행으로 갖추게 되는 여섯 가지 불가사의하고 자유 자재한 능력에 도달하고 있었다. 다른 5천 명은 아직 미숙한 사람들이었다. 어느 날, 한 사람의 장자長者가 인간계의 행복과 쾌락을 바라는 마음에서 스님들이 있는 곳에 찾아와서 여러 가지 푸짐한 공양물을 바쳤다.
　스님 중에 대 아라한의 자리에 있는 상좌승上座僧이 있었다. 머리는 이미 백발이고 이는 빠지고 주름살이 거미줄 같은 나이의 노인인데 이 사람이 만 명의 스님 중에서 최원로인 것이었다. 그는 장자를 위하여 소원을 빌고 음식 등을 공양을 받은 다음 정색을 하고 장자에게 말했다.
　"시주가 지나가면 대죄를 얻습니다."
　아직도 수행이 부족한 스님이 의아하여 상좌에게 물었다.

"상좌께서는 노인을 위하여 그렇게 말씀하시는 것이겠지요?"

"아니 결코 그렇지 않다. 나의 말은 어디까지나 사실이다."

"그러면 장자가 이와 같이 복의 씨앗을 뿌리는데 어째 죄가 되는 것입니까?"

"그대들은 그 하나만 알고 둘은 모르는 것이다. 이 장자는 복의 씨앗을 뿌린 공덕에 의하여 속세의 낙을 받는다. 그렇지만 그 즐거움에 몸을 담고 있는 중에 교만하여져서 스스로 만족하여 그 안일한 즐거움에서 해탈하려고 하지 않는다. 또 부처님을 존경하지 않고 불경을 읽거나 외우지 않고 스님에 대하여 공경하는 마음이 없어져서 방종한 생활을 제멋대로 하고 있는 동안에 복이 다하여 그 후에는 무량겁無量劫이라는 오랜 동안 악도에 떨어지게 된다. 세속의 즐거움을 탐내면 이와 같은 결과를 가져오는 것이다. 그러나 이와 반대로 정도正道를 염원한다면 이러한 응보는 없을 것이다."

<잡비유경>

불교 설화

도깨비의 목말

석존께서 라자가하성의 영취산에서 많은 사람들을 모아 놓고 설법하고 계셨을 때의 일이다.

어느 곳에 동료들로부터 따돌림을 당한 중이 있었다. 그는 원통하고 서러워서 울면서 길을 걷고 있었는데 도깨비를 만났다. 이 도깨비도 역시 법을 범하였기 때문에 비사문천 왕毘沙門天王으로부터 파문당하고 있었다. 도깨비는 이상스럽다는 듯 중에게 물었다.

"왜 울면서 길을 걷고 있습니까?"

그는 지금까지의 일을 도깨비에게 이야기하며,

"나는 어떤 일을 저질러서 동료들로부터 배척을 받았기 때문에 단가檀家의 공양은 끊기고 또 나의 소문이 세상에 퍼졌으므로 앞길이 막막하여 이렇게 비탄에 빠져 있는 것입니다."

그러자 도깨비는 중에게 말했다.

"내가 도와드리죠. 그러면 당신의 악명도 말끔히 씻어지고 공양도 전과 같이 받을 수 있을 것입니다. 나의 왼쪽 어깨 위에 올라타고 계십시오. 당신을 어깨에 태우고 하늘을 걸어 다니겠습니다. 그러면 사람들은 당신은 보이고 나는 보이지 않으니까 당신의 신용은 금방 회복됩니다. 그러나 여기에는 한 가지 조건이 있습니다. 그것은 공양물이 생기면 우선 나에게 주어야 하는 것입니다."

　이렇게 해서 약속은 성립되었다. 도깨비는 곧 중을 어깨에 올려놓고 제일 먼저 그 중을 배척한 부락의 상공을 걸어 다녔다. 부락 사람들은 이것을 보고 한편 놀랍고 신기하게 생각하여 득도한 중을 공연히 다른 중들이 배척한 것이라고 입을 모아 중들을 비난하며 절로 몰려 가서 여러 중들을 공박하고 다시 그를 맞이하여 절에 있게 했다. 그래서 그는 힘들이지 않고 공양을 받게 되었는데 도깨비와의 약속을 지켜서 의식 기타의 공양물이 생기면 먼저 도깨비에게 주는 것을 잊지 않았다.

　그러던 어느 날의 일이었다. 늘 하는 대로 도깨비는 중을 어깨에 태우고 하늘을 걷고 있었는데 그때 뜻밖에 비사문천 왕의 일족一族과 맞부딪치고 말았다. 도깨비는 비사문천 왕의 일족을 보자마자 몹시 당황하여 그 중을 내동댕이치고 있는 힘을 다하여 도망쳐 버리고 말았다. 그래서 중은 불쌍하게도 땅에 떨어져 죽고 말았다.

<잡비유경>

불교 설화

태평스런 사형수

　석존께서 라사가하성의 영취산에서 많은 사람들을 모아 놓고 설법하고 계셨을 때의 일이다.
　어느 곳에 한 사람의 사형수가 감옥에 갇혀 있었다. 그는 사형을 당할 만큼의 큰 죄를 저질렀는데 머지않아 닥쳐올 단두대의 고뇌를 생각하니 너무나 죽는다는 것이 무서워서 탈옥을 결심하고 기어이 도망치고 말았다. 그런데 그 당시의 국법은 탈옥한 사형수는 미친 코끼리로 하여금 뒤쫓게 하여 밟아 죽이도록 되어 있었다. 그의 탈옥이 발각되자 미친 코끼리는 무서운 힘으로 그의 뒤를 쫓았다. 뒤에서 쫓아오는 미친 코끼리를 피하여 사형수는 큰 우물 속으로 들어가려고 한두 발 내려가다가 문득 밑을 내려다보니까 거기에는 큰 독룡이 입을 딱 벌리고 한입에 삼켜 버릴 듯이 도사리고 있었다. 기가 질려서 우물의 사방을 돌아보니 거기에는 네 마리의 독사가 동서남북으로 진을 치고 입에서는 독기를 뿜어내고 있었다.
　그러나 그렇다고 돌아서기에는 미친 코끼리가 너무 가까이 쫓아오고 있었으므로 그는 자기도 모르는 사이에 그곳에 있는 풀뿌리를 움켜잡고 이제는 죽었구나 하고 진땀을 흘리며 떨고 있었다. 그런데 그가 잡고 있는 목숨의 생명선인 풀뿌리를 두 마리의 흰 쥐가 열심히 갉아 먹고 있지 않은가! 그는 일단 미친 코끼리는 피한 셈이지만 이 쥐가 풀뿌리를 다 갉아 먹으면 그때는 물 속으로 떨어져서 독룡의 밥이 될 것을 생각하니 마음은 산란할 대로 산란해져서 세상의 무상함이 뼈저리게 느껴지는 것이었다.

그는 풀뿌리에 매달려서 문득 위를 쳐다보니까 우물 옆에 서 있는 큰 나무가 가지와 잎을 뻗혀서 푸른 하늘을 덮고 있었다. 그리고 그 나무에서는 하루에 한 방울씩 감로甘露 같은 꿀을 사형수의 입 속으로 떨어뜨려 주는 것이었다. 사형수는 위험한 우물 곁의 풀뿌리에 매달려 있으면서 나무에서 떨어지는 꿀 때문에 굶주림과 목마름은 면하고 있었을뿐더러 어느 사이에 그 생활에 익숙해져서 다시는 우물에서 나오려고 하지 않았다. 그래서 지금 그의 마음은 하루 한 방울의 그 꿀을 기대하고 있는 것이었다.

감옥은 삼계三界에, 사형수는 중생衆生에, 미친 코끼리는 무상無常에, 독룡은 지옥에, 네 마리의 독사는 지地·수水·화火·풍風의 사대四大에, 풀뿌리는 인명人命에, 흰 쥐는 일월日月에 비유한 것이다. 흰 쥐인 일월은 사람의 생명을 먹으면서 나날이 소멸해 가고 있다. 그런데도 사형수인 중생은 한 방울의 꿀과 같은 세상의 환락에 집착하여 무상의 고통에서 깨어나지 못하는 것이다.

〈증경찬잡비유 상〉

불교 설화

화가의 공동 제작

석존께서 라자가하싱의 영취산에서 많은 사람들을 모아 놓고 설법하고 계셨을 때의 일이다.

어느 나라에 수많은 화가들이 있었다. 어느 화가는 채색에 능하고, 어떤 화가는 사람의 몸 전체는 잘 그렸지만 손이나 발은 잘 못 그렸고, 어떤 자는 손과 발은 교묘하게 잘 그리는데 얼굴은 잘 못 그리는 등 각자가 제각기 특징이 있었다.

어느 날 국왕은 천을 한 장 꺼내 놓고 전국의 화가를 전부 소집한 다음,

"이 천에다 나의 초상화를 그려라."

하고 명령하였다. 모여든 전국의 화가는 각자 자기의 장기가 있는 부분을 분담해서 누구는 얼굴, 누구는 몸체를 누구는 손발을 누구는 여기에 채색을 하는 등 해서 국왕의 초상화를 공동으로 그렸다.

이때 그 나라에서 단 한 사람의 화가만 부득이한 사정으로 참가하지를 못했다. 그러나 여러 화가들은 자기 온갖 재주를 다하

여 마침내 국왕의 초상화를 그려서 국왕에게 보였다.

"그대들은 이때의 초상화를 화가 전체의 공동 제작이라고 할 수 있는가?"
하고 석존은 사람들에게 물어 보시었다.

"엄밀히 따져 말하면 공동 제작이라고 할 수 없습니다."
하고 모두들 대답하였다. 그러자 석존께서는,

"내가 지금 말한 이 비유는 아직 그대들이 납득하지 못한 것이다. 단지 한 사람의 화가가 그 제작에 참여하지 않았기 때문에 전체의 화가의 손으로 제작이 완성되었다고 말할 수 없는 것이다. 그와 마찬가지로 불법의 수행에 있어서도 만약 한 가지라도 행함에 불완전한 곳이 있으면 그 수행자는 부처님의 정법正法을 갖추고 있다고는 말할 수 없는 것이다. 그러므로 그대들은 제행諸行을 갖춤으로써 비로소 무상보리無上菩提: 바르고 원만한 부처의 깨달음을를 성취했다고 이름 붙일 수 있는 것이다."
라고 석존은 스스로가 지계근행持戒勤行: 계를 받아 부지런히 수행하도록 설법하시었다.

<대방등대집경 제25>

불교 설화

우물 속에 빠진 아들과 그의 아버지

석존께서 사바니국의 기원 성사에서 많은 사람들을 모아 놓고 설법하고 계셨을 때의 일이다.

어느 곳에 큰 부자가 있었다. 그에게는 아들이 하나밖에 없어서 외아들이라 대단히 귀여워하고 사랑을 했는데 유감스럽게도 그 아이는 약간 저능아였다. 이 아이는 늘 더러운 우물가에서 놀기를 좋아했는데 어느 날 실수하여 그 더러운 우물 속으로 빠졌다.

이때 어머니와 식구들은 아이가 더러운 우물에 빠진 것을 보고 대단히 걱정을 하며 우물 속을 들여다보았다. 우물물이 얕으면 뛰어들어가 구해내려고 했지만 그 우물은 너무나 깊었으므로 많은 식구들은 우물 곁에서 우왕좌왕하며 살려낼 염두도 못내고 우물 속만 들여다보면서 그냥 슬퍼하며 울어대고만 있었다.

사랑하는 아들이 우물에 빠졌다는 소식을 들은 아버지도 급히 달려와서 우물 속을 들여다보았지만 구해낼 방법이 없어서 울고 소리를 지르며 미친 듯이 당황하고 있었다. 그러나 그는 아들을 너무나 사랑하고 있었고 그대로 물에 빠져 죽는 것은 차마 볼 수 없었기 때문에 일대 결심을 하고 마침내는 한 가지 방법을 생각해 내서 우물 속으로 들어가서 간신히 아들을 구해낼 수가 있었다.

"이것은 한 가지 예에 지나지 않는데 더러운 우물이라는 것은 삼계를 말함이고, 그때의 아이라는 것은 중생을 가리키는 것이다. 보살이 중생을 대하는 것은 이 아버지가 자기 외아들을 사랑하는 것과 같은 것이다. 아이의 어머니와 식구, 친척들은 성문聲聞 : 수도자, 연각緣覺 : 혼자 불도를 닦는 사람에 비유한 것인데 이들은 많은 사람들이 생사에서 맴돌고 있는 괴로움을 보더라도 다만 그 고통을 근심 걱정할 뿐이어서 아무런 방법이 없어서 우물에 빠진 아이를 구해낼 수가 없는 것이다. 그 아버지는 곧 보살이다. 모든 보살들은 더럽혀짐이 없어서 마음은 항상 청정결백淸淨潔白하며 진리에 살고 있다. 보살은 삼계의 모든 중생을 구원하기 위하여 일부러 괴로움이 가득 찬 삼계에 태어나는 것이다. 이것은 오로지 보살이 대비한 소치인 것이다."

하고 석존께서는 해의海意에게 보살의 대 비행大悲行에 대하여 상술한 비유로써 설법하시었다.

<불설해의보살소문정인법문경 제14>

불교 설화

슬기 겨루기

석존께서 사위국의 기원 정사에 계시면서 많은 사람들을 모아놓고 설법하실 때의 일이다.

어떤 곳에 관청에 고용되어 금, 은 무늬의 비단을 짜는 아저씨와 조카 두 사람이 있었다. 그들은 관청 창고 안에 보물이 많이 보관되어 있는 것을 잘 알고 있었다.

그래서 어느 날 이 두 사람은,

"창고 안에 많은 보물이 있다. 저것을 꺼내다가 팔면 가난을 면할 수가 있을 것이다."

하고 의논하고, 어느 날 밤, 사람들이 잠든 틈을 타서 창고 바닥 밑으로 굴을 파고 숨어 들어가서는 훔쳐다가 팔곤 하였다. 창고 안의 물건이 줄어든 것을 창고지기가 알아차리고, 그 사실을 왕에게 보고하였다.

그러자 왕은,

"절대 비밀로 해서 사람들에게 도둑이 들었다는 사실을 알려서는 안 된다. 눈치 채지 못한 것처럼 하고 있으면 그 도둑이 다시

들어올 것이니 이제부터 경계를 엄중히 하여 그 도둑을 잡도록 하여라. 그때까지는 절대로 떠들어서는 아니된다."
하고 창고지기에게 명령하였다. 이에 창고지기는 감시를 더욱 엄중히 하고 도둑이 오기를 기다렸다.

그런 줄은 꿈에도 모르는 두 사람은 지금이 적당한 때라고 또 숨어 들어갈 의논을 하였다. 조카는 말하였다.

"아저씨는 나이도 많고 몸도 약하니, 만일 창고지기한테 들켜도 도망가지 못할 것입니다. 그러니, 제가 숨어 있다가 구해 드리기로 하지요."

아저씨는 조카의 말대로 먼저 굴로 숨어 들어갔다. 그런데, 아저씨는 기다리고 있던 창고지기에게 그 자리에서 잡히고 말았다. 조카는 만일에 아저씨가 끌려 가게 되면 그 얼굴이 알려질까 두려워서 혼란의 틈을 타서 아저씨의 목을 잘라 쓰러뜨려 놓고 목을 가지고 도망쳐 버렸다. 붙잡은 도둑은 머리가 없는 몸뚱이뿐이었으므로, 왕은 다시 명령을 하였다.

"널빤지에 실어서 도둑의 몸뚱이를 네거리에 놓아 두어라. 그 송장을 보고 우는 자가 있으면 그것이 도둑의 우두머리일 터이니 그놈을 붙잡아 오너라."

왕의 명령에 따라 파수꾼들은 매일 망을 보고 있었다. 그때, 다른 나라로부터 장사꾼의 집단이 모여들어 사람과 말과 수레로 길거리가 붐비는데 장작을 실은 달구지 한 대가 그 송장 위에 놓여졌다. 이 소리를 들은 왕은 다시 명령을 하였다.

"정신 차려 잘 관찰해야 한다. 그 송장 위의 장작은 송장을 태워 버리려는 계획이다. 만일 그 장작에 불을 지르는 자가 있거든 지체 말고 잡아 오너라."

조카는 아이들을 꾀어 횃불을 들고 장난을 치게 하였다. 사람들이 붐벼 떠들썩한 통에 어느 사이엔가 불은 장작더미에 던져져 활활 타 올랐다. 망을 보던 사람들도 어리둥절해서 아무도 붙잡지 못하였다.

왕은 다시 명령하였다.

"이번에는 더 파수꾼을 늘려서 불탄 뼈를 줍는 자가 있거든 붙잡아 오너라."

조카는 이번에는 술장수로 둔갑을 했다. 좋은 술을 가져다가 싼값으로 그것을 팔았으므로 파수꾼들은 진탕 먹고 곤드레가 되어 잠이 들어 버렸다. 조카는 그 틈에 아저씨의 뼈를 술통에 넣어 가지고 사라졌으니 본 사람은 아무도 없었다.

왕은 아무리 하여도 끝내 잡을 수가 없으므로, 이렇게 영리한 녀석은 보통 수단으로는 붙잡을 수가 없음을 깨닫고 이번에는 다른 방법으로 붙잡으려고 미인인 공주를 구슬 보석으로 꾸미고 예쁘게 화장을 시켜, 어느 강 저쪽 기슭에 집을 짓고 혼자서 살게 하였다. 그리고 만일 강을 건너 이 공주의 집에 오는 자가 있거든 잡으라고 명령하였다.

숱한 파수꾼들이 강물에 주의하며 밤낮으로 지키고 있었다. 조카는 상류로부터 큰 나무를 흘려내려 보내었다. 물 소리에 놀라 당황한 파수꾼들은 일이 났다고 떠들었으나 통나무가 하나 떠내려 오는 것에 번번이 놀란 파수꾼들은 또냐 하고 이제는 거들떠 보지도 않게 되었다. 조카는 적당한 때를 보아 큰 나무를 타고 공주의 방으로 들어가 드디어 정을 통하였다.

공주는 그가 떠나려고 할 때에 그의 옷을 붙잡고 놓지 않았다. 조카는 말하였다.

"그토록 이별하기가 싫으면 옷을 잡지 말고 내 손을 꼭 쥐어 주시오."

영리한 조카는 미리 죽은 사람의 손을 준비하였다가 그것을 공주에게 쥐게 하였다. 공주가 깜짝 놀라 큰 소리를 질러 파수꾼을 불렀다. 그러나 파수꾼이 왔을 때에는 그는 이미 자취를 감춘 뒤였다. 이 일은 이튿날 아침 곧 왕에게 알려졌다. 왕도 그의 꾀에 감탄하였다.

'도대체, 어떻게 하면 될까?' 이것이 왕의 고민거리였다.

이윽고, 공주는 임신을 하였다. 열 달이 차자 토실토실하고 멀끔한 사내아이를 낳았다. 왕은 다시 이 아이를 유모에게 안기어 성 안을 여기저기 돌아다니게 하여,

"이 아이가 사람을 보고 울거든 그 사람을 잡아 오너라. 그 사람이야말로 이 아이의 아버지요. 도둑의 두목이다."

하고 말하였다. 조카는 그 무렵, 떡장수가 되어 있었다. 아이는 배가 고파졌으므로 우니까 유모는 떡집으로 가서 떡을 몇 개 얻어다가 아이에게 주었다. 유모는 왕궁에 돌아와 그 말을 했더니, 왕은 유모를 나무랐다.

"왜 그 자를 안 잡아 왔느냐?"

"아니올시다. 특별히 그 사람을 보고 아기가 운 것이 아닙니다. 배가 고파서 떡을 얻었을 뿐입니다. 그 사람은 결코 도둑이 아닙니다. 그래서 안 붙잡았습니다."

"그런 허술한 생각으로는 안 된다. 이번에 아이에게 접근하는 자가 있거든 가차없이 당장 잡아 오너라."

엄중한 명령을 받고 유모는 아이를 안고 또 여기저기 돌아다녔다. 조카는 이번에는 술을 팔고 있었다. 어느 날, 그는 유모와 시

중꾼을 불러들여 술을 한턱 잘 내었다. 일동은 아주 기분이 좋아서 잠이 들어 버렸다. 그 사이에 아이는 그에게 감쪽같이 도둑을 맞고 말았다.

그는 아이를 훔쳐 가지고 다른 나라로 가서, 그 국왕을 뵙고, 곧 그 재주를 인정받아 대신이 되었다.

"우리나라의 모든 사람의 지혜를 합쳐도 그대의 지혜에는 미치지 못한다. 만일 원한다면 내 딸의 사위가 되어 줄 수는 없겠는가."

왕의 이 말을 듣고, 그는 감사하며 말하였다.

"왕이시여, 저를 불쌍히 여기신다면, 제가 알고 있는 나라의 공주를 맞이하도록 도와주십시오. 그 까닭은, 이 아들의 어머니이기 때문입니다."

왕은 그 소원을 들어, 자기 아들과 같이 여기고, 그 나라에 사자를 보내어 공주를 보내라고 하였다.

그런데 그 나라의 왕은,

"내 딸을 찾는 자야말로 도둑의 우두머리다. 왕자에게 5백 명의 병사를 주어 공주를 지키게 하고, 그 나라에 보내어 그 도둑을 잡아 오게 하여라."

하고 신하에게 명하고 여전히 생각을 바꾸지 아니하였다. 이에 그도 또 생각하였다.

'내가 혼자서 그 나라에 가면 그 왕은 틀림없이 나를 붙잡을 것이다. 충분한 병력을 가지고 가지 않으면 안 된다.'

그는 이 일을 왕에게 청하였다.

"원컨대 저에게 5백 명의 병력을 빌려 주십시오. 저 나라의 공주를 맞으러 가렵니다."

왕은 곧 군사와 그 밖의 일체의 준비를 갖추어 그를 떠나게 하였다. 2백5십 명은 전위가 되고, 2백5십 명은 후위가 되어, 위풍도 당당하게 그 나라로 들어갔으므로, 그 나라의 왕도 그의 영리함에 감동하여 마침내 공주를 그에게 주기로 하였다. 이리하여, 마침내 조카와 공주는 경사스럽게 맺어져 부부가 되기로 허락받고, 한 아들과 함께 원만한 가정을 이루었다고 한다.

이 조카는 석가모니이시며, 아저씨는 데바닷다이고, 왕은 사리불舍利佛, 공주는 아쇼다라耶輸陀羅, 아들은 라후라의 전생이다.

<생경 제2>

불교 설화

솟아나는 보탑

석존이 사위국舍衛國의 기원 정사祇園精舍에서 많은 사람들을 모아놓고 설법하고 계실 때의 일이다. 석존이 90일 동안, 어머니 마야 부인이 갱생한 도리천에 올라 설법을 한 일이 있었다.

이 세상에서 오랫동안 석존의 거처를 알지 못해, 신통력의 제1인자 목건련은 이 신통력을 다해서 각 방면으로 찾아 헤매고, 천안 제1인 제자 아나율타阿那律陀는 그 천안으로 각 방면의 3천 대천 세계를 투시했으나 발산하지 못했다.

5백의 많은 제자들은 오랫동안 스승인 여래如來를 만날 수가 없어서 수심에 싸였고, 우덴 대왕 같은 사람은 여래如來를 흠모해서 처음으로 우두전단의 명목을 가지고 그의 모습을 조작하여 부처님이 있는 것처럼 매일같이 예배하고 공양하기를 게을리하지 않았다.

대왕은 너무나 걱정을 해서 육사외도六師外道를 불러 부처님의 소재를 점치게 했다. 외도들은 이런 때 대왕의 마음을 돌리지 않으면 돌릴 수 없다고 다음과 같이 말하면서,

"대왕이여, 구담이라고 하는 중은 마술사입니다. 환술에는 진실된 법도가 없습니다. 우리들의 성전사 베다에는 천 년, 2천 년 후에는 한 사람의 마술사가 나타난다고 되어 있는데, 쿠돈이 바로 그 사람입니다."

이렇게 석존을 나쁘게 말했다.

대왕이 외도들의 이야기를 듣고 불안스런 생각을 하고 있는데 아니릿다가 찾아와서는 다음과 같이 말했다.

"대왕이여 안심하십시오. 부처님은 도리천의 어머님을 위해서 설법하고 계십니다. 7일 후에는 이 나라로 돌아오십니다."

대왕은 크게 기뻐하여 명령을 내려서 도로를 청소하고, 명향을 태우고, 깃발을 사방으로 둘러치고, 여러 가지 음식과 기악과 꽃 등을 준비시켜서 만백성과 더불어 오로지 부처님이 돌아오기만을 기다렸다.

외도들은 사람들이 떠들썩하는 것을 보고는 무슨 일인가 하고 생각했다.

"당신들은 여러 가지 공양할 준비를 하는데 도대체 누구를 맞이하려고 하는 것입니까? 국왕이 오십니까? 그렇지 않으면 왕자님입니까? 그렇지 않으면 대신입니까? 바라문입니까?"

"아닙니다. 부처님을 맞이하는 것입니다."

"부처님이란 도대체 누구입니까?"

"일체 지인一切智人입니다."

"일체 지인?"

"그렇습니다. 일체 지인, 대 자비의 아버지입니다. 모르고 있습니까? 숫도다나 왕의 아들 석씨釋氏의 제일 존귀한 싯다르타 태자는 목숨을 가진 모든 생물의 생·노·병·사의 근심을 구제하기 위해 출가를 하시어 고행 6년 후에 보리수 아래서 깨달음을 열어 일체 지인이 된 것입니다. 그 부처님이 태어나서 7일째에 사별한 어머님을 위해서 도리천에 올라가시어 90일 동안 설법을 하시고 앞으로 7일이 지나면 하늘에서 돌아오시기 때문에 지금 맞이할 준비를 하고 있는 것입니다."

외도들은 이 이야기를 듣고 질투심이 생겨 동료들을 모아 상담을 시작했다.

"구담이 돌아오면 백성들은 우리들을 돌보아 주지 않고 그만을 공양할 것이다."

"그렇다. 한 번 민중들에게 악선전을 해 보도록 하자. 그건 이렇게 말하는 것이다. 구담은 모두가 알다시피 아직 풋내기다. 최근에 석씨釋氏의 왕궁을 나와 스스로 보리수 아래서 일체 지를 터득했다고 칭하나 그것은 거짓말이다. 그 증거로는 아기다왕이 구담을 초대해서 말이 먹는 보리를 공양했는데 그것도 모르고 공양을 받았다. 일체 지가 아닌 하나의 증거다. 또 아난다에게 안거는 앞으로 며칠 남았느냐라고 물었다. 나머지 7일 남았던 것을 알지 못했다. 기원의 정사에서 많은 까마귀가 울고 있는 것을 이상히 여겨 또 아난다에게 물었다. 많은 까마귀가 먹이를 다투어 울고 있는 것을 알지 못했던 거다. 그는 태어나자 7일 만에 어머니를 잃었다. 그렇다면 복이 적은 사람이며 극악한 사람이라고 할 수 있는 거다. 아버지의 갖은 애욕을 버리고 집을 나와 깊은 산 속으로 들어갔다. 전혀 은혜를 모르는 사람이다. 태자비인 야쇼다라를 아내로 맞이했으나 부인으로서의 예를 다하지 않았기 때문에 양육을 받은 이모에게 크나큰 걱정을 끼쳤다. 은혜를 모른다 해도 너무하지 않느냐. 또 그의 제자들은 상하를 분간하지 않으므로 5백의 제자들은 모두 각자 자기가 제일이라고 자부하고 있다. 스승은 그가 무법하기 때문에 그를 따르는 제자들은 열심히 수행하는 자가 없다. 이불을 만드는 다베이도 자기가 제일이라고 말하고 있다. 총명하고 지혜로운 사리불舍利佛도 마찬가지다. 우둔한 한도쿠도 그렇다. 또 욕심이 적은 야쇼다라도 음란하고 불신한 렝게도, 어리고 무지한 킨다이 소승도, 120세의 노인 싯다라도, 존귀한 석씨의 사람들도, 가장 비천한 분통을 지는 자도, 모두가 그의 문하로 출가해서 상하가 없다. 태풍이 나무 잎새나 먼지를 불어 모아놓은 것처럼 모두가 뒤죽박죽이다. 그리고 또 새들처럼 세상 사람들이 내다 버린 의복이나 음식을 주워서 그것으로 의식을 삼고 있는 거지 떼들이다. 너희들은 어째서 그런 자를 공박하려고 하느냐?"

외도들은 이렇게 입을 모아 석존의 나쁜 말을 극구 퍼뜨렸다.

7일 후, 석존은 도리천으로부터 이 세상으로 돌아왔다. 부처님을 전송하는 무량 백천의 제천은 대 광명을 발산하고, 백천만 종의 기악을 연주했다. 그 밖의 제천이나 용·귀신·켄닷바·킨나라·마고라카, 사람 및 비인간 등의 모든 대중은 구름처럼 예배공양했다. 그때 우덴 대왕은 대중과 함께 멀리까지 석존을 맞이하여 일동은 머리를 땅에 조아리고 발에다 예배했다.

6사외도六師外道는 부처님이 도리천에서 돌아와 대왕을 비롯해서 국민 모두가 거국적으로 환영한다는 소리를 듣고는,

"우리 동료들에게 지금 틀림없이 대 환난의 때가 닥쳐오고 있다. 이대로 놔두면 앞으로는 우리들의 말을 믿으려고 하지 않을 것이다. 지금부터 저 대중들 속으로 들어가서 크게 우리의 주장을 말하도록 하자."

이래서 6사는 제자 8천 명에게 주위를 둘러싸이면서 당당히 그 자리에 들어와서는 쭉 늘어앉았다.

그 당시 켄닷바伎藝者의 아들에 닷바마라라고 하는 사람이 있었다. 그는 7보의 가야금을 휴대하고 그 자리에 와서 석존의 발에다 예배하고 앉았다. 이윽고 가야금을 튕겨서 공양을 하는데 그 손가락 끝에서 나오는 미묘한 소리는 고상하고 우아해서 한 자리에 있는 여러 사람들을 기쁘게 했다. 돌과 같은 수도자나 고목과 같은 벽지불조차도 일어나 춤을 추고 조용히 잠자는 대 수미산도 높고 낮게 움직였다.

석존은 그때 유상 삼매에 들어가 선정의 힘으로 그 가야금 소리를 3천 대천 세계에 들리도록 했다. 그 음성은 자연히 고·공·무상·부정·무아의 가르침을 말했다. 또 방일한 사람들은 그 음악으로 인해서 부처님이 지은 보은의 가르침과 과거 세상으로부터의 부모 봉양의 사실을 알고 생명을 가진 모든 생물은 전부 그 음성에 따라서 이 세상으로 모여들어 부처님께 절을 하고 자리에 앉았다.

대중이 석존을 우러러보는 눈동자는 미동도 하지 않았다. 석존은 삼매경에 들어가서 묵연히 앉아 있었다. 대중도 역시 조용히 꼼짝하지 않고 앉아 있었다. 그때 이 좌중에 홀연히 7보의 탑이 솟아나와 대지에서 나오더니 공중으로 돌아갔다. 무수한 깃발이 줄을 잇고 백천의 방울이 자연히 울려서 미묘한 음악을 연주했다.

이 갑작스런 사건에 한 자리에 있던 대중은 물론 장로長老 고참인 미륵 보살彌勒菩薩까지도 보탑 용현의 인연을 알 수 없어 놀라움을 금치 못하고 있었다.

6사외도들의 놀라움은 더 한층 심했다.

'무엇 때문에 이러한 보탑이 땅에서 솟아났을까? 만일 사람들이 이유를 묻기라도 한다면 무어라고 대답해야 옳을까. 모른다고 말하면 지금까지 일체 지인一切智人이라고 뽐낸 것이 모두 거짓이 된다. 구담이 빨리 보탑 용현의 인연을 대중에게 설명해 주면 좋을 텐데.' 이렇게 생각하면서 마음속으로 안절부절못하고 있었다.

그때 석존은 조용히 삼매에서 일어섰다. 제석제 왕帝釋帝王은 하늘의 옷을 사자좌에다 깔았다. 석존은 조용히 그 자리에 올라 두 발등을 포개고서 도사려 앉았다. 그것은 마치 대 수미산의 4대해의 한가운데 진좌하고 있는 것처럼 보였다.

미륵 보살은 그곳에 있던 대중이 의아스럽게 생각하고 있는 것을 알고, 또한 자기 스스로도 알 수가 없어서 조용히 그 자리에서 일어나 부처님 앞으로 나아가서 합장 예배하면서 다음과 같이 말했다.

"세존이시여, 어떠한 인연에 의해서 지금 이 보탑이 솟아났습니까?"

그러자 석존은 미륵 보살을 위해 다음과 같이 설법했다.

"오랜 과거의 세상에 비바시 부처님이 세상에 나와 생명을 가진 모든 생물을 교화해서 깨달음을 열게 해 주었다. 그 부처님이 입멸한 후, 하라나시국이라는 나라가 있었다. 국왕은 인자하고 현명한 왕이었다. 60개의 소국과 8백의 촌락을 통치하고 있었으나 뒤를 이을 왕자가 없었다.

왕은 12년 동안 게을리하지 않고 산신이나, 수신이나 모든 신에게 기원을 정성껏 했기 때문에 제1 부인이 겨우 임신을 해서

10개월 만에 구슬 같은 사내아이를 낳았다. 보기에도 귀엽고 원만한 생김새였다. 그래서 왕은 신하와 소국의 왕들을 모아 점을 치게 하고, 그 성품에 따라서 인욕 태자忍辱太子라고 이름 붙였다. 인욕 태자는 인자하고 총명해서 사람에게 보시하는 것을 기뻐했으며 생명을 가진 모든 생물에 대해서 평등한 자비심을 품고 있었다.

왕에게는 여섯 사람의 대신이 있었으나 모두가 간사하고 포악한 성격을 가진 자들이었다. 그들은 항상 무도하고 횡포한 짓을 마음대로 해서 사람들의 원망의 표적이었다. 6대신들도 자신들의 나쁜 소행을 알고 있었기 때문에 오히려 선량한 태자를 거꾸로 원망하며 미워하고 있었다.

어느 날 왕이 중병에 걸려 심한 고통과 오랜 병환으로 생명이 경각에 달려 있었다. 태자는 신하들을 모아놓고,

"부왕의 고통을 차마 볼 수가 없다. 어떻게 구할 수는 없을까?"

이렇게 말하면서 상의했다. 신하 일동은 다 함께 수심에 잠겨 다음과 같이 말하는 것이었다.

"임금님의 병환은 대단한 중병이어서 빼어난 양약을 구하지 못하는 한 목숨을 건질 수가 없을 것입니다. 그러나 그런 가망성도 없으므로 도리가 없다고 생각됩니다."

태자는 이 말을 듣고 너무나 슬픈 나머지 의식을 잃고 땅 위에 쓰러지고 말았다.

그때 여섯 대신은 어느 한 방에 들어가서 밀의를 하고 있었다.

"인욕 태자를 없애지 않으면 우리들은 안락하게 잠을 잘 수가 없다."

"그렇다. 그렇지만 태자에게는 티끌만큼의 잘못을 발견할 수가

없다. 어떻게 할 것이냐?"

"아니다 걱정할 필요가 없다. 나에게 맡겨 놓으면 무슨 방법을 써서라도 태자를 제거해 보겠다."

밀의를 한 결과 여섯 대신은 방에서 나와 태자 앞에 모였다.

"태자님, 우리들 여섯 사람은 임금님의 병환을 치료하기 위해서 지배하에 있는 60개의 소국, 8백 개의 촌락을 샅샅이 돌아다녀 약초를 구해 보았으나 도저히 발견할 수가 없어 지금 돌아왔습니다."

태자는 여섯 대신이 거짓말을 하는 것도 모르고 그 충성심에 감사하면서 다음과 같이 말했다.

"그 구하고자 하는 양약이란 도대체 무엇입니까?"

"태자님, 그것은 정말로 구하기 힘든 양약으로, 태어나서 죽음에 이르기까지 한 번도 노려보지 않았던 사람의 양쪽 눈과 그 사람의 골수입니다. 만일에 이 약을 얻을 수만 있으면 반드시 왕의 생명은 구할 수 있지만, 이것이 없으면 생명은 가망이 없습니다. 그러나 그러한 사람은 이 나라에는 없기 때문에 슬프게 생각하는 바입니다."

눈물마저 흘리면서 정말인 것처럼 말하는 신하의 이야기를 듣고 태자는 다음과 같이 말했다.

"다행스런 일이다. 내가 그런 사람과 닮았다고 생각한다. 나는 오늘날까지 아직 한 번도 노려본 일이 없다. 내 신체를 대신해 주지 않겠느냐."

"태자가? 태자께서 그런 사람이라면…… 하지만 그렇게 할 수 없습니다. 왜냐면 태자님은 천하 제일의 귀중한 신체이기 때문입니다."

"나는 너희들이 말하는 그런 사람이 아니다. 단지 부왕의 병환만 치료된다면 나는 백천의 신체도 아깝지 않다. 하물며 부정한 신체를 부모에게 공양하는데 무슨 아까운 것이 있겠느냐."

"태자님의 효심이 이다지 깊은 데는 지금 새삼스럽게 감사할 따름입니다. 정 그러시다면 태자님의 의사대로 하시옵소서."

여섯 대신은 자기들의 뜻이 이루어진 것이라고 속으로 크게 기뻐했다.

태자는 또 마음속으로 기뻐해서 빨리 부왕의 병고를 경감해 드리려고 급히 궁중으로 들어가 어마 마마에게 이 사실을 다음과 같이 아뢰었다.

"저는 이번에 제 몸을 바쳐 부왕을 위해서 병환의 약이 되려고 합니다. 아마 목숨을 잃게 될 것입니다. 이것으로 어머님과 이별이 됩니다. 절대로 저를 불쌍히 여기시어 슬퍼하지 마시기를 바라옵니다."

왕비는 태자의 이런 뜻밖의 이야기를 듣고 너무나 놀란 나머지 정신을 잃어 전후 좌우도 분간할 수 없을 정도로 망연해지고 드디어는 생각하고 있는 것도 말할 수 없게 되었다.

"어머님, 부왕의 병환은 일각을 지체할 수 없습니다. 즉시 저의 몸을 버리고 약을 만들어서 바치지 않으면 안 됩니다. 이것으로 이별을 고하겠습니다."

이러한 태자의 결별의 말을 들어도 왕비는 이제는 이를 말리는 말조차 할 수 없게 되었다.

태자는 모든 신하와 소국의 왕들을 불러 모아놓고 이별의 말을 고하고 즉시 약을 만들도록 명령했다. 대신은 백성을 불러 태자의 뼈를 자르고 골수를 빼게 하고 양쪽 눈을 파내서 안정을 끄집어 내도록 했다. 그래서 그 약을 혼합해서 대왕에게 바치게 했기 때문에 왕의 병환은 즉시 완쾌되었다.

왕은 크게 기뻐하여 대신을 불러 다음과 같이 물었다.

"이 묘약은 어디서 구했느냐?"

"왕이여, 이것은 인욕 태자가 그 몸을 바쳐 만든 영약입니다. 우리들 신하들이 연구한 것입니다."

왕은 이 말을 듣고 너무나 놀라서 잠시 말문이 열리지 않았다. 잠시 있다 겨우 모기만한 소리로,

"태자는 지금 어떻게 되었느냐?"

이렇게 물었다.

"왕이여, 태자는 지금 성 밖에 있으나 중상으로 인해서 목숨이 다한 줄로 생각됩니다."

이 말을 들은 왕은 왕의 위엄도 사람들이 보고 있는 것도 잊고 큰 소리를 내며 울었다.

"아아, 이 무슨 무정한 일이란 말이냐. 사람으로서, 어버이로서 사랑하는 아들을 약으로 만들어 마시다니, 이런 일이 세상에 또 있을까. 모르는 일이다. 하지만 나는 너무나 무정한 작자이다."

이같이 울면서 대지에 몸을 굴리듯이 태자가 있는 곳으로 달려 갔을 때는, 태자는 이미 죽어 있었다. 왕과 왕비, 그리고 만백성 들에게 둘러싸여 조용히 잠든 태자의 시체는 그야말로 기품이 높았다. 왕비는 더 이상 참을 수 없어 아들의 시체에 엎드리며,

"우리들은 전생에서 무슨 죄를 졌기에 내 아들에게 이런 고통을 주는 것일까. 내 몸을 부수어 가루로 만들망정 내 아들을 죽게 하는 것이 아닌데."

이렇게 말하면서 울음을 계속할 따름이었다.

아버지인 왕은 소왕들과 우두전단의 향목을 쌓아 태자의 신골을 화장해서 칠보의 탑을 세워 공양했다."

이야기는 바뀌어 석존은 다시 미륵 보살에게 다음과 같이 말했다.

"미륵이여, 모든 대중들이여, 그때의 하라나시국의 대왕은 지금 내 아버지 숫도다나 왕이다. 어머니는 나의 어머니 마야 부인, 인욕 태자는 나인 것이다. 보살은 무량겁의 오랜 동안, 부모를 봉양해서 의복·음식·방사·침구는 물론 몸이나 살이나 골수까지도 공양한 것이다. 그 인연으로 해서 이제 성불할 수가 있었던 것이다. 여기 대지로부터 보탑이 용현한 것도 내가 부모에게 신명을 바쳤을 때 나를 위해서 세워 주신 보탑이 내가 성불하는 오늘 용현한 것이다."

<대방변불보은경 제3>

동자 이발사

석존이 사위국舍衛國의 기원 정사祇園精舍에서 많은 사람들을 모아놓고 설법하고 계셨을 때의 일이다.

하라나시성 밑에 한 사람의 이발사가 있었다. 그는 처와 자신이 같은 직업이어야 한다는 조건으로 동업자 중의 어느 부인을 처로 삼고 아들 하나를 낳았을 무렵, 우연한 병이 원인이 되어 처의 정성 어린 간호의 보람도 없이 죽고 말았다. 처의 슬퍼하는 모습은 이웃 사람들의 눈물을 자아낼 정도였다 그러나 처는,

'쓸데없이 비탄 속에 지샐 필요가 없다. 그것보다는 남편의 아들을 훌륭한 이발사로 만들어서 남편의 혼령을 위로하는 것이 내가 지금 할 일이다.'

이렇게 결심하고 장례도 간소하게 치르고 아들을 데리고 친정으로 돌아가 가세를 계승하고 있는 동생에게,

"이 아이는 너의 진짜 생질인데 아버지가 일찍이 세상을 버렸기 때문에 내 손으로는 이발사로 만들기가 불가능하므로 한 번 이 아이를 손수 길러서 죽은 아버지가 하던 일을 계승할 수 있도

록 돌봐 주지 않겠느냐."

이렇게 말하면서 아들의 장래를 동생에게 부탁했다.

과부가 된 누님의 부탁을 받은 동생은 그 딱한 사정을 동정해서 쾌히 그 아이를 자기 집에서 매형의 가업인 이발업을 가르치기로 했다.

이런 이발사인 동생은 그 기술에 있어서 이 나라의 동업자 중에서도 가장 우수했기 때문에 항상 왕궁에 출입을 해서 국왕을 비롯하여 고관들의 수염이나 머리를 깎아 주었다. 국왕도 그를 크게 후원해 주고 있었다. 이런 관계로 해서 그 이발사는 왕궁의 고관 이외의 사람들을 절대로 이발해 주는 일이 없었다.

국왕은 그에게 흰 코끼리 한 마리를 주어 성 안을 타고 다니도록 허락했고, 또 황금으로 된 상자를 만들어서 면도나 그 밖의 이발 도구를 넣도록 하사하기도 하는 등 사랑받고 있었다.

어느 날, 국왕은 그에게,

"이 세상에 부처님이 출현하지 않았던 시대에는 연각緣覺:홀로 스승 없이 깨달은 자이라고 하는 성자가 이 세상에 나타나서 부처님처럼 우리들을 가르쳐 주시었다. 자네도 그러한 성자를 만났을 경우에는 간곡히 공양하도록 하라."

이러한 이야기를 하였다.

이런 이야기를 들은 지 며칠이 지난 어느 날 머리와 수염을 텁수룩하게 기른 한 사람의 깨달은 자가 그 이발사의 명성을 듣고 그의 집을 찾아와서는,

"저의 머리를 깎아 주지 않으시겠습니까?"

이같이 원하는 것이었다.

"스승이여, 만일 이발을 하시려거든 내일 아침 일찍 오십시오.

그러면 이발을 해 드리겠습니다."

그는 이렇게 대답을 했다. 그는 그 말을 곧이듣고 아침에 옷을 걸치고 바리때를 들고 그의 집으로 가서,

"오늘은 꼭 부탁합니다."

라고 부탁했다. 그랬더니 그는,

"모처럼 오셨지만 지금 약간 바쁘니 저녁 때 오십시오."

이렇게 말하면서 거절했다.

그는 또 그 말대로 저녁 때 와 보았더니 그는,

"내일 아침 와 주십시오."

이렇게 말을 하고, 아침에 가면 '저녁에 오라.' 라면서, 아침이고 저녁이고 이발을 해 주지 않으면서 결국은 말을 이랬다 저랬다 하면서 머리를 깎아 주지 않았다.

그러한 숙부의 태도를 곁에서 보고 있던 동자는,

'성자가 매일 아침에도 오고 저녁에도 오는데 도대체 무슨 용무가 있길래 조석으로 오시는 것일까?'

이렇게 이상하게 생각하고는 저녁 때 그가 찾아왔을 때,

"성자님이여, 당신은 무슨 용무가 있길래 아침, 저녁으로 오시는 겁니까?"

라고 물었다. 이 동자의 물음에 그는 일의 자초지종을 있는 그대로 모두 이야기했다.

"그렇습니까, 저의 숙부는 몇 번이고 오시더라도 성자님의 머리를 깎아 주지 않을 것입니다. 이런 말씀을 드리는 것은 숙부는 궁중에 출입하는 이발사로 국왕의 총애를 받아 생활도 풍족합니다. 그 때문에 교만한 마음이 생겨서 당신이 아무리 찾아와도 이발을 해 주지 않을 것입니다. 저는 어린애로 서툴기는 합니다만

보기에 안 됐으니 제가 깎아드리겠습니다."

"그런 줄은 몰랐다. 그렇다면 부탁한다."

어린 이발사는 연각자의 수염과 머리를 기꺼이 깎아드렸다. 잠깐 사이에 텁수룩한 머리를 깎게 된 연각자는,

'이 동자는 지금 크나큰 선근 공덕을 쌓았다. 지금 그 공덕의 사상을 나타내 주어야겠다.'

이같이 마음을 품고는 동자에게,

"당신의 후의로 잠시 산뜻한 기분이 되었습니다. 이 내 머리카락을 때가 오면 꺼내 보도록 하라. 그러면 반드시 큰 과보가 있을 것이다."

이렇게 말을 끝내자 마치 간왕이 그 양쪽 날개를 펴서 날 듯이 신통력으로 날아올라가 구름을 타고 사라졌다. 동자는 왕자의 모발을 어깨에다 얹어 놓고 성자를 향해서 청정신앙의 마음이 일어나 양손을 합장하고 경배를 하면서,

"저는 미래의 세상에서도 다시 이와 같은 왕자를 만나 모시고 그 설법을 듣고 그것을 이해할 수 있도록, 또 내생에는 나쁜 길을 밟지 않도록, 그리고 내생에서도 언제나 이발사로 태어나서 부모를 위해서 그와 같은 성자의 모발을 깎아 공양할 수 있도록 해 주십시오."

이렇게 진심으로 빌었다.

한편 궁중에서는 국왕이 집정전에서 대신들과 국정에 관하여 회의를 열고 있었다. 그때 대신 가운데 한 사람이 성자가 하늘로 올라가는 것을 보고,

"대왕이여, 지금 한 성자가 국내에 출현하시었습니다. 이것은

국가의 길조입니다."

 이같이 아뢰었다. 대왕도 나와서 친히 허공의 성자를 올려다 보았다. 그리고는 좌우의 대신들에게,

 "저 성자의 머리를 깎은 자는 누구냐? 그 자도 반드시 길보가 있을 것이다."

 이렇게 이야기를 했다. 성자의 이발을 거절했던 그 이발사도 그 말석에 대령하고 있다가 이런 대왕의 말을 듣자마자,

 "대왕이여, 저 성자의 머리를 깎은 것은 저올시다. 저 말고는 아무도 성자의 이발은 할 수 없습니다."

 이렇게 큰 길보가 있다는 말에 유혹되어 거짓을 아뢰었다. 그 것을 곁에서 듣고 있었던 동자가 국왕 가까이로 나아가 다음과 같이 말했다.

 "대왕이여, 저의 스승이며 숙부인 저 사람은 지금 거짓말을 아 뢰었습니다. 저 성자의 머리를 깎은 것은 저올시다."

 이 말을 들은 숙부는,

 "너는 도대체 무슨 말을 하고 있는 거냐. 너에게는 아직 성자의 머리를 깎을 만한 기술이 없지 않느냐?"

 이렇게 꾸짖었다. 그때 동자는, '시기가 오거든 이 머리카락을 끄집어 내거라.' 이렇게 말하면서 건네 주었던 일이 생각나서 호 주머니에서 그 모발을 끄집어 내서 여러 대신들에게 보이면서,

 "말보다는 증거입니다. 보다시피 저는 성자의 모발을 이렇게 가지고 있습니다."

 이렇게 자기의 말이 거짓이 아니라는 것을 해명했다. 이것을 본 숙부는 크게 노했으나 그 증거품인 모발을 본 이상에는 어찌 할 수 없어, 자기의 거짓말에 다만 두려워 떨 뿐이었다. 이발사와

사제지간, 숙부와 생질이 언쟁하는 것을 왕좌에서 내려다보고 있던 국왕은 그 이발사를 향해서,

"이 바보 같은 놈, 잘도 나를 속였구나. 너 같은 놈은 한시라도 이 영토에 살게 할 수는 없다, 즉각 나라 밖으로 이주하거라."

이렇게 크게 노하면서 말했다.

전에 그에게 주었던 흰 코끼리, 황금의 상자 및 그 녹봉도 모조리 박탈해서 그 동자에게 다시 하사하면서,

"동자여, 너는 오늘부터 나의 머리와 수염을 깎고 또 손톱을 깎도록 하라."

이같이 고마운 말을 동자에게 하였다.

"황공하옵니다."

이같이 동자는 대단한 면목을 세우고 성을 나왔다.

그로부터 그는 왕의 머리나 수염을 깎고 손톱을 깎았다. 이로 인해서 그는 왕의 사랑을 받으면서 수명을 다해 임종하였다는 것이다.

그는 생전에 쌓았던 공덕과 그 서원의 힘으로 인해서 태어나는 세상마다 삼악도로 태어나는 일이 없이 천계로부터 인계로, 인계로부터 천계로 훌륭한 세계에만 태어났다. 어느 날 다시 하라나 시성 밑의 이발사 집에 다시 태어났다. 그때는 용모가 단정해서 보는 사람은 누구나 반드시 환희한 마음을 일으킨다는 복덕을 자연히 갖추면서 태어났다. 그로 인해서 부모는 대단히 이 아이를 사랑했고 이 아이의 성장을 낙으로 삼고 양육했다.

이 아이는 성숙함에 따라 타고난 총명이 점점 더해 가서 학문이나 기예에 숙달하게 되었다. 마침 이때 가섭불迦葉佛이라고 칭송되는 부처님이 세상에 나타나서 여러 가지로 묘한 방법을 설법

하고 생명을 가진 모든 것을 교화해서 하라나시성 밖의 녹야원이라고 하는 한적한 곳에 2만을 헤아리는 제자들과 함께 수행하고 있었다.

그 아이를 가진 이발사도 가끔 그 녹야원으로 가서 많은 수도자修道者의 수염과 머리를 깎아 주고 있었다. 아버지를 따라 가끔 정사에 출입한 동자는 많은 수도자의 강의를 듣는 기회가 많았다. 그러나 수도자는 그 동자에게 청법을 허가하는 때와 허가하지 않을 때가 있었다.

동자는 이에 대해서 이상한 생각이 들어 어느 날,

"일체의 설법을 어느 날은 들도록 허락하고 또 어느 때는 이것을 금지시키는데, 도대체 이것은 무슨 이유입니까?"

이같이 수도자에게 따져 물었다.

"그래 그것은 당연하다. 부처님의 교법에는 비밀한 것이 있어. 그 비법은 구족계라고 하는 계율을 완전히 받은 수도자가 아니면, 듣는 것을 허락하지 않는다."

이렇게 불제자는 대답했다. 자세한 말을 들은 동자는 마음에 고뇌가 일어나서, '나도 일찍 출가해서 구족계를 받아 선어비법을 듣는 신분이 되지 않으면 안 되겠다.'

이같이 굳게 결심했다. 그런 일이 있은 후로는 동자는 가업인 이발에는 눈도 돌리지 않고 율사가 있는 곳으로 찾아가서 출가를 빌었고 구족계를 받아 계율을 외우고 지키면서 가법을 수행했다. 그렇게 했으나 그는 부처님처럼 모든 지혜를 체득할 수가 없었다.

어느 날, 그는 질병에 걸려 죽을 때가 가까웠다는 것을 자각하고는,

"원하옵건대 대성의 자비에 의해서 내생에는 석가모니불釋迦牟

尼佛을 받들어서 그 부처님이 제자가 되어 구족계를 받아 계율이 견고한 제일인자가 되도록 해 주옵소서, 저의 스승이 가섭불迦葉佛의 문중에서 계율 제일인자임과 마찬가지로 석가모니불釋迦牟尼佛의 제자 중에서 제가 지율 제일인자가 되도록 만들어 주시옵소서."

이처럼 하늘을 뚫을 것 같은 지성으로 기도했다.

이 기원이 끝나자 그대로 아무런 이상도 없이 죽어 갔다. 그는 사후에 천상계에 태어나고 최후에는 카필라성의 이발사의 집에 태어나서, 그 이름을 우발리라고 했다.

전생에서의 기원의 영험도 명백하게 우발리는 바라고 원한 것처럼 우선 석가모니불을 만날 수 있는 기회의 혜택을 받아 그 문중에 들어가 출가, 삭발하고 구족계를 전수받아 부처님의 제자 중에서 계율 제일인자로 존경을 받는 성자가 될 수 있었다.

연각자의 모발과 수염을 깎은 공덕으로 인해서 태어나는 세상마다 길보를 얻었던 그 이발사란 즉, 지금의 우발리인 것이다.

<불본행집경 제54>

전생의 업보는 피하지 못한다

　석존께서 왕사성王舍城의 영취산靈鷲山에서 많은 사람들을 모아놓고 설법하고 계실 때의 일이었다. 석존께서 태어나신 카필라성에 많은 마을을 다스리고 있는 마카나마라고 하는 영주領主가 있었다.

　그는 각 마을을 통치하는 방법으로 지사知事를 파견했다.

　그런데 어느 마을의 지사가 갑자기 죽자 그 마을을 다스릴 자가 없었으므로 그 마을 사람들은 그의 집으로 찾아와서,

　"어젯밤에 지사가 갑자기 죽었습니다. 그 때문에 마을을 다스릴 사람이 없습니다. 아무튼 적당한 분을 임명해 주시기 바랍니다."

라고 진정했다.

　"지금 당장엔 사람을 선택하기 곤란한데."

라고 마카나마는 대답하고 곁을 보니 마나바라고 하는 사나이가 서 있었다.

　"아아, 여기에 마나바가 있었군. 자네가 그 마을에 가서 잠시 마을을 다스려 보지 않겠나? 그 동안에 사람을 골라서 교체하도

록 할 터이니."

하고 임시로 지사에 임명했다.

갑자기 지사로 임명을 받은 그는 그 마을에 부임하자 법이 명하는 데 따라서 납세와 그 밖의 일을 엄중하게 감독해서 영주가 우려했던 것보다 상당히 능률을 올렸다.

"마나바, 그대가 마을을 통치하고 나서 납세액이 매우 많아졌는데 그 때문에 마을 사람들이 곤란하다고 하지 않는가?"

"저는 결코 마을 사람들을 괴롭히지 않습니다. 다만 법에 따라 세금을 징수할 뿐입니다."

"그런가. 그렇다면 좋아."

영주는 다시 그 마을 사람들을 자택으로 불렀다.

"마나바가 세금을 가혹하게 징수하는 것이 아닌가?"

"결코 그렇지 않습니다."

그래서 영주는 마나바의 통치가 마땅한 것으로 알고 정식으로 그를 지사에 임명했다. 지사로 임명된 그는 법에 따라 평등하게 세금을 징수하고 결코 강압적인 일은 하지 않았다. 그 때문에 지사로서 그는 마을 사람들로부터 존경을 받게 되었다.

그는 독신이었기 때문에 중매하는 사람이 있어서 어느 바라문의 딸과 결혼을 했다.

결혼한 후 아들을 낳고 이어서 딸도 낳았다.

이 부부는 딸의 이름을 명월明月이라 짓고 몹시 사랑했다. 드디어 명월이 성장함에 따라 그 용모가 아름다워질 뿐만 아니라 총명함도 점점 더해서 재주와 미모를 갖춘 여자가 되어 마을 사람들도 부러워하게 되었다.

어버이와 아들, 딸 네 사람은 이와 같이 즐거운 나날을 보내고 마을 사람들이 선망하는 평화로운 가정을 이루고 있었다.

그러나 영고성쇠榮枯盛衰 : 사물의 성함과 쇠함이 뒤바뀜는 세상의 무상함이라 이 평화로운 가정에도 폭풍우가 닥쳐와서 그것을 파괴하고 말았다. 그것은 유명한 지사로서 존경을 받던 부친이 병으로 죽었기 때문이다.

그뿐만 아니라 병으로 약값과 기타 비용이 많았기 때문에 아버지의 치료비로 세금을 모두 소비한 것이 그가 죽음과 동시에 폭로되었던 것이다.

마을 사람들은 영주에게 가서,

"마나바 지사가 병으로 죽었습니다."

하고 보고했다.

"그것 참 애석하군. 그런데 세금에는 지장이 없는가?"

"금년 중의 세금은 이미 납부했으나 병으로 인해서 그 세금을 사용한 것 같으며 또한 마을 사람에게로 빚진 것이 있는 것으로 알고 있습니다."

"조금이라도 세금을 받은 것이 남아 있다면 그것으로 마을 사람들에게 진 빚을 갚는 것이 좋을 것이다."

"사실은 남은 돈이 한 푼도 없습니다. 다만 미망인과 일남 일녀가 남아 있을 뿐입니다. 그 딸인 명월은 얼굴이 아름다울 뿐만 아니라 매우 영리하고 재주가 있는 여자랍니다."

"그러면 모친과 아들은 그대로 버려 두고 세금 대신으로 명월을 여기로 데려오도록 하라."

마을 사람들은 영주의 말과 같이 미망인과 장남은 그 마을에서 추방하고 명월은 영주가 데려왔다. 그때에 이 영주에게는 노모가 계셨다.

노모는 매일 떡을 빚어 먹는 것과 많은 꽃을 꺾어 모으는 두 가지 일을 하면서 여생을 보내고 있었다.

어느 날 노모는 영주에게,

"나도 나이가 많아서 매일 두 가지 일을 하기 곤란하기 때문에 이 명월을 식모로 했으면 좋겠다."

고 말하고 그녀를 자기의 시중을 들게 했다.

"명월아, 오늘은 네가 꽃을 꺾어 오렴. 나는 집에서 떡을 빚겠다."

그녀는 노모의 명령에 따라 숲속에 가서 아름다운 꽃을 많이 꺾어서 화만불전을 장엄하게 꾸미기 위해 만든 화관을 만들었다.

노모는 그것을 영수에게 주었다.

영주는 그 화만을 보고,

"어머니, 오늘 화만은 지금까지 볼 수 없던 훌륭한 것인데 역시 어머니께서 만든 것입니까?"

"아니, 오늘은 내 대신 명월이가 만들었다. 나보다 눈이 밝기 때문에 이와 같이 멋진 화만을 만든 것이다."

"그렇습니까. 그러면 명월을 동산 안에 살게 하고 매일 훌륭한 화만을 만들어 저에게 보내도록 시켜 주십시오."

영주는 이와 같이 말하고 곧 그녀를 동산 안에 살게 하고 매일 화만을 만들어 가지고 올 것을 명령했다. 그녀는 주인의 명령에 따라 주인의 마음에 들도록 아름다운 화만을 만들어 매일 그것을 가지고 가서 주인의 마음을 기쁘게 했다.

영주는 명월이 화만을 만드는 데 매우 솜씨가 좋았기 때문에 그녀의 이름을 승만이라고 불렀다. 주인으로부터 승만이란 이름으로 불리게 된 그녀는 영주의 사무실에서 동산으로 돌아오는 중에 성 아래서 걸식하는 석존을 우연히 만났다.

석존의 얼굴을 보고 절한 그녀는 '나는 아직 이와 같이 높은 분에게 공양한 일이 없기 때문에 지금과 같이 가난하고 더욱이 천한 자로 태어났을 것이다. 만약 저 부처님이 내가 주인께서 얻어 갖고 있는 조그만 음식이라도 받아 주신다면 나는 공양하고 싶다.'고 생각해서 열심히 절을 했다.

석존은 그녀의 마음을 알고 불쌍히 여겨 그녀 앞으로 일부러 나아가 손에 든 바리때를 내밀며

"공양하고 싶으면 이 그릇에 넣어 다오. 나는 기꺼이 받겠다."
고 말했다.

그녀는 즐겨 음식물을 그릇 안에 넣고 석존의 발 아래 예배하면서,

"원하옵는데 이 조금밖에 안 되는 복업福業에 의해서 현재와 같은 신분을 일찍 버리고 큰 부귀의 신분이 되게 해 주십시오."
하고 열심히 기원했다.

그리고는 석존과 헤어져 스스로 살고 있는 곳에 돌아오려고 하는데 이번에는 돌아가신 아버지의 옛 친구와 마주쳤다. 그 사람은 그녀의 모습이 몹시 변한 것을 보고,

"요즘 어떻게 지내고 있느냐?"
하고 물었다.

그녀는 다만 훌쩍훌쩍 울기만 하고 아무 대답도 하지 않았다.
"왜 그와 같이 울고 있느냐?"
"저는 현재 영주의 집에 하녀下女로 있습니다."
"그렇군. 손을 좀 보여다오. 수상手相을 보아 줄 테니."
이와 같은 말을 해서 그녀는 손을 그 사람 앞에 내밀었다.

불교설화

그 사람은 손금을 다 보고 나서,

> 여인의 손 가운데, 만구륜의 상相이 있으면,
> 천한 가정에서 태어나도 드디어는 왕비가 될 것이다.
> 여인의 손 안에,
> 성루각城樓閣의 상이 있으면 마침내 왕비가 될 것이다.
> 그 사람의 말과 그 목소리가 왕에게 들려,
> 천한 집에 태어났어도 드디어는 왕비가 될 것이다.
> 신세를 한탄하지 말고 하녀下女의 신분을 빨리 떠나면,
> 스스로 부귀한 몸이 되어 틀림없이 왕비가 될 것이다.

하고 노래했다.

이 아버지의 옛 친구의 예언을 들은 그녀는 후한 사례를 하고 동산으로 돌아왔다. 그 뒤에도 그녀는 드디어 닥쳐올 과보果報를 어린 가슴 속에 희망을 품고 어느 때와 마찬가지로 화만을 만들어서 주인에게 보내면서 그날그날을 지냈다.

이와 같이 생활은 평온하였으나 마음속으로는 타오르는 듯한 불만을 느끼면서 그녀는 몇 개월 동안 동산 안에 하녀로서 무미건조한 생활을 보내고 있었다.

그때에 코오사라 국왕인 쇼오코오가 수렵하기 위해서 코끼리·말·수레·보병의 사병四兵을 이끌고 드디어 그곳에 왔다.

그때 어떻게 된 일인지 국왕이 탄 말이 무엇엔가 놀란 것처럼 함부로 미쳐 날뛰었다. 왕은 아무리 말을 제지해도 이를 억제할 수가 없었고 드디어 그 말은 왕을 태운 채 카필라성의 그녀가 있는 영주의 동산 안으로 달려 왔다.

이 갑작스런 일에 놀란 그녀는 그 사람을 보니 쇼오코오 왕이 므로,
"임금님, 어떻게 여기를?"
하고 물었다.
"이것은 그대의 동산인가?"
"영주의 동산이옵니다."
하고 그녀는 대답하면서 달리던 말을 나무에 매었다.
"발을 씻을 물을 좀 갖다다오."
하고 왕은 명했다.
　그녀는 발을 씻을 때에는 따뜻한 물이 좋다고 생각하고 햇볕에 쬐인 깨끗한 물을 연蓮잎으로 길어 와서 바쳤다.
"세수할 물을 좀 다오."
하고 왕은 또 명령했다.
　그녀는 세수하는 데는 냉수가 좋다고 생각하여 물을 휘저어 서늘하게 해서 왕이 계신 곳으로 갖고 갔다.
　세수를 마친 왕은,
"마실 물을 갖고 와라."
하고 명했다.
　맑고 서늘한 물이 가장 갈증을 잘 풀어 줄 것이라고 생각한 그녀는 깊은 우물의 물을 길어 와서 왕에게 드렸다.
　다 마시고 난 왕은,
"이 동산 안에는 세 가지 물이 있는가?"
하고 물었다.
"세 가지 물이 없습니다. 모두 같은 물입니다."
"그대는 이 물을 어떻게 세 가지로 다르게 했나?"

이때 그녀는 그 방법에 대하여 대답했다. 그 말을 들은 왕은 임기응변과 재주가 뛰어난 여인이라고 느꼈다.

"나는 몹시 피로하기 때문에 잠들게 발을 좀 문질러 주겠나."
하고 말하고 왕은 그곳에 가로누었다.

그녀는 왕이 명령하는 대로 발을 문지르고 있는 동안에 왕은 깊은 잠에 빠졌다.

그때 그녀는, '이 왕은 국민들로부터 원한을 사고 있음에 틀림없을 것이다. 이와 같이 잠자고 있는 동안에도 반항하는 자들이 여기에 찾아 와서 왕에게 위해를 가할는지도 모른다.'고 생각했다.

그래서 그녀는 곧 동산의 문을 굳게 잠그고 말았다.

그런데 잠시 후 곧 생각했던 바와 같이 군사들이 물결처럼 몰려 와서 문을 두드렸다.

"왕이 없느냐?"
하고 성에서 소리쳤다.

자기가 상상했던 바와 같았으므로 그녀는 놀라서 문을 한층 더 굳게 닫았다. 문 밖에서는 백 개의 우뢰가 한꺼번에 내리치듯 큰 소리로 무언가 부르짖는 소리가 일어났다.

이 큰 소리에 놀라 깨어난 왕은,
"도대체 저 소란한 소리는 무엇인가?"
하고 그녀에게 물었다.

"누구인가는 알 수 없사오나 저들은 임금을 찾고 계신 것입니다."

"저 문은 누가 닫았는가?"

"이러한 일이 있을지도 몰라서 제가 문을 닫았습니다."

"잘 알아서 닫아 주었군. 감사하기 이를 데 없다. 그런데 이 동산의 주인은 그대와 어떤 관계인가?"

"뭐 혈족관계는 아닙니다. 다만 주인과 하녀와의 관계에 지나지 않습니다."

"그대의 용모로 보아서는 어딘지 모르게 고귀한 가문에서 태어난 것 같은데 영주의 딸이 아니었던가?"

"……"

"아무튼 그대는 주인에게 쇼오코오 대왕이 동산에 와 있다고 급히 보고해 다오."

그녀는 곧 왕이 말하는 대로 주인인 영주에게 가서 그 말을 전했다. 영주는 돌연한 일에 놀랐으나 재빨리 훌륭한 음식과 향을 갖추어 가족을 이끌고 동산으로 왔다.

"대왕님, 어떻게 이와 같이 누추한 동산에 왕림하셨습니까? 소신으로서는 더없는 영광이옵니다."

영주는 기쁨을 감추지 못하는 듯 이와 같이 말했다.

"그런데 이 여자는 그대의 친척인가?"

"아닙니다. 하녀下女입니다."

"그런가, 그렇다면 좋아. 그대는 이 여자를 나에게 맡기지 않겠나?"

"대왕님, 이 여자보다 용모와 재주가 뛰어난 사람이 많은데 무슨 까닭으로 저의 집 하녀를 데려가시겠다는 말씀이옵니까?"

"아니, 이 여자는 내가 눈여겨볼 만한 데가 있어서 그렇게 바라는 것이다."

"보잘것없는 여자이옵니다. 그렇지만 원하시오면 이 여자를 데려가십시오."

그래서 영주는 승만을 왕비로 할 것을 약속했다.

이 이야기를 곁에서 듣고 있던 그녀는 마음속으로 기뻐했다.

영주는 성 아래에 명령을 내려 도로를 청소하고 그녀를 아름답게 옷을 입혀 큰 코끼리에 태워 왕의 나라에 보내기로 했다.

왕은 그녀를 데리고 즉시 본국으로 돌아왔다.

그런데 한편 왕의 어머니는 왕이 알지 못하는 타국의 천한 여자를 맞이해서 왕비로 삼고 귀국한다는 이야기를 듣고 애써 키운 보람도 없이 천한 여자를 아내로 맞이하는 것은 우리나라의 치욕이라고 크게 노했다.

왕의 어머니가 노여움과 근심으로 가득 차 있는 것을 알지 못하고 왕궁에 도착한 왕은 곧 새 왕비를 동반하고 어머니가 계신 곳에 인사하러 갔다.

노여움으로 가득 찬 어머니는 그녀의 모습을 보고,

"보기 싫다. 당신은 곧 돌아가시오. 왕궁에 족보도 알 수 없는 여자를 맞이할 수는 없소."

하고 냉정하게 말했다.

이와 같이 모욕을 당해도 그녀는 꾹 참고 노여움에 가득 찬 왕의 어머니의 발 아래 절했다. 그녀의 부드러운 손길이 왕의 어머니의 발에 닿을 때 왕의 어머니의 노여움도 사라졌고 그녀는 몸과 마음이 편안해져서 자연히 졸음이 와서 잠이 들었다.

잠에서 깨어난 왕의 어머니는,

'이 여자는 용모는 아름다우나 다음에 이 나라를 멸망하게 할 요부가 틀림없다.'

고 마음속으로 생각하자 공포심마저 일어났다.

대왕의 총애를 한몸에 받은 그녀는 드디어 임신하게 되었다.

이와 동시에 어느 대신의 아내도 또한 임신했다. 왕비는 산월이 되어 용모가 단정한 왕자를 분만했다.
 왕은 왕족들을 모아 왕자의 명명식命名式을 거행했다.
 그때 왕의 어머니는 여러 신하들을 향해,
 "나는 지난날 승만이 들어왔을 때 그녀는 용모가 아름답기는 하나 반드시 이 나라를 멸망해 버릴 요부일 것이라는 것을 그대들에게 몰래 이야기한 일이 있었으니 모두 기억하고 있는가?"
하고 물었다.
 "잘 알고 있습니다."
 이렇게 대답한 여러 신하들은 왕비에게 그와 같이 상서롭지 못한 일을 이야기한 적이 있으므로 이 왕자의 이름을 악생惡生이라고 부르기로 했다.
 부인과 같은 날에 임신한 어느 대신의 아내도 왕자가 태어난 날에 태어났다. 대신도 또한 아들을 위해 좋은 이름을 붙이려고 친지들을 모아서 의논했다.
 그런데 이 아이는 태 안에 있을 동안에는 어머니를 괴롭히고 분만할 때에도 또한 어머니를 몹시 괴롭혔다고 해서 고모苦母라고 명명命名하게 되었다.
 같은 날에 임신해서 같은 날에 태어난 두 아이는 하나는 악생 하나는 고모라고 하는 이름을 짓게 된 것은 무슨 인연이 아니냐 하고 자주 이야기가 오고 갔다. 그러한 이야기는 그 동안에 자연히 사라지고 뭔가 이상한 인연을 가진 왕자와 대신의 아들은 그 뒤 무사히 성장했다.
 그 뒤 어느 날의 일인데 악생 태자는 대신의 아들 고모를 데리고 사냥하러 나갔다. 그런데 태자가 타고 있는 말이 도중에 무엇엔가 놀라 갑자기 미쳐 날뛰어 드디어 카필라성 안의 석가족의 동산으로 달려들어갔다.

  악생 태자가 동산에 말을 탄 채로 달려들어가는 것을 본 문지기는 그 일을 주인에게 보고했다. 또한 주인은 곧 이 일을 다른 같은 종족에게 알렸다.

  그러자 석가족의 여러 사람들은 무슨 일인지 모르나,

"악생을 죽이는 것은 바로 이때다."

하고 격앙해서 무장을 갖추고 동산으로 향했다.

  이 무시무시한 광경을 보고 있던 어느 노인은,

"그대들은 무장을 하고 어디에 가는 건가?"

하고 물었다.

  "악생 태자가 동산에 숨어 있는 것 같아서 죽이러 갑니다."

  "그는 처음으로 온 손님이다. 그런 일은 하지 말고 오늘은 용서해 주는 것이 좋다."

  노인의 이와 같은 충고를 들은 혈기 왕성한 자들은 노인의 말을 따라 무장을 해제하고 그대로 돌아가 버렸다.

  그런데 태자가 인솔해 온 군사들은 태자의 뒤를 쫓아서 또한 동산 안에 들어와서는 매우 난폭한 행동을 했다. 그래서 문지기는 놀라서 그 일을 원주園主에게 알리자 원주는 또 다른 사람들에게 통지했다.

  이에 석가족의 여러 사람들은 다시 무장하고 태자를 죽이려고 왔다. 동산 안에서 이 사태를 이야기 들은 왕자는 단 한 사람의 병졸을 탐정하기 위해 남겨 놓고 급히 본국으로 돌아왔다.

  그 뒤에 석가족의 한 집단이 쳐들어왔다.

  동산 안에 태자의 모습은 볼 수가 없고 또 한 사람의 병졸이 남아 있는 것을 보고 실망했으나 그 병졸을 붙잡아서,

"하녀가 낳은 악생은 어디로 도망쳤나?"
하고 꾸짖어 물었다.
"방금 본국에 돌아갔습니다."
하고 그 병졸은 대답했다.
 쳐들어온 여러 사람들은 매우 분하게 여기며,
"만약 우리들이 악생을 포획했더라면 먼저 그 손을 찢고 다음에는 발을 찢고 그 다음에는 심장을 찔러서 죽였을 터인데 허탕이었군."
하고 모두 악생을 욕하면서 악생이 있었다고 하는 땅을 무릎 깊이까지 파내고 그 자리에 새로운 흙을 갖다 묻기도 하고 또 악생이 기대었다는 벽을 모두 걷어 내고 진흙을 바르거나 그 밖에 물감이나 향료 등으로 동산 안 전체를 깨끗이 했다.
 이 모습을 보고 있던 병졸은 석가족의 여러 사람들이 물러가자마자 곧 급히 본국으로 돌아왔다.
"석가족들은 무어라고 하느냐?"
하고 태자가 물었다.
 그 병졸은 묻는 대로 그 동산 안에서 석가족들이 하던 일과 태자를 비방하던 것들을 상세히 말했다.
 이것을 듣고 있던 태자는 매우 분노해서 좌우에 있는 신하들을 향해서,
"그대들은 잘 기억해 두는 것이 좋을 것이다. 만약 부왕이 돌아가신 후 내가 왕위에 오르는 날에는 반드시 석가족들을 모두 죽여서 이 원한과 모욕을 보복할 것이다."
하고 알렸다.
 그때 고모는 일어서서,

"태자의 말씀과 같이 이 치욕은 보복하지 않으면 안 됩니다."
하고 태자의 생각에 찬성의 뜻을 표시했다.

　태자는 그 뒤 역심을 품고 부왕을 해치려고 몰래 계획하고 대신들과 협의했다.

　그런데도 또 한 사람인 쵸오교오라고 하는 대신만이 이에 찬성하지 않았다.

　"쵸오교오, 당신은 무슨 까닭으로 내가 왕위에 오르는 것을 찬성하지 않는가?"

　"태자께서는 왜 부덕한 말씀을 하시는 것입니까? 부왕께서는 이미 노령이셔서 돌아가실 때가 가까워 오고 있습니다. 부왕이 서거하신 후에 왕위에 오르셔도 결코 늦지 않습니다. 지금 부왕을 해쳐서 악명을 후세에 남기는 것은 안 됩니다. 소신이 우둔하다고 하더라도 이 일만은 인륜에 어긋나는 것이므로 찬성할 수 없사옵니다."

　"아니, 당신의 말씀과 마찬가지다. 사실은 당신의 마음을 시험해 본 것뿐이며, 나에게 그와 같은 반역을 할 의사가 있을 수 있겠는가? 그 일은 도대체 말도 안 되는 것이다."

　"그러하옵니다."

　임금과 신하가 서로 마음속에 무엇인가를 비밀로 하면서 겉으로 이와 같이 해서 별 일 없이 지나갔다.

　그 뒤 어느 날 쵸오교오 대신은 대왕과 단 두 사람이 영내의 각 마을을 산책하게 되었다. 그런데 두 사람의 발걸음은 자연히 석존이 계시는 곳으로 향했다.

　세상의 더러움을 떠나 조용하고 밝은 곳에 살고 계시는 석존의 모습을 보았을 때에 왕은 갑자기 불문에 몸을 던져 수행하고 싶은 마음이 솟아올랐다.
 그래서 친절하게 석존께 절하고 마음먹었던 것을 말하고 입문入門하려고 했다.
 석존은 곧 그 희망을 들어 주셨다.
 이것을 곁에서 보고 있던 쵸오교오는 왕이 석존을 공경하고 석존께 우러러보는 마음이 생긴 것을 알고, '이것은 오히려 왕의 참된 마음에서 생긴 도道이다.' 라고 생각하여 아예 그것을 제지하려고 생각하지 않았다.
 쵸오교오는 이때 대왕이 나아가야 할 도道는 분명해졌으나 현재의 나라 사정에 대하여 어떤 조치를 하지 않으면 안 된다고 생각하여 왕을 그곳에 두고 본국에 돌아왔다.
 그리고는 태자를 향해,
 "당신은 왕위에 오르시렵니까?"
하고 물었다.
 "오래 전부터 내가 바라던 일은 아니나 왜 그와 같이 다시 묻는 것인가?"
 "그럼 왕위에 오르시는 것이 좋겠습니다."
 그는 임금님의 생각을 태자에게 고하고 다시 신하들을 모아서 합의에 따라 태자를 국왕으로 함과 동시에 부왕의 아내인 교오오와 승만 두 부인을 향해,
 "부인들은 지금부터 노왕老王이 계신 곳에 가시는 것이 좋소."
하고 충고했다.
 "쵸오교오, 왕은 지금 어디에 계십니까?"
 "석존께서 계시는 묘광원妙光園에 계십니다."
 노왕이 있는 곳을 안 두 부인은 곧 걸어서 왕궁을 떠나 노왕을

찾아 출발했다.

한편 석존을 맞이해서 자기의 희망을 말하고 그 말을 들어 주어서 마음속으로 법열法悅을 느끼면서 문 밖에 나와 보니 쵸오교오의 모습을 볼 수가 없어서 왕은 한 사람의 수도자에게,

"대덕大德, 나와 같이 온 사람은 어디에 갔습니까?"
하고 물었다.

"그분은 벌써 돌아갔습니다."

이 대답을 들은 노왕은 걸어서 본국으로 돌아가려고 묘광원을 떠났는데 뜻밖에도 도중에서 승만과 교오오와의 두 부인과 마주쳤다.

"그대들은 걸어서 여기를 오는가?"

"대왕, 우리들은 쵸오교오 대신의 술책에 넘어가 왕궁에서 추방되었습니다. 그래서 태자가 이미 왕위에 올랐습니다. 우리들은 노왕을 찾아온 것입니다."

"그래, 그것도 인연이지. 그럼 승만은 자신이 낳은 태자가 왕위에 올랐기 때문에 본국에 돌아가서 왕으로부터 녹祿을 받고 여생을 보내는 것이 좋다. 나는 교오오를 데리고 다시 묘광원으로 돌아가기로 하지."

하고 왕은 교오오와 함께 승만과 이별하고 왕사성에 다다라 어느 동산에서 두 사람은 잠시 동안 피로해서 쉬고 있었다.

"교오오, 그대는 지금부터 성 안에 들어가서 마카다 나라의 아쟈타샤트우르 왕을 면회하고 코오사라 나라의 쇼오코오가 지금 성문 밖에 와서 대왕에게 면회를 하고 싶다고 말을 전해 주게."

하고 왕은 교오오에게 명령했다.

교오오 왕비는 곧 왕궁을 방문하고 그 사유를 아쟈타샤트우르

왕에게 전했다. 아쟈타샤트우르 왕은 이 말을 듣고 놀라서,

"쇼오코오 왕은 큰 나라의 왕으로 위세를 따를 자가 없는 나라의 주인인데 어떻게 나를 찾아오게 된 것입니까?"

하고 교오오에게 물었다.

"대왕에게는 이제 한 사람의 신하도 없습니다. 대왕은 태자에게 왕위를 빼앗기고 지금 다만 저 혼자만이 따라왔을 뿐입니다."

"그것이 사실이라면 제가 자리를 물러나서 나라를 쇼오코오 왕에게 바치겠습니다."

하고 말하면서 아쟈타샤트우르 왕은 곧 뭇 신하들을 불러서 사정을 전하고 쇼오코오 왕을 맞이할 준비를 명했다.

여러 신하들은 북을 치고 피리를 불어서 성 아래 사람들에게 성곽을 깨끗이 하도록 했다.

그런데 오랜 동안 낯설은 여행을 며칠 동안 계속해서 여행을 하면서 먹을 것조차 충분히 먹을 수 없었던 대왕은 아쟈타샤트우르 왕의 영접을 기다릴 겨를도 없이 배고픔에 지쳐서 음식을 얻으려고 동산에서 나와 무밭에 들어갔다.

밖에는 한 사람의 백성이 밭을 갈고 있었다.

"나는 배가 고픈데 뭐 먹을 것을 좀 줄 수 없소."

하고 왕은 백성에게 부탁했다.

이 사람이 큰 나라의 왕이라는 것을 모르는 정직한 백성은 무 다섯 포기를 밭에서 뽑아서,

"그럼 이것이라도 잡수십시오."

하고 건네 주었다.

왕은 배가 고픈 나머지 그 무의 잎과 뿌리를 모두 먹어 치우자 목이 말라서 냇가로 가서 물을 많이 먹어서 배가 아프기 시작했

고 몸이 쇠약해졌다.

　원래 있던 동산으로 돌아오려고 비틀비틀 걸어오다가 길 위에 수레바퀴 자국에 발이 빠져서 쓰러지는 순간에 진흙이 입에 들어가 호흡을 막았기 때문에 큰 나라의 왕으로 명성을 떨치던 대왕도 길바닥의 이슬로 사라지고 말았다.

　그런 일을 모르는 아쟈타샤트우르 왕은 정중한 예의를 갖추어 교오오에게 안내해 오도록 기다리고 있었다.

　이 원통하고 천만 뜻밖의 일에 대하여,

　"아아! 큰일났구나. 나는 또 악명을 받아야 하는 것인가. 지난날에는 부왕을 죽이고 그 자리를 빼앗고 지금 또 야쿠쇼오 태자를 돕고 그의 아버지 쇼오코오를 노상에서 죽게 하다니."
하고 마음속 깊이 괴로워했다.

　아쟈타샤트우르 왕에게는 이 우연한 변사 사건이 명예에 관계되는 중대한 일이었다.

　"그대들은 기구한 재화를 당한 쇼오코오 대왕을 성대한 장례식을 거행하여 화장하도록 하자."
하고 왕은 신하들에게 명령하여 영구에 여러 가지 장식을 하여 쇼오코오 왕을 후히 장사 지냈다.

　그의 이름이 사해에 떨치고 각 나라 왕 중에서도 영명한 임금으로 일컬어지던 대왕은 애인 승만 부인의 일을 생각하면서 추운 타향의 하늘 아래서 허무하게 붕어崩御하시어 타국의 흙으로 화해 버렸다.

　아버지인 쇼오코오 왕을 추방한 태자 악생은 자기가 염원하던 왕위에 올라 생각대로 함부로 날뛰었다.

　어느 날 여러 신하들과 아침에 회합했을 때 예외 사악한 신하

인 고모는 악생 왕을 향해서,

"대왕, 왕은 지난날 왕위에 오르면 우선 첫째로 모욕을 당한 저 석가족을 모두 죽이겠다고 말씀하셨는데 아직 잊으시지는 않았겠지요."

하고 갑자기 물었다.

"무슨 일이건 한 번 말한 일은 반드시 실행하지 않으면 안 되는 것인가?"

"왕은 비로소 왕위에 오르신 것이기 때문에 옛 말을 잘 생각해 내서 석가족을 죽이지 않으면 왕은 망언妄言을 하는 사람이 됩니다. 대왕 자신이 망언을 하면 나라를 다스릴 방도가 없습니다. 그런 까닭에 명령을 내려서 사병에 무장을 시켜 종을 울리고 북을 쳐서 카필라성을 습격하여 석가족을 토벌하도록 하시기 바랍니다."

이 고모의 진언을 받아들여 왕은 칙령을 내리고 친히 통솔해서 출정했다. 마침 그때 석가모니께서는 두 나라 국경의 어느 큰 길가의 작은 나무 아래에 단정하게 앉아 있었다.

악생 왕은 멀리 석존께서 나무 아래 앉아 계신 것을 예배하고 그 허락을 받아,

"세존께서는 무슨 까닭으로 나무가 무성하게 자란 동산이나 숲속의 나무 아래에 앉지 않으시고 이와 같이 작은 나무 아래 앉아 계십니까?"

하고 물었다.

"대왕, 나는 친족의 그늘에서 잠자는 것이 가장 시원하다. 나무의 크기와 가지에 잎이 있고 없는 것은 문제가 아니다."

하고 석존은 대답했다.

왕은 석존의 말을 듣고,

"카필라성의 석가족은 항상 나를 '하녀의 아들'이라고 경멸하고 있으나 이 경멸에 대한 나의 원한은 죽을 때까지 잊을 수 없는 괴로움입니다. 그러나 부처님의 종족이고 부처님이 그것을 사랑하는 아들처럼 돌봐 주고 있기 때문에 부처님의 높은 덕에 대하여 살육의 칼을 빼어 들 수가 없어서 참고 오늘날까지 왔으나 뭔가 다른 방법에 의해서 이 원한을 갚을 방법이 없습니까?"
하고 물었다.

그러자 고모는,
"대왕, 부처는 항상 스스로 '나는 세상의 모든 욕망에서 벗어났다.'고 외치고 있는 것 같은데 욕망을 떠난 부처가 자기가 출생한 석가족을 사랑한다고 하는 것은 아직 부처가 진정으로 욕망에서 벗어나지 못한 증거라고 저는 생각합니다. 그런 까닭에 대왕은 빨리 군사를 이끌고 석가족을 토벌하도록 결심하시는 것이 좋다고 생각합니다."
하고 권했다.

고모의 이 말에 왕은 마음을 다시 움직여서 또 다시 석가족을 토벌하기로 했다.

이미 이러한 일이 있을 것을 미리 안 석존께서는,
'석가족 사람들이 아직까지 해탈解脫 : 속박에서 벗어남하지 못하였는데 이제 악생 때문에 토벌되면 영구히 높은 법문法門을 들을 수가 없을 것이다.'
라고 생각하시고 카필라성의 나무 동산多根樹園에 다다랐다.

석존께서 전도하시기 위해 동산에 오셨다는 것을 들은 나라 안의 사람들은 그 동산에 모여서 부처님의 설법을 배청拜聽했다.

이 사람들은 모두 각기 깊은 설법에 젖고 각기 법열法悅로 가득 차서 동산을 떠나갔다.

 한편 악생의 군사들은 카필라성의 국경 가까이 진군해 왔다. 이 일을 안 부처님의 제자인 목건련은 석존의 곁으로 가서 이와 같이 말했다.
 "세존, 들리는 바에 의하면 악생 왕이 사병四兵을 이끌고 석가족을 토벌하기 위해 진격해 오고 있사오나 저는 스스로의 신의 힘에 의해서 그 습격해 오는 군사를 다른 나라로 물리칠 수가 있습니다. 또한 신의 힘에 의해서 나라의 성을 철鐵로 변하게 하고 큰 철망을 그 위에 씌워 악생이 볼 수 없게 하면 적이 아무리 강하더라도 공격해 올 수 없다고 생각합니다. 아무튼 우리 국민의 위급을 구한다는 의미에서 저에게 신의 힘을 나타나도록 허락하여 주십시오."
 "그대가 위대한 신의 힘을 갖고 있는 것은 잘 알고 있다. 그러나 오늘날 석가족이 다른 나라로 인해서 죽음을 당하는 것은 석가족의 전생前生의 업보業報이므로 어떻게 할 수도 없는 것이다. 사물事物이 성숙하여 홍수와 같이 밀어닥칠 때에는 이를 금지할 수가 없는 것이다. 비록 백 겁百劫을 지나도 지어 낸 업業은 잊지 않고 인연을 맞이할 때에 반드시 그 과보果報를 받는다."
하고 석존은 인과응보因果應報의 도리를 말씀하시고 목건련의 요청을 중지시켰다.
 카필라성의 석가족은 악생 왕이 대군을 이끌고 공격해 온다는 것을 알고 크게 놀라 그것을 방어하기에 힘을 다했다.
 그러나 방비防備가 충분하지 않은 때에 두 나라 군사는 충돌하게 된 것이다.

석가족의 군대는 이미 불佛의 교화敎化에 의해서 모든 것을 애호하는 자비심이 짙었기 때문에 적군에 대해서도 이를 살해하지 않고 다만 몽둥이나 지팡이를 좌우로 흔들어 적병을 치거나 화살을 쏘더라도 사람을 죽이지 않고 말이나 코끼리의 복대腹帶만을 쏠 뿐이었다. 그렇지 않으면 철모를 떨어뜨리거나 안장이나 신발을 쏘아서 결코 직접 인명에 손상을 가하지 않았다.

그러나 놀랍게도 악생의 군사는 이 싸움에서 고전하여 참패하고 물러갔다. 큰 승리를 거둔 석가족의 군사는 개선가를 부르며 성 안으로 돌아왔다. 그래서,

"우리들은 악생 및 그 병졸들에게 상해를 가해서는 안 된다. 만약 이 규칙을 어기는 자는 석가족이 아니다."

하고 권고했다.

적에게도 인자한 마음을 갖고 임하기로 정했다. 그것은 전혀 부처님의 감화에 의한 결과였다. 참패한 악생 왕은 석가족에게 칼을 드는 것에 대하여 일종의 공포감과 부처님에 대한 존경심이 마음속에 싹트기도 했다.

그런데 예의 고모는,

"대왕, 이 일전一戰에서 실패했다고 낙심해서는 안 됩니다. 적국의 군사들은 부처님의 신자로 자비심이 풍부하여 모기나 파리 같은 곤충도 죽이지 않을 정도이므로 사람에게는 결코 손상을 가하지 않습니다. 이것은 결코 우리 군사에게 최후의 승리를 안겨줄 것입니다. 그와 같이 낙심하시지 마시고 이제 한 번 더 용기를 내셔서 일전一戰을 불사不辭하시면 초지를 관철하여 오랜 동안의 원한을 갚을 수 있을 것입니다."

하고 권유했다.

그러나 왕은 이번에는 고모의 말을 듣지 않았다.

"고모, 용감하고 건장한 석가족은 도저히 멸망할 수 없다."

"그렇게 약하면 안 됩니다. 아무리 큰 성이라도, 또 금성철벽金城鐵壁이라고 하더라도 수단과 방법을 다하면 깨뜨릴 수가 있습니다. 옛 사람들의 말을 따르면 다섯 가지의 반드시 이기는 술책이 있습니다. 그 첫째는 적을 속이는 것입니다. 이번에는 이러한 사술詐術을 써서 성 안에 들어가기로 합시다."

그래서 고모가 건의한 정책에 따라 평화 회담을 주장하는 사신을 카필라성에 파견했다. 카필라성에서는 이 사신의 말을 중심으로 적국의 군사를 성 안에 들어오게 하느냐 않느냐에 대하여 구수회의鳩首會議를 한 결과 다수결에 의하기로 했다.

그때 항상 불법의 파괴를 기도하고 부처님께 악의를 품고 있던 마왕魔王은 부처님의 교단을 파괴할 기회가 왔다고 석가족의 한 노인으로 변신變身해서 그 회의하는 가운데 나타나 스스로 성문을 열어 놓자는 주장을 역설하면서 그것이 좋을 것이다 하고 말했다. 그래서 모두 이에 찬성했다.

이와 같이 악마에게 유혹된 석가족은 성문을 열고 악생의 군사가 들어오게 했다.

묘한 계책에 성공한 악생의 대군은,

"천 년 원한을 씻을 때는 지금이다. 마음대로 죽여라."

하고 깃발을 날리며 징을 쳐서 천지를 진동시켰다. 그 무시무시한 소리는 땅에 울리고 곳곳마다 사람을 죽였다. 그래서 그 울부짖는 소리와 미친 듯이 날뛰는 소리가 뒤섞여 성 밖에까지 들리며 정말로 아비규환阿鼻叫喚의 일대 아수라장이 되었다.

이와 같이 악생 왕은 가장 잔악한 짓을 다해서 석가족을 백성과 군사 칠만칠천 명을 죽이고 오백 명의 여자를 포로로 해서 코끼리가 이를 밟아 죽이도록 하고 다시 오백 명의 남자를 구덩이 안에 머리만 내어 묻어 놓고 그 머리를 철퇴로 극악무도하게 학살했다.

이때 석존께서는 많은 제자를 데리고 잔악한 자취를 조상하려 오셨다. 아직 목숨이 붙어 있는 아이는 부처님의 모습을 보고 큰 소리로 울었다.

석존께서는 모여 있는 제자 및 빈사 상태에 있는 아이들을 향해서 전생의 악업惡業의 보답으로 이러한 결과를 빚게 되었다는 것을 알기 쉽게 말씀해 주셨다.

그래서 악생 왕의 이러한 가장 잔악한 행위는 드디어 그 대가를 받아 칠 일을 경과하면 코오사라 나라를 파멸하고 악생 왕과 고모 두 사람은 살아 있는 몸 그대로 아비지옥阿鼻地獄에 떨어져 모진 괴로움을 받을 것이라는 것을 예언하셨다.

석존의 예언을 전해 들은 악생 왕은 갑자기 자기 몸이 마지막 갈 곳을 생각하게 되서 깊은 우수에 잠기게 되었다.

그러자 고모는,

"대왕은 무엇으로 근심에 싸여 계시옵니까?"

"고모, 나는 어떻게 하면 이 괴로움에서 벗어날 수 있을까? 부처님의 말에 의하면 나도 당신도 함께 칠 일이 지나면 모진 불길에 타서 무간지옥無間地獄에 빠진다고 하는데?"

"지옥에 떨어지는 것이 염려되오면 뒷동산 연못 가운데 한 누각樓閣을 짓고 그곳에 살면 좋다고 생각합니다."

악생 왕은 다른 방법이 생각나지 않았으므로 고모의 이야기를 받아들여서 곧 뒷동산의 연못 가운데 집을 짓고 그곳에 옮겨 살고 있었다.

하루, 이틀 지나자 문제의 칠 일도 지났다. 왕도 고모도 성으로 돌아오려고 했다. 그런데 갑자기 하늘에 검은 구름이 나타났다. 한 부인이 이른바 햇볕의 구슬珠을 내자 그 검은 구름은 곧 어디론가 사라지고 새빨간 양이 나타나서 그 구슬을 비추었다. 그러자 그 구슬에서 불이 나서 맹렬하게 타오르고 연못 안의 누각樓閣을 태웠다.

왕과 고모는 놀라서 사나운 불길로부터 도망치려고 했으나 그 불은 두 사람의 뒤를 쫓아오는 듯 한층 더 심하게 타올랐다.

두 사람은 성문까지 도망쳐 갔으나 문이 있는 곳에 사람 아닌 신이 대문을 굳게 달아 걸고 두 사람이 들어가지 못하게 했다.

"고모, 이젠 어쩔 수 없다. 나는 여기서 타죽는 것이다."

"대왕, 저도 별 수 없습니다. 아아!"

왕과 신하 두 사람은 타오르는 불길 속에 차례로 그 몸이 닿아 괴로워 울부짖으면서 마침내 석존의 예언과 같이 아비규환阿鼻叫喚의 지옥으로 떨어졌다.

이때 석존은,

"죄악을 지은 업보로 이 세상에서 그 몸을 태울 뿐만 아니라, 내생에도 그 몸을 또 태워 악취惡趣를 내게 되는 것이다. 죄악을 지은 보답으로 이 세상에서 괴로움을 받을뿐더러, 내생에도 그 몸이 고통을 받아 악취惡趣를 내게 될 것이다."

고 말씀하셨다.

<근본일체유부비나야잡사 제7>

불교 설화

이와 벼룩

　석존이 사위국舍衛國의 기원 정사祇園精舍에서 많은 사람들을 모아놓고 설법하고 계실 때의 일이다.
　응현여래應現如來가 입멸한 후, 한 사람의 좌선 스님이 산림에 한거해서 수행하고 있었다. 한 마리의 이가 이 스님의 옷에 붙어서 항상 고통을 주었다. 그래서 스님은 이와 다음과 같은 약속을 했다.
　"내가 좌선하고 있을 동안만은 절대로 나를 물지 말아라. 그 대신에 좌선에 들어가지 않을 때는 충분히 너에게 물리게 해 주겠다."
　이도 그 약속을 지켜서 절대로 그 스님의 좌선을 방해하지 않았다. 어느 날, 한 마리의 벼룩이 이를 찾아와서는,
　"너는 아주 살이 많이 찌고 혈색도 좋은데 어떻게 지내고 있느냐?"
　이렇게 물었다.
　"나의 주인은 언제나 좌선을 하고 계시는데 나에게는 시간을

정해서 충분히 물어 뜯게 하고 있다. 나도 약속대로 하고 있기 때문에 이렇게 건강하단다."

"나에게도 그 방법을 조금 가르쳐 주지 않겠느냐. 나는 보다시피 이렇게 쇠약하다."

이는 이 불쌍한 벼룩에게 동거할 것을 허락하고 다음과 같이 당부했다.

"네가 같이 있고 싶으면 그렇게 하거라. 그러나 약속은 꼭 지키지 않으면 안 된다."

그때 스님은 좌선을 시작했다.

벼룩은 오랜간만에 살내음을 맡고는 더 이상 참을 수 없어 이가 당부한 말도 잊고 정신없이 스님의 몸을 물어 뜯으며 돌아다녔다. 스님은 심신의 정적을 깨뜨려 중단되었으므로 일어서 옷을 벗고 불을 붙여 태워 버리고 말았다.

이와 벼룩도 옷과 함께 타 죽은 것은 물론이다.

이 좌선의 스님은 가섭불迦葉佛, 이는 석존, 벼룩은 데바닷다이다. 데바닷다는 이렇게 해서 언제나 석존을 괴롭혔다는 것이다.

<대방편불보은경 제4>

· 불교 설화 ·

사슴 임금과 한 사나이

석존께서 왕사성의 영취산靈鷲山에 계시면서 많은 사람들을 모으고 설법하고 계실 때의 일이었다.

대제석군大帝釋軍이라고 부르는 왕이 하라나시 나라를 통치한 일이 있었다. 이 왕의 대에는 오곡이 잘 익고 나라는 부강하여 태평성대를 구가하였다. 국왕의 왕비는 월광月光이라고 부르며 대단한 미인으로 더욱이 정숙하였기 때문에 백성들로부터 국모로서 추앙을 받고 있었다. 이 왕비가 꿈을 꾸는 것은 언제나 바른 꿈으로 사실로 나타나거나 또는 사실로 현존하거나 반드시 사실을 기초로 하고 있다는 놀라운 것이었다.

이 나라의 어느 산과 들에 천 마리의 사슴을 통솔하고 있는 사슴 왕이 있었다. 이 사슴 왕의 털과 가죽은 황금빛으로 찬란한 데다 그 체구와 모양은 보는 사람마다 놀랄 정도로 단정하고 아름다웠다. 이 사슴의 왕 자신도 그 보기 드문 빛깔을 갖추고 있는 것을 자각해서인지 항상 사냥꾼들의 사격에 주의를 기울여서 쉽사리 그 모습을 나타내지 않았다.

어느 날 같은 야산에 살고 있는 짐승들이 모여서 서로 이야기 꽃을 피운 일이 있었다.

그때 한 마리의 때까치가 금빛의 사슴 왕에게 가서,

"당신은 내가 보건대 풀을 먹는 데에도 물을 마시는 데에도 항상 사방에 주의를 기울이면서 겁을 내고 있는데 무슨 까닭입니까?"

하고 물었다.

"나의 털 빛깔이 금빛을 띠고 있기 때문에 만약 사냥꾼에게 보이면 곧 사살당하게 될 것이므로 그것이 두려워서 끊임없이 주의하고 있는 것이다."

"당신에게도 그러한 불안과 고통이 있습니까? 우리들도 밤이 되면 미미스쿠가 습격해 오지 않나 하고 밤중에 한잠도 자지 못하고 밤을 새우고 있습니다. 그럼 앞으로 낮에는 제가 높은 나무에서 사냥꾼이 오는 것을 감시하고 위급할 때에는 당신에게 알려 드릴 터이니 밤이 되면 당신은 저를 보호해서 서로 위험을 방지하도록 하면 어떻습니까?"

"그것 참 좋은 생각이다. 그럼 그렇게 하자."

이러한 협상이 사슴의 왕과 때까치 사이에 약속되었다.

사슴 왕이 살고 있는 야산 가까이에 큰 강이 있었다.

어느 날 이 강가에서 적인 두 사람의 사나이가 싸움을 시작했다. 한 사나이가 약한 사나이를 쓰러뜨리고 손과 발을 묶어 드디어 강물 속으로 던졌다.

강물은 급하게 흘러갔기 때문에 묶인 사나이는 격류에 휩쓸려 익사하게끔 되어 있었다.

"사람 살려! 누구든지 살려 준 사람에게는 은혜를 갚고 하인으로 일해 줄 테니 살려 주시오."
하고 부르짖으면서 떠내려갔다.

감시하고 있는 사슴과 함께 그 강가에 와 있던 사슴 왕은 그 부르짖는 소리와 묶인 모양을 보자 자연히 자비심이 일어나서 급류에 몸을 던져 곧 빠져 죽게 된 사나이를 구조하려고 했다.

그때 이미 위험을 방지해 주기로 약속한 때까치는 나무 위에서 이것을 보고 급히 날아왔다.

"이 머리가 검은 사나이는 은혜와 의리를 모르는 사람이기 때문에 구조하지 않는 편이 좋겠다. 만약 물에서 빠져 죽지 않을 때에는 뒷날 반드시 당신에게 원수가 될 것이 틀림없다. 구조하는 것도 사람을 보고 하는 것이 좋을 것이다."
라고 충고했다.

그러나 자비심이 풍부한 사슴의 왕은 뒤에 닥쳐올 수난 따위는 염두에 두지 않고 때까치의 충고도 받아들이지 않고 강에 들어가서 빠진 사나이를 등에 업고 강 언덕으로 돌아와 입으로 손과 발의 끈을 풀고 사나이가 다시 살아나기를 기다리고 있었다.

정신을 잃었던 사나이는 점점 숨을 쉬게 되었다.

그것을 본 사슴 왕은 그 사나이를 향해서,
"당신은 지금 곧 집으로 돌아가도 좋다."
하고 친절하게 길을 안내해 주었다.

구조된 사나이는 사슴 왕의 앞에 꿇어 앉아 손을 모으면서,
"저는 당신 때문에 생명을 보전할 수가 있었기 때문에 당신은 나의 생명의 은인입니다. 평생 당신의 하인이 되어 은혜를 갚고자 합니다. 집에 돌아갈 생각은 조금도 없습니다."

고 말했다. 그때 사슴 왕은,

나는 사람을 하인으로 둘 만큼 일이 필요치 않다.
이곳에서 나를 만난 것을 사람들에게 전하지 마라.
만약 사람들이 들으면 곧 찾아와서 나를 죽일 것이다.
나의 은혜를 안다면 다만 그것만을 지켜다오.

하고 노래하고 다시,
"그와 같이 괴로운 일을 하지 않아도 좋다. 다만 이 산과 들에서 금빛의 사슴 왕을 보았다는 이야기만은 절대 비밀로 해다오. 만약 사냥꾼에게 알리면 나는 곧 죽게 될 것이다. 은혜를 갚거나 은혜를 생각한다면 이것만은 사람에게 알리지 말아다오. 그것이 나에 대한 은혜의 보답이다."
하고 그 사나이에게 거듭 부탁했다.
"그러시다면 말씀 잘 듣고 돌아갑니다만 당신이 있는 곳은 이 목이 달아나는 한이 있어도 절대로 입 밖에 내지 않겠습니다. 그 의리에 대해서는 안심하십시오. 대단히 감사합니다."
하고 그 사나이는 눈물을 흘리고 감사의 뜻을 나타내면서 자기 집으로 돌아갔다.

이 일이 있은 지 얼마 후의 일이었다. 대제석군 왕大帝釋軍王의 왕비인 켓코오는 오욕五欲의 환락에 심신이 피로함을 느끼고 정신없이 잠자리에 들자 그날 밤에 몸과 털이 금빛으로 모양이 단정하고 고운 사슴 왕이 사자의 자리에서 모든 국왕 및 백성들을 향해서 길고 미묘한 가르침을 연설하고 있는 꿈을 꾸게 되었다.

이를 본 왕비는 이 꿈은 사실과 틀림없을 것이라고 생각하고 기뻐함과 동시에 꿈은 사라졌다.
 다음날 아침 식사를 하기 전에 이 꿈에 대하여 왕에게 이야기하자 왕도 그 꿈은 사실과 틀림없다고 믿었으나 사슴이 있는 곳에 사자의 자리가 있고 서민을 위해서 가르침을 연설하고 있다는 것은 좀 괴상하다고 생각했다.
 자기의 꿈이 모두 사실이라는 것을 굳게 믿고 있는 켓코오는 이 세상에도 드문 금빛의 사슴 왕을 보고 싶다고 생각하고,
 "대왕, 제발 제가 그 금빛의 사슴 왕을 볼 수 있도록 해 주십시오."
하고 애원하듯이 요청했다.
 대왕은 사랑하는 왕비의 간절한 부탁을 거절할 수 없어 신하를 불러서 국내의 사냥꾼들을 전부 왕궁에 급히 소집하도록 했다.
 신하는 재빨리 사냥꾼 소집을 위한 영장을 발송했다.
 영장을 손에 받은 사냥꾼들은 또 대왕의 사냥 놀이인가 하고 생각하면서 왕궁에 와 보니,
 "나의 영토의 산과 들에 금빛의 사슴 왕이 살고 있는 것 같으므로 지금부터 곧 사로잡도록 하라."
 "대왕님의 어명이시나 우리들은 연중 산과 들에서 사냥하고 있지만 아직 금빛의 사슴 등을 한 번도 본 적이 없습니다. 만약 대왕께서 그 사슴이 있는 곳을 알려 주신다면 목숨을 걸고 반드시 잡아 오겠습니다."
 이와 같이 사냥꾼들이 말하자 대왕도 다른 방법이 없었다.
 그래서 대왕은 급히 신하들에게 명령해서 북을 치고,
 "금빛의 사슴 왕을 본 적이 있는 자는 속히 나오라. 상으로 오백 마을을 준다."

고 하는 영슈을 내렸다.

 이 대왕의 칙령勅슈이 방방곡곡에 전해졌을 때 앞서 사슴 왕으로 인해서 목숨을 건진 사나이는 국경에 살며 그날그날의 생활도 곤란을 받는 어려운 생활을 하고 있었다.

 그런 때에 이와 같이 많은 상을 준다는 칙령을 듣게 되었다.

 그때 그 사나이는 현재의 어려운 처지를 벗어나려면 대왕에게 사슴 왕이 있는 곳을 알려서 상을 받을 것인가 그렇지 않으면 거처를 간곡하게 부탁하던 생명의 은인인 사슴 왕의 말을 지켜야 할 것인가에 대하여 매우 고민했다.

 '이익을 좇자니 은혜와 의리를 잃고, 은혜와 의리를 지키자니 궁핍한 생활을 벗어날 수가 없다' 고 하는 상반되는 생각이 착잡하게 얽혀 어떤 길을 택해야 할 것인가, 그는 판단할 수가 없었다.

 오욕五浴에 사로잡혀 악인 줄 알면서 그 방향으로 나아가는 것이 보통 사람들의 공통점이다. 이 사나이도 여러 가지로 고민한 결과 은혜와 의리에 고민하는 것보다 이때에 생명을 보호하고 향락을 누리는 것이 선결 문제라고 생각했다.

 오욕에 사로잡힌 이 사나이는 드디어 왕궁에 가서 칙령을 듣고 왔다는 뜻을 전했다. 대왕은 기다리고 있던 터이므로 재빨리 궁전 앞에 불러들었다.

 그 사나이는 두려워하면서,

 "대왕께서 찾고 계시는 금빛의 사슴 왕은 많은 꽃과 나무열매가 달려 있는 아무 곳의 산과 들에 천 마리의 사슴을 통솔하고 살고 있습니다. 저는 그 산과 들을 잘 알고 있으므로 안내해 드리겠습니다."

하고 말씀드렸다.

그 사나이의 보고에 따라 왕비가 꿈속에서 보았다는 것이 사실로 존재하는 것이고 또한 그곳을 알았으므로 대왕은 매우 기뻐하면서 곧 모든 신하를 불러서 군사들을 정돈하고 그 사나이를 앞세우고 대왕 자신이 그곳으로 가게 되었다.

외국의 사신도 국왕의 이 모습을 보고 무슨 일이 있는가 하고 그 뒤를 따랐다. 얼마 후에 대왕의 군사들은 사슴 왕이 살고 있는 산과 들에 도착했다. 왕은 사슴 왕이 도망하는 것을 방지하기 위해 군사들을 거느리고 사면팔방四面八方을 엄중히 둘러쌌다.

서로 적이 습격해 오는 것을 감시해서 위난을 미연에 방지하기로 굳게 약속한 늙은 때까치는 대군이 차례로 가까이 다가오는 것을 나무 위에서 보았다. 그런데도 사슴 왕은 아무런 주의를 기울이지 않았다. 주위를 둘러싼 병사들은 한꺼번에 큰 고함 소리를 냈다. 갑작스런 함성을 듣고 놀란 사슴들은 겁에 질려서 도망치려고 비명을 지르면서 사방으로 뛰어 돌아다녔다.

이와 같이 불의의 습격을 받았을 때 사슴 왕은 마음속으로 생각했다. '지금 여기서 내가 도망쳐서 숨어 버리면 많은 군사들은 나를 찾아내기 위해 무고한 사랑하는 부하 사슴을 살생할 것이 틀림없었다. 나는 여기서 죽더라도 부하들의 생명을 손상해서는 안 되겠다.' 이와 같이 많은 수의 희생을 내는 것보다 스스로 희생하겠다고 각오한 사슴 왕은 대왕이 있는 곳으로 놀라거나 두려워하지 않고 조용히 걸어갔다.

그때 사슴 왕에게 구조된 그 안내하는 사나이는 사슴 왕이 다가오는 모습을 보고 두 손을 들어,

"대왕님, 저기 오는 것이 금빛의 사슴 왕입니다."

하고 가리켰다.

악독한 업을 짓는 자는 내생를 기다리지 않아도 그 악보惡報가 다가오는 것인지 손을 쳐들어 사슴 왕을 가리킨 그 사나이의 손은 놀랍게도 곧 땅 위에 고스란히 떨어져 버렸다.

이와 같이 갑자기 그리고 놀라웁게도 눈 앞에서 일어난 일을 본 왕은 크게 괴이하게 생각해서

"두 손이 땅에 떨어져 있는데 어떻게 된 일인가?"

하고 물었다. 그 사나이는 울면서,

"담을 넘고 집을 허물어 남의 재물을 훔치는 자를 이름하여 적은 도둑이라고 하고, 은혜와 의리를 저버리고 악으로 은혜를 갚으려는 것을 이름하여 큰 도둑이라고 하오."

하고 시時로 왕에게 대답했다.

"그대의 뜻을 이해하기 어려운데 어떤 뜻인가?"

하고 왕은 다시 물었다.

그때 그 사나이는 지난날의 일을 하나하나 빠짐없이 고백했다. 다 듣고 난 왕은,

"이 은혜를 모르는 녀석!"

하고 갑자기 노여움을 나타낸 왕은,

"은혜의 보답을 모르는 물에 빠진 자는 피의 보답으로 인해서 그 몸이 땅 속에 들어가 그리고 2백 개로 찢기리라. 금강이 무슨 까닭으로 큰 칼로 너를 죽이지 않겠나. 모든 귀신이 어째서 너를 때려 죽이지 않겠나. 은혜와 의리를 모르는 악한에게 어떻게 악의 보답을 적게 내리랴."

하고 그 악덕 행위에 대하여 크게 꾸짖음과 동시에 대왕은 이 사슴의 왕을 대 보살大菩薩로 큰 위덕威德이 있음을 알고 모든 신하들을 향해서,

"많은 사슴과 이 사슴 왕에게 위해危害를 가해서는 안 된다. 그리고 너희들은 재빨리 도로에 맑은 물을 뿌리고 방울을 달고 진기한 향을 피우고 사슴 왕을 위한 큰 설회를 준비하도록 하라. 나는 사슴 왕과 더불어 왕궁으로 돌아간다."
하고 명령했다.

　모든 신하들은 왕의 명령을 받들어 곧 포위망을 풀고 급히 돌아가서 준비를 하게 되었다. 대왕은 금빛의 사슴 왕을 앞세우고 스스로 그 뒤를 따르고 여러 신하와 백관百官들은 또 그 뒤를 따라 하라나시성으로 나아갔다.

　왕궁의 문 앞에는 여러 가지 장엄한 모습으로 꾸며져 있었다.

　왕은 사슴 왕을 불러들여서 사자상獅子像의 자리에 앉히고 왕과 왕비와 후궁後宮의 여자 관리 및 왕자와 여러 신하들은 그 둘레에 자리를 잡았다. 이때 사슴 왕은 둘레에 모인 사람에게 묘한 교법을 연설했다. 가르침을 다 들은 많은 사람들은 다시 사슴 왕에게 원하여 오계五戒를 받았다.

　대왕은 이 숭고한 광경을 보고 사슴 왕을 향해서,

"나의 영토 안의 산림山林과 넓은 들은 모두 사슴 왕인 당신에게 드리겠습니다. 나는 앞으로 살생하지 않고 또 국민에게도 사냥을 엄금하도록 하겠습니다. 모든 동물이 아무런 두려움 없이 안심하고 살 수 있기를 나는 충심으로 바라마지 않습니다."
하고 살생을 엄금한다는 서약서를 썼다. 사슴 왕은 대왕의 이와 같은 각별한 말을 매우 기쁘게 들었다.

　이때의 금빛 사슴 왕은 오늘날의 석존이며, 이른바 은혜를 모르는 사나이는 지금의 데바닷다이다.

〈근본설일체유부비나야파승사 제15〉

부자의 아들과 제침공의 딸

석존께서 사위국의 기원 정사에 계시면서 많은 사람들을 모아놓고 설법說法할 때의 일이었다.

제침업製針業에 종사하여 바늘을 만드는 기술이 그 당시에는 그를 따를 자가 없다고 할 만큼 훌륭하고 뛰어난 사나이가 있었다. 그에게는 바라나시성 안 사람들이 모두 부러워할 만큼 아름다운 딸이 있었다.

이와 같이 용모가 비길 데 없이 아름다운 딸에게 성 안의 청년들은 물론 원근에 있는 젊은이들은 남모르게 사모하는 생각으로 불태우고 있었다. 그런데 그 성 아래에는 제일가는 부잣집에 또 성 안에서 제일가는 미남자라고 칭찬을 받는 아름다운 한 아들이 있었다.

어느 날의 일인데 창 밖을 내다보고 있는 아름다운 여자의 모습이 보였다. 그 요염한 모습을 한눈으로 본 그는, '이 사람이 소문난 바라나시의 미인이구나.' 하고 생각하면서 그녀를 힐끗 쳐다보았다.

그런데 그 뒤 집에 돌아와도 그녀의 일이 잊어지지 않고 매일 홀로 한 방 안에 들어앉아서 생각에 잠기고 말았다.

그는 마침내 결심하고 어느 날 부모님을 찾아가서,

"갑자기 이런 말씀을 드리면 반드시 노여움을 받을 것으로 생각하오나 저는 어느 제침공의 딸을 마음속으로 사모하고 있습니다. 부모님의 허락을 받고 그 딸과 결혼을 하고자 합니다. 어쨌든 허락하여 주십시오."

하고 허물없이 자기가 사랑하는 사람을 부모에게 고백해서 그 사모하는 괴로움을 해결하려고 했다.

부모는 아들의 이와 같은 갑작스럽고 더욱이 엉뚱한 요청을 듣고 놀랐다.

"너는 무슨 말을 하는 거냐. 신분이 낮은 직공의 딸이 아무리 아름다워도 가문과 자산이 좋은 우리 집에는 맞이할 수가 없다. 천한 집과 인연을 맺는 것은 우리 가문을 더럽히는 것이다. 모처럼의 희망이기는 하나 그것만은 들어줄 수 없는 것이다. 우리들은 부자든지, 대신이든지, 모든 거사居士라든가 훌륭한 신분을 가진 집의 딸을 너의 아내로 맞이하려고 물색하고 있다."

하고 완고한 사상에 젖어 있는 부모는 외아들의 소원을 거절했다.

"말씀을 어기는 것은 황송합니다만 저는 가문이라든가 지위라든가 자산이라는 것 등은 결혼의 첫째 조건이라고 생각하지 않습니다. 다만 제가 충분히 사랑할 수 있는 여성일 것이 결혼의 첫째 조건입니다. 명예라든가 지위라든가 자산이라는 것은 둘째 문제입니다. 부디 그 딸을 맞이할 수 있도록 허락해 주십시오. 만약 이 희망이 이루어지지 않을 때 저는 자살하고 말 것입니다."

하고 그는 강경하게 말했다.

외아들의 이와 같이 강경하고 더욱이 열렬한 희망을 들은 부모는 자살한다는 말에 강렬한 자극을 받아서 가문·자산·지위 등을 따지고 있다가는 귀여운 아들을 잃게 된다고 생각하여 몹시 고민했다. 그 결과 아들의 생명과 가문이라는 것과는 도저히 바꿀 수 없을 만큼 아들의 생명이 중요한 것을 알고 아들의 생명을 잃을 것을 두려워하여,

"네가 그렇게까지 생각하고 있다면 따지지 않겠으니 너의 희망대로 하자."
하고 마침내 허락했다.

아들은 드디어 안심하고 부모에게 단정히 예의를 갖추고 자기 방으로 돌아왔다. 부모는 재빨리 사람을 보내서 그 딸의 아버지인 제침공을 집으로 불렀다.

"갑자기 당신을 부른 것은 다름이 아니요. 당신의 딸을 나의 아들과 결혼하게 하지 않겠소?"

"부자님의 각별한 말씀이오나 저는 천한 직공이고 이 댁은 백만장자이기 때문에 맞지 않는 혼사라고 생각합니다. 저의 딸은 동업하는 사람들의 젊은이가 아니면 결혼시키지 않으려고 하오니 허물하지 마시고 양해하시기 바랍니다."
하고 거절했다.

부자의 생각으로는 성 안에서 제일가는 자신의 청혼을 곧 승낙할 줄 알고 고자세를 취해 왔으나 이와 같이 거절당하자 뜻밖의 일에 놀랐다.

"당신은 무슨 까닭으로 제침공이 아니면 결혼시키지 않으려고 합니까? 우리 집으로 출가하면 더위와 추위의 고생이 없고 좋은 옷을 입고 맛있는 음식을 먹고 아무것도 부자유스러울 것이 없는

데 그것이 싫습니까?"

"자산이 풍부하다는 것은 잘 알고 있습니다. 그러나 저는 같은 신분을 가진 자를 구하고 있습니다. 비록 같은 업에 종사하고 있지 않더라도 적어도 저의 직업에 동정과 이해를 하고 있는 사람이라면 딸을 주겠습니다. 자신은 없더라도 손에 기술을 익힌 사람이면 저의 직업과 맞는 것입니다. 저는 신분과 지위와 계급 같은 것은 귀여운 딸의 결혼 상대로서 별로 고려하지 않습니다."

이와 같이 말하고 제침공은 부자의 간청을 거절했다.

아버지는 손님이 돌아가자 곧 아들을 불러서 그쪽의 의견을 그에게 전하고,

"그러한 형편이므로 너도 그 결혼은 단념하는 것이 좋겠다."
하고 권고했다.

아버지의 이야기를 들은 그는, '이것은 내가 그 사람이 하고 있는 제침술製針術 : 바늘을 만드는 기술을 연구하는 것이 선결문제이다. 어쨌든 한 사람의 훌륭한 제침공이 되어야 하겠다.' 하고 결심했다.

그 후 그는 몰래 제침 기술의 연구에 몰두했다. 그 결과 그는 몇 개월 후에는 많은 바늘을 만들게 되었다. 그는 그 바늘을 기름으로 닦아서 깨끗이 해서 그것을 한 묶음으로 해서 대나무통에 넣고 그 제침공의 집 가까이의 길거리에 서서,

"명장이 만든 빛나는 바늘이 필요하지 않습니까?"
하고 자기가 만든 바늘을 길가에서 팔기 시작했다.

제침공의 딸은 창문으로 이 미남의 바늘을 팔고 있는 모습을 보고 일부러 나와서,

"당신은 어리석은 일을 하십니다. 천하의 명장인 우리 집 앞에

서 팔다니요."

하고 그에게 주의를 주었다. 그래서 그는,

"아니, 저는 결코 미친 사람이 아닙니다. 제가 이와 같이 만든 바늘을 팔고 있는 것을 당신의 아버지가 아신다면 반드시 당신의 결혼을 허락해 주실 것이기 때문입니다."

그로부터 이러한 말을 들은 그 딸은 자기도 마음속으로 그를 좋은 사나이라고 생각하고 있었으므로 이야기가 끝나자 빨리 아버지에게 가서,

"아버지 길가에서 이상한 바늘을 팔고 있는 청년이 있습니다. 가 보십시오."

하고 말했다.

직업에 충실한 아버지는 비록 자기가 이름 있는 명장이라고 할지라도 바늘에 대한 연구에 열성이 있었기 때문에 딸이 시키는 대로 그 청년을 집에 불러들였다.

"자네는 실제로 바늘을 만들 수 있는가?"

"훌륭한 바늘을 만들 자신이 있습니다."

"그럼 그 바늘을 나에게 좀 보여 주게."

"좀 보아 주십시오."

하고 부잣집 아들은 대나무통 속에서 한 개의 바늘을 꺼내 보였다.

그 바늘을 자세히 들여다보던 제침공은,

"상당히 잘 만들었구먼."

하고 감탄했다.

"그것은 아직 솜씨가 나쁩니다. 더욱 교묘하고 정밀하게 만들어진 것이 있습니다."

하고 말하면서 다시 다른 한 개를 보였다.

"그것 참 잘 되었군."
하고 칭찬했다. 그래서 청년은 몇 십 개의 바늘을 차례차례로 꺼내 검사해 줄 것을 바랐다.

"마지막으로 제가 만든 것 중에서 가장 우수한 것입니다."
하고 말했다.

"상당히 우수한 것이군."
하고 칭찬했다. 제침공은 바늘을 물속에 넣자 바늘은 물 위에 떴다. 물 위에 바늘이 뜨는 것을 보고 그는 매우 기뻐하며,

"나는 아직 이와 같이 정교한 바늘을 본 적이 없다. 딸을 자네에게 주겠다."
하고 기쁨에 가득 찬 제침공은 마침내 바라나시 미인이라고 칭찬을 받던 딸은 이 청년의 아내로 할 것을 쾌히 승낙했다.

"그렇습니다. 그럼 저의 희망이 이루어진 것입니다. 사실은 저는 이런 사람입니다."
하고 부잣집 아들이라는 것과 지금까지 괴로워해 온 모든 것을 낱낱이 고백했다. 자세한 이야기를 들은 제침공도 그 열성에 감격했다. 그래서 부잣집 아들은 가문과 직업에 구애받지 않고 스스로 그 기술을 연마해서 사랑하는 미인과 결혼할 수 있게 되었다. 부자도 아들의 열성에 놀랐으나 아들의 소망이 이루어졌다는 것을 듣고 점차 안심하고 마침내 길일을 택해서 경사스런 화촉을 밝히게 되었다.

부잣집 아들은 지금의 석존이며, 그때의 미인은 지금의 야쇼다라이다.

<불본행집경 제12>

인효의 열매

석존께서 왕사성王舍城의 영취산靈鷲山에서 많은 사람들을 모아놓고 설법을 하고 계실 때의 일이다.

어느 산간의 수촌水村에 한 사람의 상인이 있었다. 그는 매우 총명하고 자비심이 많았으며 또한 효심이 두터웠다. 그는 부모나 친척들 중에 빈곤으로 고뇌하는 자가 많았으므로 그의 효심과 불쌍히 여기는 마음이 그를 압박해서 단장의 우수를 항상 품고 있었다. 그래서 그 구제 방법에 대해서 남몰래 고심에 고심을 하였으나 빈곤한 자가 너무나 많았기 때문에 그 철저한 구제는 보통의 방법을 가지고는 도저히 불가능하였다. 그래서 마지막으로 생각을 한 것은 큰 바다에 들어가서 여의보주如意寶珠를 채취한다는 것이었다.

이 여의보주만 손에 넣으면 모든 빈곤은 마음먹은 대로 구제할 수 있다. 여기에 생각이 미친 그는 목숨을 걸고 큰 바다에 들어가는 것을 감행했다. 그는 항해의 준비가 완비되어 손풍에 돛을 달고 바다 한가운데로 나아갔다. 그 도중에서 바다에서 귀항

길에 오른 한 사람의 이방인을 만났다. 그 이방인의 배와 자기의 배가 비켜 지나갈 때, 이방인 쪽에서 다음과 같이 이야기를 걸어왔다.

"당신은 어디로 가시는 길입니까?"

"저는 여의보주를 채취하러 가는 길입니다."

그는 다시 여의보주를 필요로 하는 이유에 대해서 상세하게 이야기했다. 그 이야기를 듣고 있는 동안에 이방인의 얼굴에는 정말로 가엾은 표정이 나타났다.

"그렇습니까? 저도 사실은 몇 년 전부터 고향을 등지고 골짜기를 건너고 산을 넘어 육지로 떠나서 항해를 계속하였습니다. 그 목적은 당신과 똑같이 빈곤을 구제할 목적이었습니다. 그러나 출발해서 첫번째의 광야에 나오니 그곳은 끝도 없는 광대한 사막으로 물이나 풀 같은 것은 절대로 없고, 거기다가 코끼리·호랑이·표범·늑대·독사·사자 같은 맹수가 득시글거려서 여행자를 괴롭히고 있었습니다.

잠시 동안 그 위난에서 벗어나 다시 앞으로 나가는 동안 해적단의 위협을 받기도 하고, 큰 산의 험악한 길을 기어 오르고, 큰 강물을 건너고, 또한 굶주림과 목마름에 시달리며, 온갖 고난을 겪고, 여러 가지 위해와 공포를 받으면서도 어떻게 겨우 어느 바다에 도달하여 목표로 하는 큰 바다로 배를 출항시켰습니다. 이것으로 목적의 반은 달성했는가 싶었는데 그건 잠깐 동안의 기쁨이고, 대해에는 또 대륙보다 더한 위난이 기다리고 있었습니다. 삭풍·대어·독룡·뇌전·강로·큰비·노도 같은 재난이 끝도 없이 연속적으로 항해자를 괴롭혔습니다. 그러나 어떠한 고난도 목적하는 여의보주만 손에 넣는다면 보상될 수 있으므로 스스로 자신을 독려하면서 여기 저기 찾아보았으나, 그것이 또한 그림자조차 보이지 않으므로 실망, 낙담하는 동안, 그날그날의 음식에에도 쪼들려서 할 수 없이 새나 고기를 잡아 자급 자족하는 생활을 하였기 때문에 겨우 목숨만을 살아남게 되었던 것입니다. 그러한 상태로 몇 년이라는 세월을 보냈으나 무엇 하나 선물 같은 선물도 얻지를 못했습니다.

그러나 빈곤에 시달리면서도 오늘이나 내일이나 하고 기다림 속에 세월을 보내는 고향의 빈곤한 양친이나 친척, 친구들의 기대에 어떠한 낯으로 대할 수가 있을까 하는 생각에 골몰하면서 귀향하는 도중에 뜻하지 않게 당신을 만나게 된 것입니다. 당신을 위해서 호의적인 충고를 드리고 싶다고 생각합니다. 아무리 환난과 고난을 겪는다 해도 그것을 결국 극심한 심신의 피로만 가져다줄 뿐, 무엇 한 가지 얻을 수가 없다는 것을 우선 기억해 두시기 바랍니다.

또 이 대해에는 여러 가지 무량한 흑산·야차·나찰羅刹의 종류나 대어, 교룡蛟龍 등의 위난이 기다리고 있습니다. 물론 바닷속에 여의보주가 있다고 하는 것은 옛날부터 듣고 있으나 실제로 그것을 채취하려고 하는 자가 천만 명에 달할 것이지만, 이것을 실제로 손에 넣은 자는 절대로 없습니다. 우선 당신도 나의 경우와 같이 후회하기 전에 단념하고 빨리 고향으로 돌아가는 것이 현명한 처사가 아닐까 하고 염려해서 말씀드리는 것입니다."

이방인의 긴 이야기를 가만히 듣고 있던 그는 여러 가지 것을 들으면 들을수록 점점 용기가 백배하는 것이 었다. 그의 마음은 다음과 같은 세 가지 생각으로 해서 격려되고 있었다.

제1은 부모 형제나 친척의 빈곤을 구제하기 위한 유일한 방법은 대해의 밑바닥에서 여의보주를 채취하는 이외에는 그 방법이 절대로 없다는 것.

제2는 자기의 친척은 그 옛날에는 각자 상당히 부귀해서 자기도 전에 의식이나 그 밖의 다른 원조를 받았던 일이 자주 있었다. 그러한 은혜를 베푼 사람들이 지금 빈곤에 시달리고 있어도, 목적을 포기하고 이대로 귀향한다는 것은 도리에 어긋나는 일이다.

제3은 자기가 집에 있을 당시, 대소의 하인, 하녀들을 혹사해서 여러 가지의 고통을 준 일이 있었다. 그 하인 하녀들도 다만 빈곤 때문에 다른 사람이 시키는 대로 부려지고 있는 것이다.

그러한 자들을 구제하기 위해서 금품을 표시한다는 점에서도 이대로 맨손으로 되돌아갈 수는 없는 것이다.

그는 이러한 세 가지 이유 때문에 용맹한 결심을 새롭게 하고 갖은 고난과 싸우고 위해를 돌파해서 드디어 여의보주를 손에 넣을 수가 있었다. 그리고 무사히 고향으로 돌아와 부모 형제를 비롯해서 친척 및 그 밖의 빈곤한 사람들을 철저하게 구제할 수가 있었다고 하는 것이다.

<육도경 제2>

효자의 공덕

석존께서 왕사성王舍城의 영취산靈鷲山에서 많은 사람들을 모아놓고 설법하고 계실 때의 일이다.

각화정자재왕여래覺華定自在王如來라는 부처님이 있었던 아주 오랜 시대에 어느 바라문에 세이죠라는 딸이 있었다. 그녀는 전생에서의 복덕의 힘으로 인해서 항상 제천諸天에게 보호되어 부처님의 길에 정진하고 있었다. 그러나 그녀의 모친은 사교를 믿고 3보三寶 : 부처와 부처님의 가르침, 그 가르침에 다라 수행하는 집단를 가볍게 생각하여 조금도 정법에 대한 신념이 없었다.

그녀는 이것을 몹시 슬퍼하여 여러 가지 수단을 써서 모친을 정법으로 인도하도록 최선의 노력을 다하였기 때문에 그 효험이 나타나서 어머니의 신앙도 어느 정도 정법으로 옮겨지는가 싶었다. 그녀는 이를 대단히 기뻐해서 더 한층 정진에 온 힘을 기울이고 있는 사이에 모친의 수명이 다하여 무간지옥無間地獄으로 떨어지고 말았다.

그때 세이죠는 모친이 이 세상에 있었을 때의 행동으로 비추어 보아 반드시 나쁜 길로 떨어졌을 것이라고 밤낮으로 고뇌를 더해 가고 있었던 것이 현실로써 나타났기 때문에 몹시 고민을 했다. 그래서 드디어 그녀는 마음을 결심하고 집을 팔아 버리고 향화나 그 밖의 공양물을 사고 크게 탑사塔寺를 세워 많은 스님에게 공양 하기로 했다.

드물게 있는 절 가운데 지금은 없는 각화정자재왕여래覺華定自在王如來의 형상이 일치되어 있는 것을 배견拜見하고는 그녀는 갑자기 머리를 숙이고 합장하면서 예배했다. 그리고 그녀는 다음과 같이 생각했다.

"부처님은 모든 지혜를 갖추고 계신다. 만일 각화정자재왕여래가 이 세상에 계셨을 때에, 어머니의 사후에 대해서 물어 본다면 반드시 어머니가 태어나는 장소까지도 자세히 가르쳐 주셨을 것이다. 무어라고 하든 지금에 와서는 부처님도 안 계시고 어머니도 이 세상 사람이 아니다. 그렇다고 어째서 조금 일찍 이전 일에 생각이 못 미쳤을까 생각하면 스스로도 불쌍한 사람이다."

그녀는 가슴이 메어져 그 자리에 울면서 주저앉고 말았다. 그 때 마침 공중에서 미묘한 소리가 들려 왔다.

"세이죠야, 그렇게 슬퍼할 필요가 없다. 내가 너의 어머니의 태어난 곳을 가르쳐 주겠다."

세이죠는 이 소리를 듣고 꿈이 아닌가 하고 좋아했다. 그래서 재빨리 눈물을 닦고 공중을 향해서 합장을 했다.

"공중의 세존님, 저의 마음의 근심을 위로해 주셔서 무어라 감사의 말씀을 올릴지 모르겠습니다. 저는 어머니를 잃고부터는 밤낮으로 추모의 정에 싸여 연모의 눈물에 젖어, 어머니가 어디 계시는가 하고 다만 근심 속에 세월을 보낼 따름입니다. 그래서 누구에 묻고 싶어도 물어 볼 사람이 없습니다."

"세이죠야, 나는 당신이 예배하고 있는 각화정자재왕여래이다. 당신의 어머니에 대한 추모의 정은 세상의 다른 사람에게 비교하면 몇 십 배인가. 그것은 헤아릴 수 없을 정도이다. 그렇기 때문에 지금 일부러 당신에게 알려 주려고 온 것이다."

그녀는 꿈에라도 잊지 못하는 각화정자재왕여래의 황공한 이름을 듣고 너무나 환희에 넘쳐 대지 위에 엎드려 잠시 말조차 나오지 않았다. 얼마 있다 부처님이 계시는 공중을 우러러보면서 다음과 같이 말했다.

"세존님, 아무쪼록 자비심을 내리시와 어머니가 태어난 곳을 가르쳐 주십시오."

"세이죠야, 공양하는 일이 끝나거든 한시라도 지체 말고 빨리 집으로 돌아가거라. 그리고는 앉아서 한마음으로 열심히 나의 불명을 염불하면, 멀지 않아 어머니가 태어난 곳을 알게 될 것이다."

세이죠는 공중의 부처님께 합장하고 급히 집으로 돌아와 혼자 앉아서 열심히 각화정자재왕여래覺華定自在王如來를 염불했다. 이렇게 해서 하룻밤을 지나자 그녀는 이상하게도 자기가 어느 바닷가에 서 있는 것을 발견했다.

그 바다의 물은 몹시 끓어오르고 모든 악수惡獸가 그 위를 동서로 날아다니고 또 백천만이나 되는 많은 남녀가 바닷속에 출몰해서 악수에게 서로 다투어 먹히고, 그뿐만 아니라 그 형태를 달리하는 많은 야차귀夜叉鬼가 일족의 수가 많은 것, 눈알이 많은 것, 머리가 많은 것, 칼처럼 생긴 이빨을 드러내 놓고 있는 것 등이 남녀를 둘러싸고는 악수가 있는 쪽으로 밀어붙이는 것이었다. 또 야차귀 스스로도 손에 잡히는 대로 사람이나 손이나 발을 찢어서 맛있게 먹으면서 입맛을 다시며 먹고 있었다. 그 처참한 광경을 도저히 똑바로 바라볼 수가 없었다. 그렇지만 그녀는 염불의 공덕으로 인해서 조그만한 공포심도 일어나지 않았다. 그때 귀왕鬼王인 무도쿠가 가까이 와서는 그녀에게 예배하고 다음과 같이 말했다.

"보살님, 여기에 무슨 일로 오셨습니까?"

"귀왕이여, 도대체 여기는 어딥니까?"

"여기는 영취산靈鷲山의 서쪽에 해당되는 제1중의 바다입니다."

"귀왕이여, 그렇다면 지옥이 있다는 이야기를 전에 들은 일이 있는데 사실 지옥이 있습니까?"

"있고 말고요."

"그 지옥으로 갈 수 있습니까?"

"보살님, 지옥에 가시려면 위신력威神力이나 업력業力의 두 가지 방법이 아니고는 갈 수가 없습니다."

"귀왕이여, 바닷물을 보니 몹시 들끓고 있으며, 죄인이나 악수가 많이 보이는데 이것은 대체 어떻게 된 일입니까?"

"보살님, 이들 죄인들은 염부제에서 악업을 만들었던 자들입니다. 그들은 서로 죽어서 49일이 지나도 유족이 공덕을 쌓지 않으면 생전에 저지른 악업으로 인해서 자연적으로 우선 이 바다를 건너게 되는 것입니다. 이 바다를 동쪽으로 10만 유순由旬 자면 또 하나의 바다가 있는데 그곳의 고통은 이곳의 두 배가 됩니다. 또 제2의 바다의 동쪽에는 또 하나의 바다가 있습니다만 그곳의 고통은 제2의 바다보다 두 갑절되는 것입니다. 이 세 개의 바다는 진嗔・구ロ・의意의 3업에 보답되는 것이므로 다 함께 업해業海라

고 불리워지고 있습니다. 여기는 제1의 업해가 되는 곳입니다."

"귀왕이여, 지옥은 어디에 있습니까?"

"보살님, 앞서 말한 대로 3개의 업해에는 모두 대 지옥이 있습니다. 그 수는 백천 층이나 있으며 큰 것은 18, 그 다음이 5백, 또 그 다음이 천백 정도 있습니다. 그래서 그 속에서 받는 고통은 각자가 무량한 것입니다."

"귀왕이여, 저의 어머니는 죽은 지 얼마 안 되는 자인데 어느 곳에 태어났는지 알고 계십니까?"

"보살님, 당신의 어머니께서 생전에 어떠한 일을 하셨는지를 모르기 때문에 무어라 말씀드릴 수가 없습니다."

"귀왕이여, 저의 어머니는 대단히 나쁜 생각을 가졌던 사람으로 항상 불·법·승佛法僧의 3보를 반대하였습니다. 만년이 되어 약간 올바른 신념으로 눈을 뜨기 시작하였습니다만, 정견正見으로 들어가기 전에 돌아가시고 말았습니다. 그런 이유 때문에 사후의 태어난 장소에 대해서 걱정하고 있습니다."

"보살님, 어머님의 성함은 무엇입니까?"

"귀왕이여, 저의 부모는 다 함께 바라문의 종족입니다. 아버지의 이름은 시라젠켄이고 어머니는 앳틸리라고 합니다."

귀왕 무도쿠는 그녀의 부모의 성함을 듣자 그녀에 대해서 합장했다.

"보살님, 걱정할 것 없습니다. 앳틸리라면 죄업으로 인해서 일단 여기까지 오셨지만 3일쯤 전에 천상계에 태어났습니다. 그것은 효순孝順한 딸이 어머니를 위해서 여러 가지 복덕을 쌓고 또한 각화정자재왕여래覺華定自在王如來에게 보시를 했기 때문입니다. 그 공덕으로 인해서 단지 보살님의 어머니가 지옥의 고통으로부터 구제되었을 뿐만 아니라, 무간지옥의 죄인은 그 날 하루만 지옥의 고통을 면해서 안락한 생활을 보내고 있습니다."

귀왕은 이렇게 말함과 동시에 그녀를 예배하고는 그 모습이 사라졌다.

세이죠는 꿈에서 깨어난 기분으로 자기를 돌아보니 눈 앞에는 각화정자재왕여래의 존상이 빛나는 위광威光을 발사하고 있는 것이었다.

귀왕 무도쿠는 재수 보살의 전생이다.

<지장본원경 권상>

한 권으로 읽는
불교설화

- 초판 1쇄 2011년 9월 15일 발행
- 중판 1쇄 2016년 3월 10일 발행

- 편　　저 한국불교설화연구회
- 펴 낸 이 박효완
- 펴 낸 곳 아이템북스

- 디 자 인 김영숙
- 기　　획 문　영

- 출판등록 2001년 8월 7일 제2-3387호
- 주　　소 서울특별시 마포구 서교동 444-15
- 전　　화 02-332-4337
- 팩　　스 02-3141-4347

※ 파본이나 잘못된 책은 교환해 드립니다.
※ 이 책은 아이템북스가 저작권자와의 계약에 따라 발행한 것이므로
　본사의 허락없이는 어떠한 형태나 수단으로도 이용하지 못합니다.